HUIT PAROLES POUR L'ÉTERNITÉ

DU MÊME AUTEUR

GILBERT CESBRON

HUIT PAROLES
POUR L'ÉTERNITÉ

ÉDITIONS ROBERT LAFFONT
PARIS

IL A ÉTÉ TIRÉ DE CET OUVRAGE
SUR VELIN CHIFFON DES PAPETERIES
LANA, 20 EXEMPLAIRES NUMÉROTÉS
DE 1 A 20, PLUS QUELQUES
EXEMPLAIRES D'AUTEUR, LE TOUT
CONSTITUANT L'ÉDITION ORIGINALE

Si vous désirez être tenu au courant des publications de l'éditeur de cet ouvrage, il
vous suffit d'adresser votre carte de visite aux Éditions Robert Laffont, Service « Bulletin », 6, place Saint-Sulpice, 75279 Paris Cedex 06. Vous recevrez régulière-
ment, et sans aucun engagement de votre part, leur bulletin illustré, où, chaque
mois, sont présentées toutes les nouveautés que vous trouverez chez votre libraire.

ISBN 2-221-00030-7

POUR
MARIE-THÉRÈSE LE SUR

« ... car ils verront Dieu. »

DEPUIS plus d'un quart de siècle, mon nom est couramment suivi de la mention « romancier catholique », laquelle m'exaspère car elle est doublement inexacte. Sur quarante et un livres publiés à ce jour, dix-sept seulement sont des romans : pourquoi me cantonner à ceux-ci ? Et pourquoi prétendre cantonner pareillement ceux qui me font la grâce de me lire ? Ce n'est pas pour les catholiques que j'écris — au contraire !

Qu'on n'aille pas en déduire que je rougis de mon christianisme. Il est ma ligne de vie et la seule Cause pour laquelle je me ferais tuer sur-le-champ. Mais précisément, être chrétien c'est croire que tous les hommes sans exception sont les enfants de Dieu ; c'est savoir de toute certitude que, visiblement ou non, consciemment ou non, chacun d'eux le reflète, ce Dieu qui est Amour. Cette grande naïveté se nomme la Foi, l'Espérance et la Charité ; il y a quarante ans qu'elles sont ma vie.

Être chrétien, c'est, par définition, ne faire aucune différence entre les êtres, tout en sachant que chacun d'eux — *et c'est la merveille de l'humanité* — *est unique et irremplaçable. Alors, comment aurais-je pu écrire seulement pour telle ou telle catégorie de lecteurs ? Il est possible*

9

(je n'en suis pas sûr du tout) qu'une majorité d'entre eux soient eux-mêmes des chrétiens. C'est sans doute qu'ils ressentent entre les lignes de mes ouvrages je ne sais quoi de tendre et de fraternel dont ils ont faim et soif; c'est qu'ils pressent que je partage leur nostalgie, leurs espérances — leurs doutes aussi, voyageurs sur la terre. Mais, encore une fois, n'importe quel lecteur, fût-il un athée militant, ne peut récuser cette part de lui-même dont mes écrits se font l'écho et qui est compassion et révolte devant l'injustice. Cette étiquette de « romancier catholique », loin de m'apporter une clientèle, a certainement contribué à éloigner de mes ouvrages toute une foule fraternelle — et c'est, pour leur auteur, une disgrâce irréparable.

Dans ce livre-ci, pour la première fois, j'affiche mes couleurs dès le titre. Car ces « huit Paroles » qu'il annonce sont celles que Jésus de Nazareth a prononcées à mi-flanc d'une montagne, au mois de juin de l'an 28, et qui ont tourné une page du grand livre du monde. C'est, à mes yeux, le texte le plus important de l'histoire des hommes. Il s'adresse à tous, croyants ou incroyants, et demeure, vingt siècles plus tard, la seule lumière qui luit encore dans les ténèbres de violence, de peur, de solitude où son orgueil et son égoïsme plongent l'Occident.

On aura beau jeu de reprendre, à propos de cet ouvrage, l'étiquette « écrivain catholique » — et l'on aura bien tort, une fois de plus. Car enfin, si j'avais entrepris d'étudier ici un passage capital de Platon, qui me chercherait querelle? qui me cataloguerait? Je prétends que le Sermon sur la montagne est un texte d'une portée universelle, non pas matériau d'École ou jalon historique, mais paroles vivantes qui concernent chacun de nous, chrétien ou non. Je demande donc à tout esprit libre d'aborder cette lecture sans parti pris. Je ne cherche pas

HUIT PAROLES POUR L'ÉTERNITÉ

plus à le « piéger » que je ne le tentais en écrivant un
CE QUE JE CROIS qui n'était en rien un Credo. « *Tout sauf
un catéchisme !* » est, ici aussi, ma maxime. Et, de
surcroît, « *Tout sauf une exégèse* » : car je suis, c'est trop
évident, *tout sauf un théologien.* Mais peut-on méditer
chaque jour, durant tant d'années, quelques paroles
essentielles à vos yeux, sans amasser patiemment un miel
de sa façon au secret de son cœur ? *Miel sauvage*, sans
doute, mais s'il pouvait nourrir quelques-uns, quelle
récompense !

HUIT PAROLES
POUR L'ÉTERNITÉ

Il est des instants où l'on reprend souffle, des lieux où l'on croit sentir sur son front le vent de la page qui se tourne. On en repartira tout autre, ayant laissé là, comme certaines bêtes, une peau invisible : ayant dépouillé le vieil homme. Instants de grâce, relais de Dieu, lieux qui vous attendaient de toute éternité... Après avoir longtemps marché, Jean-Marie Vianney parvient à cet endroit élevé d'où il aperçoit le village d'Ars, et il tombe à genoux en pleurant. Ou encore, avant de traverser le Gave, Bernadette Soubirous fait halte sous un peuplier afin de retirer ses sabots. Leur vie, de cet instant précis, va changer de cap, virer de bord sous le vent de l'Esprit ; l'un le pressent, l'autre l'ignore.

Cela advient aussi dans nos petites vies sans héroïsme ni sainteté ; ce sont les rendez-vous gratuits de la Grâce. Cela m'est advenu en décembre 67, sur la route qui mène de Nazareth à Tibériade, en Galilée.

J'avais parcouru les « lieux saints » presque sans émotion. Bethléem : ni crèche, ni étable, ni grotte. Le Saint-Sépulcre : souterrain jalousement gardé par les sentinelles de diverses Églises, pareilles à ces explora-

15

teurs qui plantent leur petit drapeau sur la banquise ou sur la lune afin d'en « prendre possession ». Comme si l'on pouvait, ici, s'assurer le moindre avoir sur cet espace prédestiné, sur ce fragment de nuit où le mystère des mystères s'est accompli ! Suspendre nos petites lampes dans ces ténèbres incompréhensibles ! « L'autre disciple courut en avant, plus vite que Pierre, et arriva le premier au tombeau ; *pourtant il n'entra pas...* » — Mais nous entrons, nous autres ! Nous nous arrogeons plus de droits que ce disciple que Jésus aimait ! Par exemple, celui de lancer des Croisades qui tournent en rapines, carnages, conquêtes, afin de préserver ce lieu saint des mains des Infidèles. Pourtant, où est le véritable sacrilège, sinon dans le massacre d'autres enfants d'Abraham ? « Dieu le veut ! » — Vraiment ? Mais ce qu'il veut, il l'a clairement exprimé, non loin d'ici, et j'y lis tout le contraire des Croisades, et de l'Inquisition, et des anathèmes.

Non, le Saint-Sépulcre ne m'a pas ému. « Dites-moi où vous avez mis mon Seigneur ! » Il m'a paru plus vide que jamais — et moi à son image : cœur de pierre, mauvais esprit, avec cette défiance soudaine pour toute relique, authentique ou non. Allons, l'Église du Christ n'est pas le musée de la Mort !

Quant à la *Via dolorosa*, elle ne me conduisait guère que de marchand en mendiant. Déjà, le « chemin de croix » de nos églises m'a toujours paru suspect. Il omet des souffrances insoutenables : la trahison, l'abandon, le reniement, et introduit des épisodes supposés ou légendaires. Mais voici que, sur place, s'y greffait la science des spécialistes : « C'est ici, ici même, vous dis-je, qu'il est tombé pour la troisième fois... » Une telle précision ne finit-elle pas par offenser la vérité ? Car enfin sur quoi se basent-ils pour fixer ces emplacements comme on épingle un papillon ? Sur l'étude minutieuse de lieux que les marées de l'Histoire ont recouverts et défigurés ? Sur une longue tradition de témoignages ? — Mais le moindre fait divers contemporain révèle leur fragilité et l'inévitable altération de bouche à oreille. Et surtout l'essentiel n'est pas dans des détails rapportés plus ou moins honnêtement par des témoins de hasard, mais dans les actes et les dires retenus et transcrits par ceux-là qui, trois ans durant, n'ont pas quitté Jésus de Nazareth. C'est cela seul qui compte et nous engage ; et prenons garde que le folklore et les dévotions parasites ne minent le christianisme comme on voit un lierre ligoter, affaiblir et finalement paraître soutenir l'arbre qu'il tue.

Cependant, je m'en voulais de ne ressentir aucune « émotion sacrée » parmi ces vieilles pierres, contemporaines du Seigneur, et d'y être plus attentif aux vivants anonymes qu'au fantôme éternel. Était-ce l'effet d'un manque d'imagination ? Ou de trop d'imagination, au contraire ? Car cette salle « où j'ai désiré ardemment manger cette pâque avec vous avant de souffrir », et Gethsémani (« Il y avait là un jardin »), et la cour au milieu de laquelle ils avaient allumé un feu de braises, et le prétoire où les soldats vont déguiser le Roi des rois en souverain de carnaval et cracher au visage de mon Dieu, et le chemin montant où ses amis atterrés se glissent parmi les badauds : « Nous ne connaissons pas cet homme » — tous ces lieux, je les avais trop *vus*, à ma manière, derrière mes paupières fermées, pour les retrouver dans ces décors où la vie avait repris ses droits et qu'altérait encore une piété sectaire. « Le Christ a foulé ces rivages, chantait saint Jean de la Croix, le Christ a respiré cet air... » Oui, c'était bien ce ciel immuable que ses yeux avaient vu ; mais les sédiments des siècles n'avaient-ils pas définitivement enseveli le sol même qu'il avait foulé ? « Mettre ses pas dans ceux du Christ », était-ce donc seulement au moral qu'il fallait l'entendre ?

Pourtant, le même jour, vingt-cinq lieues au nord de Jérusalem, j'ai retrouvé la trace vivante de celui que je cherchais. A la suite de tant de pèlerins devenus ici même, comme moi, brusquement taciturnes, conscients de respirer l'air qui l'animait et soudain environnés de foules invisibles : celles qui ont mangé le pain que ses mains multipliaient à mesure, celles qui le pressent si fort qu'il doit, pour leur échapper, s'éloigner en barque — ici même je m'arrête à mon tour, ne pouvant, ne voulant faire un pas de plus car ce serait m'égarer. Voilà, c'est quelque part sur la route qui conduit de Nazareth à Tibériade. Derrière moi, la haute montagne où il a emmené Pierre, Jacques et Jean à l'écart, et là il fut transfiguré devant eux. A ma droite, le lac où il s'en vint de nuit vers eux, s'avançant sur les eaux ; le lac où il a réprimandé le vent, et la tempête s'est couchée à ses pieds comme un chien. Et à ma gauche, côté cœur, à un coup d'aile d'ici, la colline à mi-versant de laquelle [1] il va s'arrêter pour proférer ces huit Paroles qui sont le code de l'Alliance nouvelle entre Dieu et les hommes ; ces Paroles que, vingt mois durant, il ne fera que monnayer, imager, incarner surtout. Paroles dont nous-mêmes devrions vivre chaque jour et qui, plus sûrement que tout dogme, définissent notre condition de chrétiens. Paroles dont l'Église devrait bien nous prescrire de faire notre prière quotidienne mais qu'elle ne nous rappelle publiquement que deux fois l'an, notamment à la *Toussaint*. Et c'est justice, du moins, qu'elle ait choisi ce jour-là, puisque les saints sont précisément ceux qui ont pris au sérieux ces Paroles et modelé sur elles toute leur vie. Mais n'est-ce pas un scandale que l'Église qui, de chacun de nous, a charge de faire un saint, ne nous

---

1. Voir note 1, page 149.

répète pas ces huit Paroles à temps et à contretemps ? Un scandale que si peu de « fidèles » les connaissent et soient capables de les proclamer dans l'ordre même où Matthieu (qui, un mois plus tôt, a tout quitté sur l'instant pour suivre cet inconnu impérieux) se les est remémorées — et comment penser que cet ordre soit arbitraire ?

Ces huit Paroles [1], les voici, telles que les Douze, et la foule, et le lac, et le ciel, et les pierres elles-mêmes les ont entendues de la bouche du Fils de l'homme — entendues avec la singulière sensation de plutôt les *réentendre,* car n'étaient-elles pas déjà inscrites en eux ? Inscrites en chacun de nous, mais enfouies sous des siècles d'infidélité, les voici :

   I. BIENHEUREUX CEUX QUI ONT L'ESPRIT DE PAU-VRETÉ, CAR LE ROYAUME DE DIEU EST À EUX.

  II. BIENHEUREUX LES NON-VIOLENTS : ILS POSSÉ-DERONT LA TERRE.

 III. BIENHEUREUX CEUX QUI PLEURENT, CAR ILS SERONT CONSOLÉS.

 IV. BIENHEUREUX CEUX QUI ONT FAIM ET SOIF DE LA SAINTETÉ : ILS SERONT RASSASIÉS.

  V. BIENHEUREUX LES MISÉRICORDIEUX, CAR ILS OBTIENDRONT MISÉRICORDE.

 VI. BIENHEUREUX LES CŒURS PURS, CAR ILS VER-RONT DIEU.

VII. BIENHEUREUX CEUX QUI TRAVAILLENT POUR LA PAIX : ILS SERONT APPELÉS FILS DE DIEU.

VIII. BIENHEUREUX CEUX QUI SONT PERSÉCUTÉS POUR LA JUSTICE, CAR LE ROYAUME DE DIEU EST À EUX.

Cette transcription n'est pas littérale ; mais celle de Matthieu ne l'était sans doute pas davantage. Le propre

---

1. Voir note 2, page 150.

des paroles intemporelles n'est-il pas de pouvoir et devoir s'exprimer dans le langage du temps présent afin d'être mieux entendues de lui ? D'ailleurs, je n'en suis venu à cette formulation-ci des Béatitudes qu'à force de méditer à leur propos. Dans la traduction de toute prière fondamentale, il est des expressions sur lesquelles notre esprit, notre âme même achoppent. Il faut alors leur chercher humblement un substitut acceptable. Ou encore, si poussant au large, bien au-delà du littéral, dans la direction qu'ouvre l'une de ces Paroles, on croit parvenir à quelque lumière plus vive, n'est-il pas bon de la laisser pressentir d'un mot ? L'important, puisque les évangiles sont le condensé du christianisme et les Béatitudes le résumé des évangiles, l'important est que la formulation qu'on se permet de proposer de celles-là soit en accord profond avec ce que ceux-ci nous rapportent.

Il faut observer tout de suite combien le mot « Béatitude » est dangereux et malvenu. Il n'est pas le seul ; le langage chrétien est jalonné de termes ambigus, désaffectés ou impuissants, et parmi les plus essentiels : *Communion des saints, Gloire, Roi,* et même *Fils.*

Pour en demeurer à « Béatitudes », le mot évoque un bonheur immobile, sans réserve, sans fin — alors que plus d'une semble prescrire le contraire même de ce que les humains nomment le bonheur, et que chacune d'elles implique une longue soif, un combat sans trêve, un affrontement permanent à ce monde de violence et d'injustice. Aucune d'elles n'est « passive ». Même la IIIe : « Bienheureux ceux qui pleurent », car si elle ne s'étend pas au devoir de compassion, que signifie-t-elle ? Ni la VIe : « Bienheureux les cœurs purs », car cette transparence-là n'est pas, comme celle de l'eau, acquise à force d'immobilité. Ni même la seconde : « Bienheureux les non-violents » — tout sauf passive, celle-ci !

Tels sont déjà le paradoxe et la provocation du Sermon sur la montagne. A le résumer par ce mot « Béatitudes », on le mutile, on l'édulcore, on le rattache à cette tradition douceâtre du christianisme qui le trahit, à l'inverse mais à l'égal de la vision morbide et carcérale qu'en gardent encore certaines Églises. Car l'*espagnolisme*, les tentures noires, les crucifix aux bras étroits sont, chacun à sa manière, autant de pierres pour lapider Jésus de Nazareth. Nos amateurs de cryptes et de Musée Grévin, que ne méditent-ils cette mystérieuse parole : « La joie de Dieu est mon rempart » ? La joie de Dieu... Que ne se sont-ils, eux aussi, arrêtés, le cœur battant, quelque part sur cette route inondée de soleil qui mène de Nazareth à Tibériade ?

Il faut tenir pour assuré, à propos des Béatitudes, qu'il n'existe de l'une à l'autre aucun « doublon », aucune redite. Qui croira que le texte le plus important de l'histoire de l'humanité puisse en comporter ? Ou que, résumant en huit paroles la charte de l'Alliance, le code même de nos vies, le Verbe de Dieu se répète ou parle pour rien ? C'est pourquoi il nous faut, dans la IVe, traduire « faim et soif de *sainteté* » et non pas « de *justice* » — sinon elle ne serait qu'un préliminaire de la VIIIe : « Bienheureux ceux qui sont persécutés pour la justice », une simple étape sur sa route. C'est aussi pourquoi il nous faut approfondir et incarner séparément celle qui prescrit la non-violence et celle qui exalte les artisans de paix. Non, « travailler pour la paix » n'est pas seulement instaurer la non-violence, c'est-à-dire l'amour ; c'est aussi lutter, sans souci des risques, pour la justice qui seule engendre la paix. Ainsi, la VIIe Parole est-elle la Béatitude de la persévérance, et la VIIIe celle du courage. Elles s'appellent et se prolongent l'une l'autre ; elles ne se répètent sûrement pas.

Il peut sembler aussi que deux d'entre elles (la IVe :
« Bienheureux ceux qui ont faim et soif de la sainteté,
car ils seront rassasiés » ; et la VIe : « Bienheureux les
cœurs purs, car ils verront Dieu ») — il peut sembler que
ces deux-là, telles des poupées russes, les contiennent
toutes : à telles enseignes qu'il eût suffi de les formuler
pour faire l'économie des six autres. Mais chaque fois
qu'il nous vient une pensée semblable, c'est, n'en doutez
pas, que nous substituons notre petit esprit à l'Esprit-
saint et qu'il nous faut humblement reprendre la pioche
et creuser davantage. Ces deux Paroles culminent,
certes, et il y a fort à parier que les « cœurs purs »
possèdent de surcroît l'esprit de pauvreté, la non-
violence, la compassion, la miséricorde — bref tout ce
que prescrivent les autres Béatitudes ; mais ces mots
« un cœur pur » impliquent une exigence supplémen-
taire et spécifique. Nous le verrons plus tard : car c'est
pas à pas — huit en tout, mais qui nous conduiront
jusqu'à la Frontière — que nous allons progresser. Nous
avons le temps : toute la vie ! du moins, jusqu'à la
onzième heure...

Pareillement, il ne suffit pas « d'avoir faim et soif de
la sainteté » pour remplir toutes les conditions de cette
sainteté, forteresse à huit tours. Il se peut même,
précisément, qu'on éprouve cette faim et soif comme un
supplice et dans la mesure où l'on ne parvient à incarner
aucune des autres prescriptions. « La vraie vie commence au-delà du désespoir [1]. » Ainsi, cette IVe Parole,
loin d'être le couronnement des sept autres, n'en serait
parfois que le seuil et le prélude. C'est, du moins, celle
qui nous reste, même au fond de l'abjection — tout
comme un pécheur sans espérance ni volonté et dont la

---

1. Jean-Paul Sartre.

foi vacille peut toujours répéter, de l'abîme où il se trouve, cette belle prière qu'on appelait « l'acte de charité », du temps où l'on n'avait point honte de redire des textes appris.

Il n'y a donc, dans les Béatitudes, ni maîtresse-parole ni parents pauvres ni hiérarchie, tout comme il n'existe entre elles aucune redite. Qu'elles s'impliquent l'une l'autre, se complètent, se conditionnent — bref, qu'elles *communiquent* à la manière des océans — comment en serait-il autrement ? Mais, tout comme ces océans, chacune a sa couleur, sa teneur, son climat, ses tempêtes. Il n'empêche, pour changer d'image, qu'elles forment un écheveau : tirez n'importe lequel des huit fils, les autres finiront par suivre. C'est le piège de Dieu.

Ne vous est-il jamais arrivé, vous promenant dans quelque forêt domaniale, de parvenir en l'un de ces points qu'on appelle parfois « le Carrefour du Roi » ? Huit avenues s'y croisent, vastes également, ressemblantes mais distinctes, paraissant se prolonger l'une l'autre mais approfondissant chacune à l'infini sa direction et prenant leur origine ou plutôt se recoupant en une même clairière — celle-là même où vous vous trouvez, interdit soudain par tant de majesté et comme intimidé de devoir choisir une voie entre tant de routes royales. Cependant, si divers qu'en soient les horizons, c'est la même profondeur, la même splendeur et le même ciel qui vous attendent au fond des huit allées. Le point où se rejoignent ainsi les huit Béatitudes se nomme l'Amour. C'est le carrefour du Roi.

Un libre océan, une allée ouverte : ces images conviennent ; car il faut bien s'aviser et proclamer qu'*aucune des huit Béatitudes ne constitue une interdiction*. Évidence méconnue et qui révèle le vrai visage du christianisme ; l'amour ne peut interdire sans se perdre aussitôt. Chaque fois que l'Église ne ressemble pas à ce visage-là, c'est qu'elle trahit. Chaque fois qu'elle brandit une morale d'interdiction et que ses confesseurs se penchent sur nos péchés comme les médecins du Roi-soleil sur les excréments de leurs malades, elle peut être assurée, elle aussi, de ne pas nous guérir. La vie publique de Jésus de Nazareth ne fut qu'une longue marche, et à nous aussi il prescrit d'avancer sans cesse : « Laissez les morts enterrer leurs morts... Qui a mis la main à la charrue et se retourne n'est pas digne du Royaume... » Presque toutes ses « duretés » ne sont que pour ceux-là qui restent en place, cachent leur talent, font sans fin et non sans complaisance leur examen de conscience, hommes de code, de catalogue, âmes myopes, soucieuses de minuties légales tandis que leurs frères agonisent. En avant ! Les huit Paroles décisives sont toutes « positives » ; c'est ensuite seulement, pour illustrer les infractions que nous ne cessons de commettre, que le Christ détaillera toutes sortes d'interdictions, ou plutôt de mises en garde. Elles ne sont, dans le Sermon sur la montagne, que les ombres inévitables d'un soleil éblouissant. « Gardez-vous de pratiquer votre sainteté devant les hommes » ? Sans doute, mais d'abord « Bienheureux ceux qui ont faim et soif de la sainteté ». « Ne vous amassez pas des trésors sur la terre, ne soyez pas en souci de ce que vous mangerez ni de quoi vous vous vêtirez » ? Bien sûr, puisque « Bienheureux ceux qui ont l'esprit de pauvreté ». Et comment les vrais miséricordieux auraient-ils la tentation de juger, de dénoncer ou seulement d'observer la paille qui est dans l'œil de leur prochain ?

Aucune des huit Béatitudes n'a forme d'interdiction, chacune d'elles est une porte ouverte. Et c'est aussi pourquoi elles devraient être l'âme et la clef de ce sacrement inouï dont la fonction est de nous rouvrir grand toutes les portes : celui que les uns appellent Confession, d'autres Pénitence, d'autres Réconciliation — et si les premiers n'ont pas tort, les derniers ont magistralement raison. Car ce sacrement ne serait ni valide ni même compréhensible sans le recensement et l'aveu de nos fautes, ni cet esprit de pénitence qui n'est que l'amour prenant honte de son infidélité ; mais l'essentiel me paraît que cet acte prodigieux nous replace d'un coup dans l'amitié de Dieu. Positif, lui aussi, comme ces Béatitudes qui constituent le véritable code de l'amour, à la lumière duquel nous pouvons examiner nos manques plus sûrement que le doigt fixé, ligne à ligne, sur je ne sais quel noir catalogue de péchés.

Je m'émerveille, mais sans surprise, de ne trouver parmi ces huit Paroles de vie aucune prescription négative. Mais je me suis quelquefois étonné qu'il parût y manquer une formulation comme celle-ci : « Bienheureux ceux qui ont conservé (ou su retrouver) l'esprit d'Enfance. » Et aussi celle-là : « Bienheureux ceux qui aident les autres à vivre. » Mais chacun de nous ne souhaiterait-il pas, de même, voir « institutionnaliser » dans le Sermon sur la montagne ses maximes de vie ou ses propres hantises ? C'est l'indice d'une naïveté honorable mais aussi d'une certaine mésintelligence. Avant d'en remontrer à Jésus-Christ, mieux vaut scruter de plus près ses paroles. On s'avise alors, par exemple, que ce mystérieux esprit d'Enfance n'est que l'alliance de l'esprit de Pauvreté (I) et de la Pureté de cœur (VI). Et aussi que la plus sûre manière, et sans doute la seule, « d'aider les autres à vivre » serait précisément d'incarner la seconde, la troisième, la cinquième, la septième — d'incarner toutes les Béatitudes, si la chose était possible...

25

HUIT PAROLES POUR L'ÉTERNITÉ

A les répéter chaque fois que nous en avons faim et soif (étrange nourriture qui, comme l'eucharistie, à mesure qu'elle nous comble nous rend irrassasiables) ; à force de les répéter comme on respire (et, par sa construction même, chacune d'elles en impose le rythme, en marque les deux temps : inspiration, expiration) ; à force de les répéter indissociablement, on voit se dégager des huit Paroles bien plus qu'un type d'homme : un certain homme, un certain visage et qui est celui de Jésus le Christ. La Sainte Face, à mes yeux, resplendit obscurément des huit Béatitudes ; elle en est le sceau ténébreux. Et notre vie (celle de l'âme) qui, en ses meilleurs instants, tendait à *ressembler à ce que Dieu attend de nous,* voici que, gravissant un degré de plus, marche de cristal, elle devient ceci : VOULOIR LUI RESSEMBLER.

Cette prétention n'a rien de sacrilège. « Soyez parfaits comme votre Père céleste est parfait... » Elle constitue seulement un mirage : plus nous croyons approcher du but et plus il s'éloigne. Ou plutôt, la distance qui nous sépare de lui, plus elle s'amenuise et plus elle nous semble (et plus elle devient) infranchissable. Il n'y a que le dernier pas qui compte, et ce n'est pas à nous qu'il est donné de le faire. Tel est l'allègre désespoir des saints et ce que leurs témoins ne peuvent comprendre : que leur humilité grandisse à la mesure de leur perfection ; et, en même temps qu'elle, une jubilation rayonnante, irrépressible, qu'aucune paupière close, aucune clôture de pierre ne saurait arrêter. « Bienheureux l'homme des Béatitudes, car, peu à peu, il ressemble à Celui qu'il aime... »

« En vérité je vous le dis, celui qui croit *possède* la vie éternelle... » Cet indicatif présent est la marque de Dieu. C'est le mode et le temps de l'éternité — et non point le futur ou le conditionnel, comme on se l'imagine. Tout au long de l'évangile, les promesses essentielles s'expriment au présent. D'ailleurs, dans la bouche de Jésus, la concordance des temps se volatilise : « Avant qu'Abraham fût, je suis » ; et encore : « Ce que vous demandez, croyez que vous l'avez obtenu et cela vous sera donné » — phrase qui susciterait de n'importe quel prof. deux annotations rouges en marge.

C'est pourquoi, dès la Ire, les Béatitudes possèdent cette signature d'évangile : « ... car le Royaume de Dieu *est* à eux », et non point *sera*. Et cette même formule achève aussi la dernière : le cercle est bien clos. Les six autres se terminent, elles, par des promesses et non par cette tranquille affirmation ; mais pas n'importe quelles promesses ! Toutes présentent l'un de ces deux signes dont chacun est aussi la « griffe » de l'évangile : le *paradoxe* et la *balance*.

« Paradoxe », le terme est dérisoire (mais quel autre employer ?) pour désigner ce retournement, cette révolution que Jésus de Nazareth est venu proclamer et prescrire. « Celui qui s'élève sera abaissé... Beaucoup des premiers seront les derniers... Qui veut sauver sa vie la perdra... » C'est le fil rouge de l'évangile. C'était déjà, quand Jésus reposait encore au creux de sa mère, l'essence même du *Magnificat,* chant beaucoup plus révolutionnaire que l'*Internationale.* Le paradoxe n'est généralement que l'escrime provocante de nos beaux esprits ; mais quand c'est Dieu qui le manie, le monde entier bascule : les non-violents entrent en possession de cette terre que les violents se seront disputée de siècle en siècle, et ceux qui pleurent sont dans la joie. Tels sont les paradoxes de Dieu.

Quant à la « balance », c'est là encore une image bien triviale pour exprimer (ou un instrument bien impuissant à mesurer) le prodigieux « donnant-donnant » de Dieu qui, dans les quatre autres Béatitudes, nous promet une contrepartie sans proportion avec ses exigences. Quelle commune mesure, par exemple, entre la miséricorde dont nous aurons pu faire preuve et celle que le Dieu de l'univers, le Père qui voit dans le secret nous témoignera à l'instant de vérité ? Mais cette « balance »-là, comme le « paradoxe », est présente tout au long de l'évangile : « C'est avec la mesure même dont vous vous servirez qu'en retour vous serez servis... Ne jugez pas afin de n'être pas jugés... Ce que vous voudriez qu'on vous fît, faites-le pareillement aux autres... [1] »

Ainsi, les deux composantes, les deux profils de chaque Béatitude : la *prescription* et la *promesse*, les font-ils ressembler à toutes les autres paroles de Jésus. Elles leur ressemblent et elles les rassemblent. Dès le début de cette « vie publique » (qui dure encore, qui durera jusqu'à la fin des temps), Jésus jette cette poignée de graines sur une terre nullement préparée, semble-t-il. Imaginez la stupeur des milliers de Juifs fidèles assis sur la pente qui descend jusqu'au lac couleur du ciel, dans ce paysage si calme, si traditionnel où la foudre vient de tomber huit fois ! Il n'a que trois années pour achever les semailles, mais ce sont les mêmes graines qui remplissent son sac. L'essentiel vient d'être dit, la grande provocation est commencée...

Et pourtant, non ! Les hommes et les femmes qui entendent ces paroles ne sont stupéfaits qu'à la manière des somnambules qu'on réveille. Comment seraient-ils scandalisés d'entendre proclamer *ce qui est écrit en eux* de toute éternité ? « Voici l'alliance que je conclurai avec eux : je mettrai ma loi au-dedans d'eux et je l'écrirai sur leur cœur... » L'homme qui parle avec une telle autorité vient donc seulement de passer en revue leurs regrets et

_____

1. Voir note 3, page 151.

leurs remords les plus secrets. C'est seulement le
sommaire de leur nostalgie la plus profonde qu'il vient
d'énoncer, sans complaisance mais non sans compassion,
et en l'assortissant des seules promesses qui vaillent.
Tout ce qu'il a dit, ces milliers d'auditeurs le ressentaient
déjà *mais en creux*; sinon, ils se seraient levés et
détournés du provocateur : ils auraient repris le chemin
du « bon sens », du « sens commun », de l'abominable
« sagesse des nations ». Pas du tout ! ils vont demeurer
là des heures, assistant sans protester au saccage de leur
confortable refuge quotidien. « A qui irions-nous, Seigneur ? Tu as les paroles de la vie éternelle. » Et, lorsque
l'homme en blanc descendra vers le lac que déjà transit
le crépuscule, « des foules nombreuses le suivront ».
Elles ne le quitteront plus : ces huit Paroles les ont
aimantées.

C'est peu dire que ces Paroles n'ont pas déconcerté
leurs auditeurs : elles les ont personnellement désignés,
identifiés. Car si, miroir à huit faces, leur ensemble
figure, *en négatif*, un portrait d'eux (et de nous autres)
hélas trop ressemblant, chacune d'elles bat le rappel de
son camp et rameute un peuple bien précis. Aussi
impérieusement que l'aimant attire et agrège la limaille
de fer, chacune des Béatitudes rassemble une catégorie
d'humains qui, à l'entendre entre toutes, se sentent
reconnus entre tous. Oui, chacun de nous relève en
secret d'une des huit Béatitudes plus sûrement et plus
subtilement que de l'un des signes du zodiaque. « On est
de sa Béatitude comme d'un pays... » Elles constituent
un système solaire indissociable, mais chaque homme
place au centre des sept autres planètes son soleil à lui.
Pour moi, c'est la IIIe : « Bienheureux ceux qui
pleurent (et ceux qui ont compassion)... » Elle ne m'a
jamais déconcerté, jamais paru provocante ; ce mariage

29

de la joie et de la douleur, c'est notre condition, notre matière première. Cette IIIe Béatitude m'a atteint comme une flèche, la première fois que je l'ai lue. Comme une flèche que jamais je ne pourrai retirer de la blessure mais qui, loin de l'envenimer, la soulage par l'espérance. « Car ils seront consolés », ajoute le Christ — et c'est l'écho de l'ancienne promesse : « Alors j'essuierai toute larme de vos yeux. » Gens de la IIIe Béatitude, mes compagnons, nous formons un peuple au cœur serré qui ne vit guère que de cette promesse...

A présent, si elle ne vous a pas déjà trouvés, cherchez aussi *votre* Béatitude et mettez-vous en marche dans cette direction. Vous y êtes attendus. Tous les chemins mènent à Dieu.

Je connais huit autres paroles dont chacune se décompose aussi en deux parties et « respire » à la manière des Béatitudes, c'est la Prière de saint François d'Assise :

Seigneur, fais que là où est la haine, je mette l'Amour ;
là où est l'offense, je mette le Pardon ;
là où est la discorde, je mette l'Union ;
là où est l'erreur, je mette la Vérité ;
là où est le doute, je mette la Foi ;
là où est le désespoir, je mette l'Espérance ;
là où sont les ténèbres, je mette la Lumière ;
là où est la tristesse, je mette la Joie.

A mon usage personnel et à celui de ce siècle sans grâce, je me permettai d'ajouter :
Seigneur, fais aussi que *là où est la hargne, je mette la Tendresse...*
Si l'on traçait un trait vertical passant par la virgule médiane de chacune de ces lignes, il constituerait la

frontière entre notre monde : celui de la haine, de l'offense, de la discorde... — et le Royaume de Dieu que définissent l'Amour, le Pardon, l'Union...

Une même ligne, passant au milieu de chacune des Béatitudes, séparerait aussi ce qui nous est demandé et ce qui nous est promis, ce qui relève de nous et ce qui relève de Dieu — bref, la Sainteté et le Royaume.

« Car le Royaume est à eux... Car ils seront consolés... Car ils verront Dieu... » — Ce « car » ne ressemble en rien au triste donnant-donnant qui est la maxime de ce monde et règle les rapports entre les hommes. Toutes les affaires de l'argent, de l'ambition ou du sexe se fondent sur cette mesquine réciprocité, calculs et arrière-pensées auxquels on mesure l'intelligence, l'habileté et finalement la « réussite » d'un homme. Parfois, dans cette arithmétique si médiocre, intervient un facteur déroutant, une composante inassimilable et dont les conséquences sont aussi imprévisibles que ses causes : l'amour. L'amour sous toutes ses formes, de la sympathie à la passion, de la simple générosité au sacrifice absolu. Alors, c'est la déroute : les calculs sont faussés, les hommes en place vacillent et leur univers, soudain, sonne le creux. Il a suffi que Dieu lassé élève la voix dans le cœur de l'un d'entre nous. C'est ce que les diplomates appellent un incident de frontière : dans le panorama de François d'Assise, le pays de droite fait une incursion de l'autre côté de la ligne, le Royaume envahit le Siècle et il en désorganise les défenses...

Mais, pour en revenir aux Béatitudes, si ce « car » nous soutient, s'il brille dans notre nuit, il faut redire une fois de plus qu'il n'a rien d'un donnant-donnant et que le propre du chrétien, à moins qu'il se renie, est de ne jamais se soucier de réciprocité, surtout avec son Dieu. Il n'y montre guère de mérite, puisque son Dieu est Amour, c'est-à-dire largesse absolue, don sans retour ni retenue, bras ouverts.

Le seul marché que nous puissions conclure avec Dieu — et il est si désintéressé, si fou, si mystérieux que ce terme de « marché » est presque sacrilège — c'est *la Communion des saints.* C'est-à-dire le pouvoir exorbitant qui nous est donné sur le Tout-puissant de « négocier » nos souffrances, nos renoncements, nos combats, notre mort elle-même au bénéfice de n'importe quelle autre créature, vivante ou morte, connue ou inconnue de nous. C'est « à son compte » à elle et non au nôtre, (pour élargir à l'infini la langage du négoce humain), que seront versées ces valeurs inestimables. C'est un peu le principe des vases communiquants, mais appliqué sans aucune considération de l'espace ni du temps. C'est aussi le seul Mystère que nous puissions, non pas comprendre mais ressentir, le seul auquel nous participions pleinement et dont nous ayons, en quelque sorte, l'initiative. J'en conçois un immense orgueil auquel le Prince de ce monde n'a, pour une fois, aucune part : l'orgueil que le petit enfant peut ressentir à propos de son père. Je reste ébloui que mon Père, notre Père, nous associe de la sorte à la marche du monde — laquelle est faite de la joie et de la douleur secrètes de chacun de ses habitants bien plus que de ces événements ou de ces inventions que consignent les manuels. Tout dépend de Dieu, bien sûr ; *mais c'est nous qui faisons le premier pas.* Voilà l'une des formes les plus hautes et pourtant la plus familière de « la liberté des enfants de Dieu ».

Il en est de même pour les Béatitudes : leur principe est, si l'on veut, une sorte de marché — mais un marché où tout doit être gratuit de part et d'autre, si coûteux que puisse nous paraître notre écot. Un marché où chacun paye dans sa monnaie à lui, et celle de Dieu a pour unité l'infini. C'est pourquoi un chrétien vit toujours « à qui

perd gagne ». Chacune des huit Béatitudes est semblable
à un iceberg : la partie invisible (celle qui dépend de
Dieu, la promesse qu'annonce le « car ») est incommen-
surable avec l'autre. Pourtant, cet échange merveilleusement injuste ne saurait nous humilier puisque, là encore,
il nous est laissé l'honneur de faire le premier pas...

Celui qui « prête l'oreille » aux Béatitudes ne la
recouvrera plus jamais. Il ne pourra plus percevoir les
rumeurs du monde qu'à travers ce filtre qui les purifie,
élimine l'artificiel et l'adventice et rend dérisoirement
secondaire ce qui jusqu'alors lui semblait primordial.
Celui-là va découvrir les huit Paroles l'une après l'autre ;
non pas systématiquement et par l'étude raisonnée de
chacune d'elles, mais sa vie quotidienne l'affrontera à
toutes les huit, car elles sont inévitables. Un rocher
investi de toutes parts ! Il deviendra semblable à l'agent
secret qui possède un code et peut désormais « décryp-
ter » les messages absurdes, apparemment insensés que
la vie ne cesse de nous mettre sous les yeux. Ils ne sont
dénués de sens, ces messages quotidiens, que pour qui
les prend naïvement au pied de la lettre, que pour qui
« joue le jeu » sans s'aviser que c'est seulement un jeu.
Le drame de la condition humaine est que rien n'y est
ordonné, étalonné ; et, de même qu'une rage de dents fait
davantage souffrir qu'un cancer à ses débuts, de même
les vraies douleurs et les vraies joies se trouvent
reléguées par des plaisirs ou des soucis exigeants,
obsédants, mais secondaires. Nous passons notre vie à
laisser l'accessoire, le provisoire, l'inconséquent oblité-
rer l'essentiel. C'est qu'il nous manque l'unité de mesure
et cette « échelle » sans laquelle une carte est incompréhensible. Il nous manque le code — eh bien, le voici ! Si
j'en connaissais un autre, je m'empresserais de vous en
faire part honnêtement ; je n'en connais point d'autre.

HUIT PAROLES POUR L'ÉTERNITÉ

Voici donc quelque deux mille ans que l'humanité possède la clef de la Vérité et la laisse au fond de sa poche. Par présomption, prétention, ignorance, orgueil, tout ce que vous voudrez! Si, de cette négligence volontaire, elle avait tiré le bonheur, ou du moins la grandeur, cela m'en imposerait; mais il ne le semble vraiment pas. La Peur est régente de ce monde si sophistiqué; la Peur et son hideux cortège : mépris, violence, racismes de toutes sortes — quel bilan! Alors, comme disait Gandhi, si l'on essayait autre chose?

A la suite de toute une armée de saints taciturnes, témoin indigne mais obstiné, je vous tends cette petite clef d'or. Ou plutôt, c'est votre vie quotidienne qui, à chaque tournant, vous souffle une Parole ou l'autre, mais sûrement les huit, tôt ou tard. Je vous défie bien de vivre une seule année, une seule journée de ce temps-ci en homme lucide, et non en robot occidental, sans que vous vous trouviez placé successivement à la croisée des huit chemins : sans que vous ayez à choisir entre esprit de jouissance et de gâchis ou esprit de pauvreté, violence ou non-violence, égoïsme ou compassion, etc. Si vous laissez la Peur, l'Argent, l'Orgueil ou simplement l'Habitude choisir à votre place, alors regagnez votre niche, brave chien de Pavlov : Jésus-Christ a parlé en vain, Jésus-Christ est mort en vain. Mais si seulement la Béatitude qui convient (elle existe toujours) vous remonte alors en mémoire : si vous mettez en balance, fût-ce un instant, la Parole nue et les coûteuses facilités de ce monde, vous voici en chemin et vous ne vous arrêterez pas de sitôt. Car, si les Béatitudes « communiquent » entre elles, elles constituent aussi un itinéraire — et vous voici aussi sûrement engagé que le papier blanc dans la rotative qui, cylindre après cylindre, va l'imprimer, lui donner figure et signification.

Cet itinéraire obligé pourrait, d'ailleurs, s'exprimer

par des formules aussi rigoureuses que celles de l'algè-
bre. Par exemple, BI + BII = BVI. Ou encore (ceci n'est
pas un jeu), BIII conduit à BV ; BII + BVII débouchent
forcément sur BVIII, etc. Je vous laisse le soin, texte en
mains, de déchiffrer ces équations qui sont des évidences de l'âme et aussi d'en composer d'autres [1]...

Toutefois, pour universelles qu'elles soient, les Béatitudes ne relèvent pas du « prêt-à-porter ». Chacun doit
patiemment, lucidement, les adapter à ses propres
mesures. Il existe un bon usage des Béatitudes ; j'ose en
hasarder ici quelques règles qui, hélas, ne sont pas
forcément personnelles : « Il y a toujours une certaine
inadéquation entre ce qu'on dit et ce qu'on vit, comme
aussi entre ce qu'on vit et ce qu'on est [2]... »

Et d'abord, dans ce domaine, tordre le cou à Descartes ! N'allez pas vous aviser de suivre sa Méthode et
d'appliquer ces Paroles dans l'ordre, ne passant à la
suivante que lorsque vous aurez « digéré », incarné la
précédente. La mort vous surprendrait au seuil de la
première ! d'autant qu'elle est précisément la plus exigeante, la plus mystérieuse aussi, et qu'une vie entière,
même fort attentive, suffit à peine à la cerner si Dieu n'y
prête la main. Il faut donc les embrasser toutes à la fois,
comme l'on peut. Contrairement au proverbe (mais tout
ce qui se tente de grand retourne les dictons), ici « Qui
trop embrasse a seul une chance de bien étreindre
l'essentiel. »

Cela est vrai de la mise en œuvre des Béatitudes ; ce ne

---

1. Sur le rabat de la *jaquette* de ce volume on a reproduit les Béatitudes
afin que — ce rabat servant de signet — la référence au texte exact des huit
Paroles soit facilitée en cours de lecture.

2. Marcel Legault.

l'est pas de leur étude. Car il ne faut pas seulement les « prier » et les « agir » ; il faut encore les méditer, une à une cette fois — ou plutôt en passant de l'une à l'autre, indéfiniment, comme on doit sans relâche relire les évangiles. En quittant celle qu'on approfondit dès que le vertige nous saisit : dès qu'on atteint cet « A quoi bon ? je n'y parviendrai jamais ! » qui, contrairement à l'apparence, est fort bon signe. Ou quelquefois, au contraire, il nous est bon de rechercher ce vertige exaltant qui seul nous confronte à l'infini : de passer en revue les huit Paroles à la fois « de toute notre âme, de tout notre cœur, de tout notre esprit et de toutes nos forces » — et alors, l'espace d'un instant mais inoubliable, tout le reste roule à l'abîme, bascule vers le néant dans une débâcle de gloire humaine, de vanité, de violence, de sexe, de calculs, de lâcheté, tout un monde sans racines, celui des anti-Béatitudes — le nôtre.

Il convient aussi de les tempérer l'une par l'autre, car certaines sont le marchepied naturel de certaines autres. Par exemple, aller vers la persécution pour la justice (VIII) sans passer par la non-violence (II) serait présomptueux, incomplet, inefficace. Mais prétendre à cette non-violence si l'on n'a pas acquis la miséricorde (V) et la pureté de cœur (VI) serait tout aussi vain. S'enfermer dans la compassion (III) sans en tirer la volonté de lutter contre l'injustice et l'oppression (VIII) frôlerait l'hypocrisie. Et ainsi de suite ; à vous d'établir vos itinéraires.

Autre maxime qui relève du bon usage des Béatitudes : il faut, pour éternelles, intemporelles qu'elles soient, les interpréter à la lumière de l'époque. Ce n'est pas le phare qui change, mais l'océan. Naturellement, toutes sortes de pièges nous attendent dans cette indispensable tâche de traduction. Il ne faudrait pas suivre l'exemple de ceux qui, de bonne foi ou non, croient « adapter » l'évangile de Jésus-Christ à notre siècle en le « sécularisant », en le « démythifiant ». La cuistrerie même de ces termes dénonce celle de l'entreprise. En fait, le critère est très simple : chaque fois que l'on prétend rendre plus *faciles* les prescriptions du Christ, c'est qu'on les trahit. Ce n'est pas du dolorisme, mais de l'honnêteté que de l'affirmer ; et la seule atténuation à leur rigueur ne saurait venir de notre démagogie à nous mais de sa miséricorde à lui.

Il faut pareillement interpréter les Béatitudes selon leur sens le plus exigeant, mais aussi le plus actuel, le plus réaliste. Ce ne sont pas des paroles dans les nuées ; elles ont été prononcées sur une simple colline et non au sommet d'un mont inaccessible. Les milliers de Juifs qui les entendirent les ont, n'en doutez pas, immédiatement traduites en exigences pour leur vie quotidienne. Chaque mot se transmuait pour eux, comme dans les Paraboles, en barils d'huile, salaire d'ouvrier, aide à la veuve voisine, procès villageois, dignité devant l'Occupant. A notre tour d'opérer la même transcription au plus épais, au plus opaque de notre temps ; à nous d'insérer la Grâce dans la Pesanteur.

Mais voici encore plus malaisé. Chacune des huit Béatitudes possède deux dimensions, l'une personnelle et l'autre publique, tout comme notre vie elle-même. En chacun de nous coexistent celui « que le Père voit dans le secret » et celui que les autres regardent : pour le juger et le condamner, ou pour l'imiter et le suivre. « Une lumière n'est pas faite pour être mise sous le boisseau mais sur le lampadaire. » Chacune des huit Paroles entraîne donc deux devoirs, distincts mais non exclusifs l'un de l'autre — ce qui peut nous conduire parfois à faire « le grand écart »... Ainsi, pour ne choisir qu'un exemple mineur, l'esprit de dénuement qu'implique la Iʳᵉ Béatitude doit faire de nous des militants contre le gâchis criminel qui est de règle en Occident. Ou encore, celui qui, dans sa vie privée, s'efforce à la non-violence, peut-il, dans la lutte politique, utiliser les armes de la violence ? Ou celui qui use de miséricorde envers son entourage s'en trouve-t-il dispensé sous prétexte de la « bonne marche des affaires » lorsqu'il agit comme chef d'entreprise ? Un patron véritablement chrétien est un spécialiste du grand écart et de la corde raide ; et s'il ne se fait pas, à longueur de temps, traiter de part et d'autre d'agent double, son âme est en danger ! Le régime capitaliste nous propose tout un arsenal de dilemmes, de duplicité, de forfaitures ; le socialisme nous en fournirait d'autres, moins camouflables peut-être. L'important, pour le chrétien, est de *se refuser tout alibi ;* cela fait partie de la VIᵉ Béatitude et de la définition d'un « cœur pur ».

Pour élever le débat, peut-on espérer faire advenir le Royaume parmi nous en le confinant derrière nos volets clos ? C'est peut-être l'une des différences entre la Perfection et la Sainteté que ce refus de la « prudence » et de toute frontière entre domaine privé et domaine public. Nous ne possédons pas quatre mains : deux pour prier et deux pour agir. Ce sont les mêmes, et devons-nous accepter de les salir dans l'action sous prétexte d'efficacité, en nous réservant de les purifier avec le bon savon de la prière ? — Je n'avance ici aucune réponse : je suis trop loin de compte avec ma conscience pour me permettre de donner des leçons. Mais je baisse la tête quand j'imagine l'arbitrage du Christ. On ne triche pas avec le Dieu vivant...

Il ne faudrait pas, à l'inverse, négliger le champ d'application le plus modeste des Béatitudes — je veux dire nous-mêmes. Non pas notre entourage, notre famille, mais, pour chacun de nous, son cœur inquiet, son esprit incertain, et même son corps si fragile. Il faut aussi bien leur appliquer certaines des huit Paroles : par exemple la non-violence, la compassion (sinon la complaisance), la miséricorde, l'esprit de paix. Une tradition très catholique de méfiance envers la chair nous orienterait plutôt vers l'ascèse, l'exigence excessive. « Mon cadavre », disait Jean-Marie Vianney curé d'Ars en parlant de son corps ; et même le doux François l'appelait « Frère âne ». Eh bien, non ! « L'esprit est ardent mais la chair est faible » : c'est avec tendresse que Jésus nous met en garde. Il prescrit seulement la vigilance, pas la défiance. Le seul fait qu'il ait partagé notre enveloppe humaine doit nous induire à traiter celle-ci avec considération et ménagement. A défaut de paix, il faut demeurer en état d'armistice avec notre corps. Le célibat des prêtres a peut-être, sur ce point, faussé la vision de l'Église romaine qui, trop longtemps, s'est montrée doloriste. Que le mot « discipline » puisse y désigner un instrument de supplice personnel paraît assez révélateur. « L'esprit de Golgotha » l'a emporté sur « l'esprit de Béthanie ». Une fois de plus, « il fallait faire ceci sans négliger cela »...

Pour en terminer avec le bon usage des Béatitudes, il faut dire clairement que, s'il est triste de les ignorer, s'il est mal d'agir à leur encontre, il est encore pire de les *contrefaire*. La chrétienté regorge de ces faux témoins qui les bafouent une à une : qui pratiquent l'avarice au lieu de l'esprit de Pauvreté, la veulerie à la place de la Non-violence, une certaine curiosité morbide qui est l'inverse de la Compassion, un faux pardon à base d'oubli qu'ils feignent de prendre pour de la Miséricorde, une chasteté qui n'est que la caricature de la Pureté de cœur, cette indifférence qu'ils baptisent tolérance et qui ne relève en rien de l'esprit de Paix, et l'esprit de revendication au lieu de la faim et soif de la Justice. Ceux-là sont les descendants des soldats de Pilate : ils accoutrent ridiculement le Christ et feignent de le reconnaître pour roi.

D'ailleurs, il existe un *test* infaillible du bon ou du médiocre usage des Béatitudes : il suffit de les « inverser ». La réponse est là : si vous ne sentez pas en vous la montée du Royaume (tous les enfants de Dieu me comprendront), c'est que vous n'êtes pas encore parvenu à l'esprit de Pauvreté (I) ou que vous manquez de courage dans votre lutte pour la Justice (VIII). Si vous ne vous sentez pas dans le pardon et l'amitié de Dieu, c'est que vous-même ne pratiquez pas la vraie Miséricorde (V) ; si vous ne « voyez » jamais Dieu dans sa Création ou dans ses créatures, c'est que (VI) vous n'avez pas le cœur pur, etc.

J'ai l'air de parler bien haut sur ce sujet, le seul qui m'intéresse vraiment (il est vrai qu'il englobe tous les autres), j'ai l'air de parler « comme quelqu'un ayant autorité ». Pourtant, dans l'immense peuple en chemin de Béatitudes, vous me reconnaîtrez sans peine parmi les derniers, les traînards. Je le dis sans affectation, et pourtant sans angoisse, car je me suis mis en route. Mis en route avant le jour, et je vous appelle. Choisissez votre voie, et ne suivez que ceux qui sont bien décidés, quitte à succomber en cours de route, à aller jusqu'au bout de leurs forces. De ceux qui disent avec l'apôtre Paul : « Moi aussi je ne fais aucun cas de ma vie : je désire seulement parvenir au terme de ma course. » De ceux qui savent que « celui qui persévérera jusqu'à la fin sera sauvé ». « A Dieu vat ! » — quelle belle maxime...

Oui, vous devriez bien vous mettre en route, vous aussi : dès le premier pas, tout ce que j'écris dans ces pages vous semblerait transparent. Car il se pourrait —

ce serait à la fois le piège et la merveille — qu'on ne puisse même *concevoir* les Béatitudes sans un commencement d'exécution. « Venez et voyez ! » C'est aussi la définition des sacrements de l'Église, lesquels sont proprement expérimentaux. « Venez et voyez ! » — voilà le mot de passe du christianisme et il est la fleur de la Liberté.

Voici bien des années que je me promène chaque jour dans ce jardin secret planté de huit grands arbres. Car c'est ainsi que je me figure ces Paroles : leur tête se perd dans le ciel et frémit sans cesse d'un vent « dont tu ne sais d'où il vient, où il va » ; mais leur pied, par mille liens vivants, est à jamais enraciné dans notre sol. Ce soleil et cette pluie, dont le Père réchauffe et rafraîchit les bons comme les méchants, nourrissent ces grands arbres ; mais, tout aussi invisiblement, ils tirent aliment de la terre des hommes. Je me promène entre eux chaque jour et, parfois, de l'un ou de l'autre, il me tombe quelque petit fruit. Je les ai engrangés ici, sans trop me soucier de logique ni de continuité. Je n'écris évidemment pas un « Traité des Béatitudes » ; ou, pour changer d'image, je ne bâtis pas une maison. L'ensemble doit plutôt ressembler au *Palais idéal* du facteur Cheval, idole des Surréalistes. Il reflète, comme lui, mon émerveillement, mon rêve et sans doute ma naïveté. Moi aussi, j'ai longtemps fait provision de « cailloux » qui me plaisaient bien. Les huit brefs chapitres qui vont suivre (et dont l'inégalité même me dénonce et me définit) ne sont composés que de réflexions, parfois d'évidences, celles-là mêmes qui viennent, je pense, à l'esprit de n'importe quel enfant de Dieu prenant au sérieux ses paroles les plus importantes. A ce titre, ce petit écrit ne devrait intéresser que les chrétiens — et cependant...

HUIT PAROLES POUR L'ÉTERNITÉ

Et cependant il est temps d'affirmer ceci qui, pour le coup, concerne tout le monde. Quand bien même Jésus le Christ ne serait pas la Parole de Dieu incarnée, *quand bien même Dieu n'existerait pas,* la vision chrétienne du monde et son « code », les Béatitudes, sont sans doute les mieux (et peut-être les seuls) adaptés à la société des hommes, les plus aptes à la rendre vivable. Vous pouvez les laïciser, retrancher la seconde partie de chacune de ces huit Paroles, c'est-à-dire la Promesse, il demeure là un ensemble de règles essentielles et irremplaçables pour régir les rapports humains. Je crois que nous ne pourrons sauver l'Occident d'un naufrage honteux et le reste du monde d'une vie infra-humaine qu'en appliquant universellement l'esprit de Pauvreté, la Non-violence, la Compassion, la Miséricorde, la Pureté de cœur, la Tolérance, la recherche passionnée de la Paix et de la Justice. Ce ne sont pas là des grands mots qui passent au-dessus de nos têtes comme les nuages par mauvais temps ; ce sont, tout ensemble, des principes révolutionnaires et des recettes pratiques quotidiennes. Il y a longtemps que les calculs des « réalistes » me semblent n'être en fin de compte (et parfois même à très court terme, la fameuse accélération de l'Histoire aidant) qu'une présomptueuse et cruelle sottise. Les seuls vrais réalistes sont tôt ou tard ceux qu'ils baptisent avec dérision des « idéalistes » — nous autres disons plus volontiers des « prophètes ». Et en voici une preuve : chacune des Béatitudes possède ses héros, qui ne sont pas forcément des saints mais qui ont marqué dans l'Histoire plus profondément et plus durablement que les tenants de l'autre bord, les conquérants, les pragmatiques, les calculateurs. François d'Assise, Gandhi, Vincent de Paul, Las Casas, Lincoln... Si l'esprit public de ce pays n'était pas gâté par des manuels d'Histoire et des

42

mass media qui collectionnent les guerres, les « gestes » et les anecdotes, les Français voteraient en masse pour la liste que je propose ici plutôt que pour celles patronnées par Napoléon ou par Machiavel.

En fait, les Béatitudes définissent en huit traits un monde dont nous sentons bien qu'il est à la fois le nôtre et le contraire du nôtre : qu'il relève d'une utopie que nous pressentons plus vraie, plus *probable* que la réalité et dont la pensée nous remplit tout ensemble de nostalgie et d'espérance. Car il existe deux manières de regarder ce monde au miroir des Béatitudes : soit pour y constater à quel point il les bafoue, et c'est le désespoir ; soit pour voir s'y profiler le monde de demain, et c'est l'espérance. Mais il se pourrait qu'on ne parvînt à la seconde étape qu'après être passé par la première : après avoir touché le fond et donné le coup de talon du nageur qui se noie. L'Occident est un nageur qui se noie. Ici et là il place toute son espérance en un « socialisme à visage humain » ; mais, s'il vous plaît, quels sont les traits d'un visage vraiment humain et quelles devraient être les caractéristiques de *l'homme socialiste,* sinon précisément le désintéressement, la passion de la paix et celle de la justice, la tolérance, l'absence de calculs, la défiance de l'argent, le courage de militer et la priorité accordée en toute circonstance aux êtres sans défense ? Vous avez reconnu au passage les huit Paroles, mais dans une traduction acceptable pour tout homme, ne crût-il à Dieu ni à Diable, pourvu qu'il croie en l'Homme et en l'amour.

C'est pourquoi ce lecteur-là peut aussi, je pense, me suivre sur la route où je vous entraîne à présent. Il sait que la Peur est le principal obstacle à la construction du monde dont il rêve. Or, c'est elle seule qui nous arrête ici aussi et nous fait rebrousser chemin à chacune de nos huit étapes. La Peur est l'ennemie numéro un des Béatitudes : peur de manquer, de souffrir, d'être tué ; ou seulement d'être dupé, dépassé, de devoir se battre, de perdre ses privilèges — la Peur !

Et puis, cet homme de bonne volonté n'éprouve-t-il pas, comme moi, comme nous tous, la nausée de toutes ces paroles vaines, jetées au vent depuis vingt siècles et qui, chaque jour encore et plus que jamais, portées par le papier imprimé, les ondes ou les images, polluent l'air que nous respirons ? N'est-il pas temps, comme le naufragé ne peut s'agripper qu'à ce qui surnage, de nous accrocher à des paroles sûres, sans complaisance ni démagogie, universellement recevables, dont aucune ne dénonce ni ne condamne ; exigeantes, certes, mais transparentes — des Paroles pour l'éternité ?

I

BIENHEUREUX
CEUX QUI ONT L'ESPRIT DE PAUVRETÉ
CAR LE ROYAUME DE DIEU EST A EUX

CHAQUE matin, je me collette avec cette mystérieuse affirmation et crois pressentir un peu moins obscurément ce qu'elle implique, ou plutôt ce qu'elle impliquerait si je ne lui demeurais encore si étranger. Je pressens aussi que je n'aurai pas assez des matins qui me restent pour faire le tour de cette première Parole ; mais déjà je puis, de confiance, reprendre à mon compte la désolante prière : « Mon Dieu, donnez-moi une âme de pauvre car, une âme de riche, je sais trop bien ce que c'est... » *Une âme de pauvre :* tel est encore le synonyme le moins trompeur « d'esprit de Pauvreté » — mais est-il plus clair ? Préférable, en tout cas, à « Pauvres en esprit » qui, de siècle en siècle, permet aux jobards de croire que la première Béatitude est celle des simples d'esprit.

Quels qu'aient pu être mes privilèges ou mes complaisances en ce domaine, il m'a toujours paru *évident* que l'argent, la culture, les relations utiles, cette appartenance au « club » de ceux qui surnagent à tous les naufrages — bref, la richesse ne conduit pas à Dieu. Il existe un « esprit de Richesse », fait d'inconscience et de bonne conscience, qui émane d'un être à son insu et empêche de l'aimer tout à fait, fût-il, comme on dit bien sottement, « le meilleur des hommes ». Les riches « ont abandonné la source d'eau vive pour se creuser des citernes, dit Jérémie, des citernes fendues qui ne retiennent pas l'eau... » Les riches, les puissants, les importants le sentent bien ; mais soit ils n'osent pas l'avouer (et premièrement se l'avouer), soit ils ont perdu le temps ou le goût d'y songer. De toute façon, les petits et les pauvres ne les croiraient pas : tout comme les Africains ne veulent pas croire aux méfaits de la civilisation de consommation. Un certain instinct de conservation induit les riches à repousser un tel constat qui anéantirait d'un coup toutes leurs définitions.

D'ailleurs, quand bien même ils s'en persuaderaient, il leur resterait à découvrir la face cachée de cette vérité. A savoir que, à l'inverse, le petit bonheur, les espoirs modestes mais obstinés, les plaisirs ou les projets qui ne reposent que sur la bonne volonté mutuelle et ne coûtent que la peine joyeuse et volontaire de soi-même et des autres, *tout ce qui ne se chiffre pas* — bref, l'arsenal de l'esprit de Pauvreté vous introduit à une paix plus valable que toute sécurité, à une assurance jamais « tranquille », à une patience nullement résignée : à une joie intérieure proprement inexplicable mais rayonnante, contagieuse, qui vous investit et vous soutient comme l'eau et préfigure — mais non ! *est* déjà le Royaume de Dieu.

La seconde partie de cette Iʳᵉ Béatitude nous garde donc de toute erreur et de toute présomption à ce sujet. Car, encore une fois, si nous ne ressentons pas tout ce que je viens d'évoquer, eh bien, c'est que nous ne remplissons pas la première partie de la Parole : c'est que, ostentation et « prière » en moins, nous demeurons pareils au Pharisien qui, avec une naïveté tragique, rend grâces à Dieu d'être exclu du Royaume. Toutefois, il est peut-être plus dangereux encore de croire (ou de feindre) être le Publicain caché derrière son pilier...

L'esprit de Pauvreté, non plus qu'aucune des dispositions essentielles pour entrer dans l'Alliance, ne s'acquiert par l'effet d'une de ces « bonnes résolutions » comme en prennent les enfants. Pour un riche (et n'est-on pas toujours le riche de quelqu'un ?), il y faut tout ensemble une *application* et un *abandon* dont presque tous les saints nous ont laissé l'exemple et qui sont les deux pôles du christianisme, le « positif » et le « négatif », sans lesquels le courant ne saurait passer.

Oui, toute une vie pour y parvenir, ou même seulement pour le définir ! Dans la course à l'esprit de Pauvreté, les riches ont un lourd handicap. Ont-ils seulement le droit d'en parler, comme je le prends ici ? Mais renoncer au premier pas, c'est renoncer au voyage. Comment ne pas parler de cette Béatitude alors qu'elle introduit et conditionne les sept autres ? Et que la première manifestation de Dieu, lorsqu'il décide d'habiter parmi nous, en est l'illustration la plus frappante ? Car Jésus est né dans des conditions de dénuement et de déracinement *en même temps que de joie* qui font de Noël, dès l'aurore de l'évangile, la clef même de l'esprit de Pauvreté.

S'il fallait, d'une phrase, évacuer les contresens les plus usuels, je dirais : l'esprit de Pauvreté ne consiste pas à être pauvre, mais à le devenir volontairement en tout domaine et à y trouver sa joie. « Jésus vit, assis au bureau de la douane, un homme appelé Matthieu. Suis-moi, lui dit-il ; et l'autre, se levant, le suivit aussitôt. Puis Matthieu fit un grand festin dans sa maison... » Ainsi, cet homme, qui vient de tout quitter volontairement, « flambe » ce qui lui reste pour faire partager à tous sa joie. Le négatif, qui est le dénuement, conduit au positif, qui est la joie — et réciproquement. C'est une Béatitude « à double entrée ».

La pauvreté en question ne doit jamais être ostentatoire. L'homme des Béatitudes n'est pas un excentrique ; rien, à première vue, ne le distingue des autres, excepté le sourire. Jamais un donneur de leçons ! jamais un « reproche vivant » — ou alors, bien malgré lui. Reproches vivants, les malades, les « exclus », tous ceux qui se trouvent réduits à une pauvreté involontaire ! Ceux-là relèvent de la Compassion (III) et du combat pour la Justice (VIII) ; mais c'est de pauvreté volontaire que traite la première Béatitude, et pas de n'importe quelle pauvreté. Celle-ci est une vertu et non un état : pas plus que la chasteté n'est la Pureté, ni l'humiliation l'Humilité. Elle a deux ennemis : la richesse et la misère. Car il ne s'agit ici ni de dénuement congénital ni même de ruine, mais d'un détachement allant jusqu'au désistement. Ce n'est pas rien ! On peut être conduit à assister en souriant au démantèlement de soi et de son univers : à se désintéresser de l'opinion que les autres ont de vous et même à se détacher de ses propres opinions. « Je suis désarmé de la volonté d'avoir raison, de me justifier en disqualifiant les autres ; je ne tiens pas particulièrement à mes idées, à mes projets », écrit le patriarche Athénagoras, mais c'est au terme d'un long combat.

Le péril est alors de devenir infidèle — ce qui, pour un chrétien, serait le scandale des scandales. Mais, de même que l'amour pour le Christ englobe toutes nos amours, la fidélité au Christ conforte et garantit toutes les autres si, du moins, ce sont des fidélités authentiques et non des attachements traditionnels ou commodes. D'ailleurs, il existe une alliance mystérieuse entre la Fidélité et la Pauvreté — même dans le domaine le plus trivial : imagine-t-on Don Juan pauvre ?

HUIT PAROLES POUR L'ÉTERNITÉ

Pour ce qui est de nos opinions — que nous avons trop tendance à baptiser convictions — nous devons toujours être « en marche », comme Jésus de Nazareth lui-même. Jamais assis, jamais installés ! Un « mandarin » chrétien devrait être un objet de dérision et non de respect. Le contraire de cette humilité intellectuelle n'est pas forcément l'orgueil-cocorico ; ce peut être cette assurance d'avoir raison, ce confort moral et social, cette sorte d'invulnérabilité des Notables. Elle les fait égorger par la piétaille beaucoup plus sûrement que leur argent ou leur naissance. « Dénuement »... Quel beau mot ! Littré assure que « dénuer » est un verbe actif : il n'empêche qu'on ne l'emploie guère qu'à la forme passive, et jamais ou presque au mode réfléchi. C'est pourtant de cela qu'il s'agit : de *se dénuer*.

Mais avant même de se dénuer, il faudrait ne pas se surcharger volontairement : apprendre à refuser ce qui non seulement est inutile en soi, mais explicitement condamné par le Christ. Je veux parler de « la gloire qui vient des hommes ». Un chrétien couvert de décorations (qu'il ose appeler *croix*) et qui court d'honneur en honneur m'a toujours paru très suspect. Il ne l'est pas du tout aux yeux de l'opinion publique : d'abord parce qu'elle ne connaît point l'évangile ; ensuite parce qu'elle flaire dans le bonhomme des « bons sentiments » que, malgré vingt-cinq ans de mass media débiles, elle persiste à aimer voir récompenser. Pas davantage suspect, ce chrétien chamarré, aux yeux de son Église ! laquelle continue à penser d'instinct que, plus elle dispose de « fidèles » dans les avenues du pouvoir et de la renommée, mieux elle sera défendue. Mais contre qui ? — Certes pas contre ses ennemis immémoriaux, ceux qui tuent son âme : l'Orgueil et l'Argent. L'Église du Christ — pardonnez-moi cette comparaison insolite — ressemble aux belles sauvages : elle n'est imposante et splendide que nue. Quand Mauriac, avec une mauvaise conscience tardive, écrivait « qu'on ne juge les honneurs qu'en les dépassant » (c'est-à-dire après les avoir engrangés), même un enfant aurait pu dénoncer là une de ces solennelles entourloupettes qui en imposent à tous sauf à leur auteur.

Reste le problème, si grave et jamais résolu pour un chrétien, de « *Jusqu'où doit-on jouer le jeu ?* » Celui des honneurs, qui flattent donc abaissent un auteur, mais font rayonner ses livres ; mais aussi celui de l'autorité, du respect, des courbettes : jeu auquel se laissent prendre tous les P.-D.G., chrétiens ou non, et jusqu'aux « petits chefs ». Sous Louis XIV, du moins, la trinité orgueil-tyrannie-flagornerie ne régnait guère qu'en un seul lieu, splendide et futile. Versailles constituait un gigantesque abcès de fixation. Aujourd'hui, une poussière de rois-soleil est disséminée dans tous le pays et presque toutes les classes sociales. Le mal a fusé partout, le cancer s'est généralisé. « Que voulez-vous, il faut bien jouer le jeu ! » répondent en soupirant flagorneurs et flagornés lorsqu'ils sont restés lucides. J'en suis de moins en moins convaincu ; en tout cas, nous voici très loin de l'esprit de Pauvreté et du détachement qu'il implique.

Mais, de même que « le devoir d'imprévoyance » est tout autre chose que l'imprévision, le détachement en question a très peu en commun avec ce « désintérêt » de son siècle qui caractérise une certaine façon de vieillir mal. Ce désenchantement-là est la caricature de l'esprit de Pauvreté ; et on les distingue sans peine à ceci que l'un est fâcheux et l'autre joyeux. Vieillir — qui l'a dit ? — c'est « tourner un certain nombre de pages pour la dernière fois ». Il est important de les tourner soi-même, dans l'ordre, et avec joie. A certains, cela advient avant que l'âge en soit venu ; et mon cœur se serre à la pensée que Jésus a su d'avance — et à qui le confier ? — que c'était *la dernière fois* qu'il traversait Nazareth, voyait le soleil se coucher sur le lac, passait la soirée chez ses amis de Béthanie... « Or donc, dit l'un des évangélistes, comme s'accomplissait le temps où il devait être emporté, il durcit son visage pour prendre la route de Jérusalem » — c'est-à-dire pour marcher au-devant de la trahison, de l'abandon, de l'humiliation, de la mort. Cette étrange expression me met les larmes aux yeux. Chaque fois que nous « durcissons notre visage » pour aller, de notre plein gré, vers le dépouillement, chaque fois que l'esprit de Pauvreté parle plus haut que la douceur de vivre — « Encore un instant de bonheur ! » — nous mettons véritablement nos pas dans ceux de Jésus-Christ. C'est dans la mesure où ils vont au-devant de ce dénuement, de ce dénouement — c'est-à-dire dans l'exacte mesure où ils ressemblent à leur frère et Seigneur Jésus — que les saints sont un admirable objet de scandale.

Voici peut-être le moment d'introduire la très banale distinction entre les êtres et les choses, lesquels ne méritent ni même attachement ni même détachement. En fait, ils appartiennent à des planètes différentes. Tendresse pour les objets, les décors, les témoins muets ; amour pour les créatures et pour elles seules. Dépouillement volontaire de ceux-là, mais afin de mieux donner son attention à celles-ci. Un esprit de Pauvreté qui n'aiguiserait pas l'amour des êtres serait un piège. Le véritable implique, au contraire, un attachement grandissant à la Création de Dieu et un détachement croissant de celle des hommes. Tout désintérêt à l'égard des biens doit être corrélatif d'une plus grande attention prêtée aux personnes ; c'est la technique de l'alpinisme : ne lâcher une prise que lorsqu'on s'en est assuré une autre.

Au fond, l'esprit de Pauvreté consiste à mettre sa joie dans ce qui vous resterait si vous deveniez pauvre : dans l'émerveillement devant la Création et dans l'amour des créatures. Mais l'un et l'autre (c'est une de nos infirmités) se trouvent affectés par l'excès de dénuement, comme ils le sont par cette autre forme de pauvreté qu'est la mauvaise santé. Même à l'aise et bien portants, la plupart des humains, en Occident du moins, mettent leur joie dans la possession d'autres biens et d'autres pouvoirs et, pour les acquérir, négligent l'amour de la Création et celui des créatures. Ou encore (et c'est la façon dont les meilleurs chrétiens manquent à l'esprit de Pauvreté), ils ne savent plus tirer joie de la nature ou d'autrui que dans des conditions, dans un cadre de vie, avec des aises qui les livrent à l'argent, aux calculs, à l'envie, à tous les ennemis de l'esprit de Pauvreté. Ils finissent par croire que tout cela leur est dû ; mais rien n'est dû à chacun que ce qui est donné à tous — voilà une évidence méconnue.

Nous venons de passer subrepticement d'une rive à l'autre ; car l'esprit de Pauvreté possède deux profils, bien qu'on soit tenté de ne voir, et pour s'en effrayer, que son aspect négatif : détachement, dénuement, refus. Quelle mutilation ! Car ce vide volontaire n'est fait que pour être rempli à mesure ; on déblaie, mais pour meubler à neuf. Le surnom de François d'Assise, le *poverello,* prouve que nous sommes surtout frappés par sa pauvreté — ce qui est un contresens. L'esprit de Pauvreté, qu'il incarna comme personne, se définit moins par les distances que l'on prend avec « la richesse » que, positivement, par la recherche et la jouissance des vraies richesses et des joies vraies, lesquelles sont « pauvres », dans le sens de *gratuites.* Il s'exerce dans le domaine commun à tous les hommes : leurs bonheurs et leurs émerveillements les plus simples, ce qui leur est donné de tout temps et sous toutes les latitudes. Il faut apprendre à aimer ce qui n'a pas besoin d'être rare pour être précieux. C'est pourquoi l'esprit de Pauvreté est le germe de cette Égalité et de cette Fraternité qu'on cherche en vain par les voies politiques, ainsi que de cette Liberté véritable que ne connaîtront jamais ceux qu'assujettissent leur pouvoir ou leurs biens. Nous, les riches, sommes pareils à ces gros enfants tellement gavés, tellement emmitouflés qu'ils ne sont capables d'aucun mouvement. Les pauvres en esprit, eux, ont l'âme *déliée*.

Ce qui nous est donné gratuitement, autant et davantage au clochard qu'au milliardaire, c'est d'abord le temps. Le temps, qui nous définit comme mortel mais aussi comme homme : car l'usage que nous en faisons nous juge — tout comme l'usage qu'il nous en permet juge un régime. Ce bien commun, le temps, quoique inégalement réparti, est la « matière première » de l'esprit de Pauvreté. Car celui-ci consiste d'abord à ne plus perdre une seule journée, un seul instant. Il s'agit là d'une merveilleuse « avarice » qui est le contraire même de l'avarice, je vous dirai plus loin à quelles conditions. Car, ne nous y trompons pas, ni la fourmi ni la cigale ne sont représentatives de l'esprit de Pauvreté. L'une amasse et l'autre mendie ; chacune d'elles ne pense qu'à soi et n'aime personne. S'il fallait en convertir une à la première Béatitude, laquelle serait la plus rétive ? La première, sans doute ; quoique la cigale humaine ait ceci de désespérant qu'elle croit posséder l'esprit de Pauvreté : « La preuve, c'est que je chante à tout-venant... » Allez donc lui expliquer la différence entre le plaisir et la Joie !

Je m'étonne quelquefois qu'il n'existe pas une Béatitude de l'esprit d'Enfance ; mais c'est tout bonnement, que celui-ci est l'autre face de l'esprit de Pauvreté. Non pas sa conséquence mais bien son autre visage, ce qui signifie qu'on ne peut guère posséder l'un sans l'autre et que chacun d'eux vous induit à l'autre. Celui qui ne posséderait que l'un des deux aurait l'âme hémiplégique. Car l'esprit de Pauvreté, c'est aussi la conscience heureuse de notre petitesse et de notre infirmité face à l'infini. Cela porte un très beau nom, frères chrétiens : cela se nomme l'Humilité — vertu essentiellement joyeuse... Devant les Mystères, devant les questions tragiques que nous pose la Création, ce n'est pas le chemin « des savants et des sages » qui nous conduit à des réponses apaisantes : ils ne font que jeter chaque fois la pierre un peu plus loin, comme au chien qu'on amuse ; mais c'est le chemin des « tout-petits », celui des enfants : l'abandon, la confiance et la joie. Ni démission ni soumission : une décision libre et volontaire. Chanter dans la nuit, « car Il ne peut ni se tromper ni nous tromper ». L'esprit d'Enfance nous aura permis de manger joyeusement le bon pain blanc des vertes années ; l'esprit de Pauvreté, le pain gris des suivantes...

Si l'esprit de Pauvreté est si difficile à cerner, c'est aussi qu'il en existe plus d'une définition. « Ce mystère est si grand que bien des chemins peuvent y conduire... » Beaucoup de définitions et, finalement, chacun doit découvrir la sienne. La voilà bien, la « liberté des enfants de Dieu » ! Ce n'est certes pas une licence tous azimuts, selon la mode actuelle ; elle ne s'exerce qu'au plus ardu : c'est son propre chemin de cime qu'il s'agit de choisir et, à soixante ans comme à vingt, je juge cela plus exaltant qu'une liberté de carnaval.

A chacun, donc, de trouver sa définition de l'esprit de Pauvreté *et de s'y conformer* — mais sans complaisance ! Il faut, comme pour toute démarche essentielle, établir seul son itinéraire et ses étapes. Les saints nous y aident, bien sûr ; mais le « niveau » de la première Béatitude varie suivant les époques : le bateau monte ou descend avec la marée, et aussi selon le contexte social et familial qui est le nôtre. On n'atteint jamais le Ciel sur le dos des autres, en opprimant les siens ou en trahissant ses engagements. Le malheur de l'homme, le malheur apparent du chrétien vient de ce qu'il ne s'avise généralement de la Vérité et de la marche à suivre pour y parvenir, qu'à un moment où il se trouve déjà ligoté de toutes parts. Pareil à l'automobiliste qui s'aperçoit qu'il s'est trompé de direction alors que le voici engagé sans retour possible sur l'autoroute. Cela fait partie des règles du jeu, et il faut le prendre avec autant d'humour que Dieu lui-même. Qui n'a jamais décelé les clins d'œil du Ciel, c'est qu'il n'a guère l'âme attentive...

En fin de compte, l'esprit de Pauvreté c'est bel et bien le « savoir-vivre », dans le plus grand sens du terme : savoir prendre le recul et l'approche convenables pour vivre dans la vérité, la liberté et la joie. Le recul par rapport à tout ce qui sonne le creux ; l'approche par rapport à tout ce qui, finalement, *aura été* essentiel. Ce futur antérieur est redoutable. Il faut, quant à sa propre vie, prophétiser à temps. Alors, le plus sûr n'est-il pas de faire confiance au Prophète des prophètes ?

Pour parvenir à l'esprit de Pauvreté, la tâche est longue, patiente et, si l'on veut, contre-nature — tout dépend ce que l'on met sous le mot « nature ». Si on y place indistinctement tout ce dont nous avons envie, alors oui, une telle démarche est contre-nature : si l'on y place tout ce dont nous rêvons ou portons la nostalgie : la Joie et non les plaisirs, la paix et non la victoire, l'amour et non la possession [1], la transparence et non l'apparence

---

1. Voir note 4, page 151.

— alors cette démarche est coûteuse mais *naturelle*. Il y faut donc humblement tout un arsenal de recettes pratiques. En voici quelques-unes. Prenez-en patiemment connaissance et composez-vous, en les complétant, votre propre charte. Avouez qu'il serait trop bête d'attendre votre dernier souffle pour devenir « pauvre » d'un seul coup...

J'ai avancé que le temps était la matière première de l'esprit de Pauvreté. Mais de quelle Béatitude relève donc la vertu de Patience ? De la Non-violence (II), de la Compassion (III), de la Miséricorde (V) ? — Des trois sans doute ; mais elle est avant tout l'antichambre et aussi la merveilleuse conséquence de l'esprit de Pauvreté. Il nous faut parvenir à nous détacher de notre bien le plus précieux, le temps. Les esprit légers qui vont répétant que « Le temps c'est de l'argent », c'est donc qu'ils n'ont jamais su faire bon usage de leur temps. « L'argent, c'est du temps », cela oui, hélas ! On peut, à force d'argent, acquérir des loisirs. Mais pour en faire quoi ? Voilà la seule question importante.

Une autre coutume est de gémir sur le temps passé, perdu ou non. Pourtant, le seul drame ou la seule merveille, c'est le temps qui passe : c'est ce présent qu'il faut constamment investir en éternité. Il convient d'établir entre elle et lui, dès maintenant et à tout moment, un système de vases communiquants, sous peine de se lamenter tous les jours de sa vie, car chacun d'eux est le lendemain d'un hier perdu. Sous peine de vivre la tête tournée en arrière, attitude assez commune aux humains mais qui n'est guère supportable que chez les poètes romantiques.

La Patience, qui consiste à ne jamais compter son temps, est une vertu héroïque. Se laisser manger par les autres... « Le prêtre est un homme mangé », disait le Père Chevrier. L'Histoire nous propose deux sortes de héros : ceux qui mangent les autres, type Napoléon ; ceux qui se laissent manger par les autres, type Vincent de Paul. La foule (du moins, les survivants) vénère les premiers, que personnellement je vomis. Les autres, héros selon mon cœur, pratiquent la patience : travaillent « à la base » et sans mesurer leur temps. Ils récusent les statistiques, ils ne comptent que sur *les moyens pauvres.* Ils savent, eux, que « Si le grain ne meurt »... — Voilà encore l'une des maximes de l'esprit de Pauvreté.

Il existe une contradiction apparente (mais c'est bon signe quand on parle des Béatitudes) entre ces propos et la recette magique que je vais vous livrer à présent. A savoir que, pour accéder à l'esprit de Pauvreté, il faudrait et il suffirait de « vivre à l'instant l'instant », comme le disait Thérèse de Lisieux sur son lit d'agonie. Du passé ne filtre alors, si votre mémoire est bonne c'est-à-dire secourable, que la tendresse et la fidélité, mais ni regrets ni remords. L'avenir ? Pourquoi miser sur lui à ce point ? N'est-il pas le triste serviteur de l'insatisfaction et du calcul plus souvent que celui de l'espérance ? Passé vingt ans, il a partie liée avec la routine, le désenchantement et l'invisible déchéance. « Demain, dans un instant, je serai moins *vivant* qu'aujourd'hui, que maintenant... » Voilà une pensée désolante, sauf si précisément l'on vit l'instant. « Il y a une minute du monde qui passe. La prendre dans sa réalité et tout oublier pour cela [1]. » Seul le présent est pur. « Le vierge, le vivace et le bel aujourd'hui... » Vivre l'instant, aimer toute circonstance inattendue, accueillir toute rencontre, car tout est grâce. N'établir que les calculs strictement nécessaires (et encore, comme s'il s'agissait d'un autre), vivre étonné [2]...

---

1. Paul Cézanne.
2 Voir note 5, page 152.

Vivre à l'instant l'instant est aussi le seul remède à l'imagination excessive, donc à la peur, donc à la lâcheté. Dans un siècle comme le nôtre, siècle de terrorisme sous toutes ses formes même la plus pateline, voilà qui est sans prix. C'est encore la seule recette pour demeurer naturel, transparent, *un* : être un homme de l'instant, ne pas prendre de recul à l'égard de soi ni de distances avec son âme. Celui qui se tient tout entier dans l'instant participe, en un éclair, à l'éternité. Car celle-ci n'est faite, je le crois, je l'espère, que d'instants, tout comme la Joie. Elle n'est qu'un instant infini ; et nos plans et nos conjectures sont des caricatures de l'éternité. Le pauvre vit dans l'instant, tout comme l'animal ; mais parce que ce n'est pas volontaire, cela devient une grande disgrâce. Tandis que l'enfant, et c'est sa grâce, vit spontanément dans l'instant : l'esprit de Pauvreté rejoint, ici encore, l'esprit d'Enfance. Malheureusement l'éducation, « l'intelligence » conspirent à nous épouvanter de vivre tout entier dans l'instant, c'est-à-dire de vivre vraiment. L'homme qui, douleur, joie, don, amour, angoisse, vit tout entier dans l'instant devient tout entier regard. Il devient cristal et l'on peut voir Dieu à travers lui : c'est le confluent de la Ire et de la VIe Béatitude. En fait, il faut vivre comme le cœur bat : à l'instant l'instant. Vivre comme on respire : qui peut faire des provisions d'air ?[1]

Vivre à l'instant l'instant. Être attentif au « petit bonheur » si méprisé par nos esprits forts qui ont vite fait de le trouver *petit-bourgeois*, qualificatif qui finit par désigner tout ce qui est bonnement humain. Il ne faut pas ricaner de ce gagne-petit, de ce ramasse-miettes ; ne pas

---

1. Voir note 6, page 152.

s'aviser trop tard que le bonheur tout court (qui est l'état de paix avec soi-même, les créatures, la Création) n'est composé que de mille variétés de ce petit bonheur, aussi nécessaires et indiscernables que le sont les grains de sable dans le ciment. Ne pas oublier non plus qu'il est souvent, assez mystérieusement, le « détonateur » de la Joie. Finalement, c'est presque une évidence : Bienheureux ceux qui ont le sens de l'instant et du petit bonheur !

On ne peut guère s'avancer vers l'esprit de Pauvreté, c'est-à-dire vers le Royaume, sans se livrer à une « radioscopie » de son existence. Ni recensement du passé ni plan d'avenir, mais déposer sur la table tout ce qu'on a dans ses poches, comme l'homme que des policiers viennent d'*arrêter* — terme tragique, car sa vie va vraiment s'arrêter. Mais, pour nous, il ne s'agit que d'un moment, comme on arrête une machine pour en assurer la maintenance.

Donc, passer en revue sans complaisance ce qui constitue notre vie et, tous ces éléments disparates, les *remettre en question* puis les *remettre en ordre*. On s'avise alors presque toujours que les plus encombrants oblitèrent ou hypothèquent les plus précieux — et le plus précieux de tous : l'amour des êtres vivants. Il faut de toute urgence établir ou rétablir l'ordre d'importance et de priorité de ses joies, de ses soucis, de ses attentions, de ses anxiétés. Notre existence quotidienne doit ressembler à l'écriture que les instituteurs inculquaient autrefois aux écoliers à sarrau noir : composée de « pleins » et de « déliés ».

Et premièrement, sans jeu de mots, se délier de l'argent. Moïse fit réduire en poudre le Veau d'or et dissémina celle-ci à la surface de l'eau. Quel symbole ! l'or se tient toujours entre nous et l'Eau vive. « Nul ne peut servir deux maîtres à la fois... On ne peut servir Dieu et l'argent. » Déjà, il n'est pas si aisé de servir Dieu tout en se servant de l'argent. « Il faut déshonorer l'argent », disait Mounier. Ce qui signifie qu'il ne faudrait pas seulement cesser de l'honorer, mais encore le mépriser. En Occident, ce serait faire basculer l'iceberg. Certains y parviennent ; malheureusement, ils méprisent du même mouvement ceux qui possèdent de l'argent ; et encore ceux qui, n'en ayant jamais possédé, y aspirent. Or, l'esprit de Pauvreté est aux antipodes de tout mépris, de toute comparaison, de tout jugement. C'est l'une des passerelles qui relient la Ire Béatitude à la Ve.

— Et si l'on revenait sur terre ? gronde une voix en vous lecteur. « Mépriser l'argent » ? Allons, il faut tout-de-même bien faire ses comptes ! — Sans doute, mais sans confondre la tranquillité de l'homme qui les tient à jour avec la paix de celui qui n'en fait jamais. En respectant la frontière qui sépare la prévoyance du calcul. L'esprit de Pauvreté, on s'en est expliqué, n'appelle à « l'imprévoyance » que dans la mesure où l'on peut l'assumer seul : il renvoie dos à dos la Fourmi et la Cigale. Les saints nous prouvent, à longueur de chrétienté, que quand on compte sur Dieu on n'a plus besoin de compter. Objection : Les saints sont, le plus souvent, des hommes seuls ; ou encore des gens relevant d'une communauté qui calcule à leur place ; ou qui ont en charge une communauté qui leur ressemble et leur obéit. — C'est vrai ; et nous autres, qui avons endossé le havresac familial, n'avons pas le droit d'imposer à nos proches le régime qui convient à notre âme, même si nous avons la certitude qu'il conviendrait à la leur. Tous les enfants de Dieu (je parle des adultes) doivent conserver leur entière liberté, y compris celle de se perdre. C'est là une option fort grave mais inévitable ;

l'inverse serait, comme dit Vincent de Paul, « enjamber sur la Providence ». L'Église romaine ne s'en est pas fait faute, avec les meilleures intentions du monde mais aussi les pires résultats. Non, on ne doit imposer à quiconque le salut de son âme : ni aux sorcières en les brûlant, ni aux païens en les baptisant de force. Pour faire partager aux autres ce que nous éprouvons être la Vérité, je ne crois qu'en trois armes : le partage, l'exemple et la prière. Gandhi et les siens, Charles de Foucauld et les siens l'attestent en silence. Ainsi nous faut-il pratiquer *individuellement* l'esprit de Pauvreté, bridés — c'est notre honneur — par ceux que nous aimons, et avec l'espoir que, si nous sommes vraiment exemplaires (c'est-à-dire premièrement joyeux), nous deviendrons contagieux.

A propos de « faire ses comptes », il me faut mettre en garde contre la conscience, au sens où l'on parle « d'écolier consciencieux ». Si quelqu'un l'a été et continue de l'être irrémédiablement, c'est bien moi. Je dois à cette disposition beaucoup de remords, mais aussi bien des satisfactions — et c'est pourquoi je ne la dénonce que la mort dans l'âme. Mais cette conscience-là est trop souvent le contraire même de la confiance qu'implique l'esprit de Pauvreté. Elle constitue peut-être un raccourci vers la Perfection, sûrement pas vers la Sainteté. Capricornes, mes voisins de Cosmos, sachez que, pour cause de conscience excessive, vous n'êtes guère doués pour la Ire Béatitude...

La tentation de faire sans cesse ses comptes entraîne comme son ombre celle de comparer, qui est notre maladie la plus commune. Comparer avec ce que possèdent les autres ou ce qui leur advient ; mais aussi avec ce que nous-mêmes possédions ou espérions. C'est, de nouveau, le passé et l'avenir qui interviennent pour gâcher le présent. L'homme qui compare se vautre dans le plus-que-parfait, dans le conditionnel : dans tous les modes qui ne sont bons qu'à nous aigrir et nous navrer. Que ne se répète-t-il, comme Léon Bloy, que : « Tout ce qui arrive est adorable ? » Cette maxime est celle de l'Instant, et elle bannit tout esprit de comparaison. Le seul esprit de comparaison honorable est celui que dicte la Compassion. Si vous tenez à loucher sur les biens ou le comportement des autres, que ce soit avec un regard fraternel : il faut être pauvre, ou malheureux, (ou joyeux) *avec* un tel, et non *comme* lui. L'esprit de comparaison tue le petit bonheur. En vérité, il convient d'éprouver la même joie, exactement la même, à voir naître le printemps dans le parc de Versailles que dans son jardinet de banlieue.

« Il faut... Il faudrait... Il convient... » Je conçois bien tout ce que ces prétendues petites recettes ont d'assez peu pratique ou de trop exigeant. D'ailleurs, je vous les livre à peu près comme Stendhal racontait Fabrice del Dongo : lui-même était empâté, déconcertant, abrupt à force de brusquer sa timidité ; il faisait vivre des personnages que leur corps ne trahissait pas et qui incarnaient ce qu'il eût rêvé d'être. J'en fais autant ici.

De toute manière, sur le chemin de cette Ire Béatitude comme de toutes les autres, il nous faut prendre pour modèle l'escargot. Je ne parle pas seulement de sa prudence et de sa lenteur obligée, mais du dessin de sa coquille. Cette spirale est l'image même de la sagesse : partir d'un point presque invisible et ne s'en éloigner que progressivement, ne conquérir un espace croissant que peu à peu, sans à-coups. Ainsi doit procéder l'amour des autres, lequel commencera par le prochain le plus proche pour englober de plus en plus d'êtres au fur et à mesure qu'ils se présentent — et c'est rarement au hasard. Ne pas se jeter « généreusement » vers les plus éloignés en négligeant ceux qui se meurent d'indifférence (la nôtre) ou de solitude (la leur) sur le pas de notre porte. Ce que le mythe de « l'Oiseau bleu » exprime si bien en ce qui concerne le bonheur, l'image prosaïque de l'Escargot l'illustre assez en ce qui touche le malheur, la compassion, l'amour — et finalement toute démarche de l'homme des Béatitudes. « Si tu ne peux pas être une étoile dans le ciel, sois une lampe dans ta maison », disent les Africains. C'est de cette façon patiente et humble, silencieuse aussi, que l'on peut espérer parvenir à un tel « dénuement » que, comme pour un vêtement usé, il entraîne une véritable transparence.

Encore faudrait-il — et sans doute est-ce la frontière de la sainteté — parvenir de surcroît à délivrer son esprit de la pensée même de ce dénuement : *à se désintéresser de son propre désintéressement*. C'est le second degré de l'esprit de Pauvreté.

Si l'on détourne son esprit de tout ce que je viens d'écrire pour le reporter vers le pays et le siècle où nous vivons, ce texte ne paraît pas seulement utopique mais comme traduit de l'étranger. En chrétienté, de nos jours, quand on paraphrase l'évangile, on parle chinois, au sens propre du mot : incompréhensible, imposant, provocant et apparemment contre-nature, comme tout ce qui touche à la Chine d'aujourd'hui. Et il est vrai que, chez nous, c'est le temps des ersatz et de leur équivalent moral, l'imposture. « L'esprit de camelote » dans lequel nous vivons singe l'esprit de Pauvreté. Nous préférons le *pop-corn* au grain de blé et un nuage de *barbe-à-papa* à un morceau de sucre. Sortie de son âge naïf, la Publicité est devenue l'ennemie Nº I de la Béatitude Nº I. Elle nous ment, nous flagorne, nous invente des besoins ; à l'étage noble, sa grande sœur la Propagande en fait autant. Siècle hanté par l'élévation du niveau de vie, lequel est devenu un dû, un thème de « manifs » et de banderoles, au même titre que la Liberté. De même que des tueurs se servent d'otages comme de boucliers, on place les « exclus » et les pauvres en tête du cortège. On voudrait faire croire que le pays tout entier partage leur condition misérable, alors que le fossé ne cesse de grandir entre eux et une majorité croissante de Français, comme entre les pays riches et les pays pauvres. Alors que le détestable funiculaire continue à fonctionner imperturbablement : un individu, un peuple, un continent ne s'élève que parce que l'autre est abaissé. « Il faut que je croisse et qu'il diminue » — sinistre parodie de l'évangile ! La peur de manquer, tare des vieilles personnes mais aussi des vieilles nations, nous conduit à toujours accumuler « pour le cas où... » Mais deux étages de plus à la maison, cela fera seulement un tas plus haut de ruines ! Des ruines et des cadavres sur des caves où dorment des lingots d'or — tel sera sans doute le destin de l'Occident, faute d'une once d'esprit de Pauvreté. Car on n'en pratique guère, ici et là, que la contrefaçon. Par exemple, du côté de la Gauche et de la jeunesse, une imprévoyance frivole, une « apprentie-sorcellerie », une rage de la nouveauté pour la nouveauté ; du côté de la Droite et de l'âge mûr, une avare et aveugle « sur-prévoyance », en même temps qu'une ostentation à se contenter de peu qui n'est le plus souvent que lésine, repliement, peur d'attirer l'envie, ou même snobisme. Autrefois, on ne pouvait pas dissimuler sa richesse : castes et classes étaient tranchées avec un couteau d'argent. Aujourd'hui, à la faveur d'un enrichissement commun, mi-apparent mi-réel, les riches peuvent camoufler leurs privilèges. Ils jouent à « Moins que toi ! », comme les enfants. Ils nous rebattent les oreilles de leurs soucis. Ils s'encanaillent afin de mieux se dissimuler : c'est « cache-cache fric ». Ils croient être en chemin de pauvreté parce qu'ils ont beaucoup d'argent sur eux mais ne le dépensent pas. Et, pour achever de se donner bonne conscience, ils créent un monde accablant où « on ne l'a pas volé », où « finalement, que voulez-vous, on est toujours l'artisan de son malheur », etc. Bref, ils se substituent ignoblement à un Dieu qu'ils façonnent à leur image. Il est vrai qu'entre le riche et le pauvre il y a, comme dit saint Luc, « un immense abîme ». Il faudrait à un bourgeois une sorte de génie pour imaginer ce qu'est la véritable pauvreté, car elle ne se conçoit que de l'intérieur : il faut y pénétrer pour en être écrasé ; c'est une grotte et non un gouffre.

En fait, le véritable esprit de Pauvreté c'est l'absence volontaire de toute « provision ». Dans tous les domaines, *même celui de son salut* — et c'est en quoi il débouche sur la Communion des saints. Nous voici loin des questions d'argent ; très loin aussi de la bourgeoisie et de l'Occident, dont la grandeur et la prospérité reposent sur la disposition exactement inverse. Nous-mêmes sommes la patrie de l'armoire à linge et du placard à provisions ; celle de la « juste fierté » et de « l'ambition légitime » ; celle de « Moi, je n'ai jamais dû un sou à personne ! » — (mais combien en avez-vous *donnés*, malheureux ?) Notre conversion risque donc d'être laborieuse. Frères de bonne volonté, tendre des draps rugueux sur un matelas moelleux, ce n'est pas encore l'esprit de Pauvreté...

Ce siècle si avide de plaisirs et apparemment si peu de bonheur, ce siècle de gâchis, « prêt à jeter » du même mouvement les gadgets et les êtres, ce siècle qui préfère si effrontément son corps à son âme, ce siècle si pauvre en esprit de Pauvreté, il n'est guère qu'un seul domaine où il s'avise de rejoindre celui-ci, et c'est la fameuse Écologie. Par panique ou par nostalgie, nos contemporains redécouvrent la nature, ses joies gratuites, ses irremplaçables richesses, et ce témoignage taciturne qu'elle donne de son Créateur. Certes, ce n'est qu'un tout petit sentier parmi une forêt de béton ; du moins est-il en terre battue.

Je m'échine, depuis des pages, à débusquer l'esprit de Pauvreté, à le cerner en le mirant dans l'évangile et en l'opposant au siècle. Mais sa définition, en même temps que sa conséquence et sa preuve, la Ire Béatitude les exprime elle-même : *il est le Royaume.* Par lui, avec lui et en lui nous y pénétrons déjà. Ceux qui pratiquent vraiment l'esprit de Pauvreté tournent invisiblement le dos, non pas aux hommes, bien au contraire ! mais à ce que leur royaume à eux a de besogneux, de cruel, de clinquant. Habitants clandestins de celui de Dieu, peuplade secrète et souriante, ils se reconnaissent entre eux sans un mot. Le Royaume de Dieu, c'est l'Amour. Les gens de la Ire Béatitude s'y trouvent déjà pour une raison qui relève de la physique élémentaire : à force de détachement, de dénuement, ils ont fait le vide en eux et l'Amour a pris toute la place. Il n'en reste plus pour la peur ni l'envie. Dieu a horreur du vide ; il le remplit aussitôt, cela s'appelle la Grâce. « Mais, dit le Père Bro dominicain, Il ne peut donner ce qu'il apporte qu'à ceux qui n'ont plus rien, car il apporte tout. »

Je ne cherche ici à donner mauvaise conscience à personne. Riches, mes frères, ce n'est pas l'argent que nous possédons qui crie contre nous, c'est celui que les pauvres n'ont pas. Bien pis ! « Dieu ne nous jugera pas sur ce que nous aurons donné mais sur ce que nous aurons gardé[1]. » Réduire le problème de l'esprit de Pauvreté à l'argent est tout ensemble accablant et rassurant. Comme s'il suffisait de se défaire de ses biens, en eût-on le courage, pour devenir pauvre en esprit ! « Alors, il ne te reste qu'une seule chose à faire : vends tous tes biens *et suis-moi.* » Pour le jeune homme riche, il n'y avait vraiment que le premier pas qui coûtait... En fait tous les hommes sont pauvres, de quelque manière. Être « pauvre » parmi les riches d'Occident est plus ardu que de l'être parmi ses pauvres. L'esprit de Pauvreté est une disposition permanente de l'âme et du cœur et non un acte notarial accompli une fois pour toutes. On peut être clochard et ne pas posséder une once d'esprit de Pauvreté. D'une façon générale, les problèmes que pose l'évangile sont plus subtils que ceux dont se nourrissent les discours des leaders politiques ou syndicaux...

Ceux qui s'imaginent que l'esprit de Pauvreté transforme notre existence en un paysage d'hiver, qu'ils sachent, du moins, que Jésus en personne se tient tout au fond de ce décor qui les désole, et qu'on peut enfin l'y regarder en face comme le soleil en hiver. D'ailleurs, l'immobilité, la taciturnité, *l'économie* de l'hiver n'est que l'invisible gestation du printemps — alleluia ! Béatitude d'automne que la Ire, si vous tenez à lui assigner une saison, mais sûrement pas d'hiver...

Qu'ils sachent donc, ceux qui craignent le froid, que, contre toute évidence humaine, l'esprit de Pauvreté ne conduit pas à ce qu'ils nomment la pauvreté et que, loin d'impliquer une vie étroite ou restreinte, il agrandit d'un coup notre univers et met notre âme au large. Il agit à la manière d'un *zoom* sur une caméra et transforme notre vision du monde et des êtres. Voilà une vérité expérimen-

---

1. Saint Ambroise.

tale dont les saints sont les garants, d'âge en âge, et dont nous pouvons faire la preuve, par éclairs, chaque fois que l'esprit de Pauvreté souffle dans nos vies besogneuses. Celui qui parviendrait, par le moyen de la Ire Béatitude, à se rendre « veuf de tout » serait un veuf joyeux... Comme les enfants au soleil, l'âme se porte mieux quand elle est nue.

Si l'esprit de Pauvreté nous procure la Joie, nous permet, comme disent les chimistes, d' « isoler » celle-ci, c'est, je l'ai dit, parce qu'il nous délivre bel et bien de la peur. Et premièrement de la plus obsédante de toutes, celle de la mort. Comme l'esprit d'Enfance demeure le seul apprentissage assuré du Royaume, l'esprit de Pauvreté est le seul apprentissage pratique de la mort. Il en lève à l'avance la redoutable barrière ; il apprivoise le monstre noir. De dénuement volontaire en dénuement joyeux, il nous permet d'accepter le dernier de tous, le seul intégral, absolu, définitif.

J'en ai eu la révélation inattendue en visitant le *Campo santo* de Gênes qui est la pathétique illustration de l'inanité du pouvoir et des richesses devant l'essentiel. Non que la mort soit l'essentiel : elle n'en est que le seuil ; en-deçà comme au-delà, l'essentiel est l'Amour. Les monuments superbes et vains de ce célèbre cimetière sont des « instantanés » de marbre de la richesse foudroyée. Une sorte d'immense stupéfaction règne dans ces lieux. Malgré leurs beaux atours si scrupuleusement reproduits (qu'on prétendait éterniser de la sorte et qui ne sont que définitivement démodés), malgré leurs attitudes si nobles, tous ces personnages nous paraissent plus nus que leur cadavre. Comme les Russes ont naïvement installé des musées de l'athéisme dans les églises mêmes, on trouve dans ce cimetière somptueux une sorte de panthéon de l'anti-esprit de Pauvreté. C'est un monument pathétique et dérisoire, un exorcisme absurde et ruineux. On en sort ivre de soleil, d'amour pour les vivants et leur petit bonheur, ivre de gratuité, cherchant des yeux François d'Assise — libres... Aucun guide ne mentionne cette expérience, mais ne la manquez pas !

Il reste à dire que la Iʳᵉ Béatitude introduit aux sept autres, lesquelles vont en retour l'éclairer, la « monnayer ». Comme tout bon pédagogue, le Christ nous assène d'abord cette mystérieuse parole : il « fait choc », se réservant d'y revenir, de l'aborder sous d'autres angles, de la cerner toujours davantage. Avec la patience et la foi des assaillants de Jéricho, nous allons donc faire sept fois le tour de cette muraille inaccessible ; à la fin, elle s'écroulera peut-être... L'esprit de Pauvreté est tout ensemble la fin et le moyen, le but et cependant la première étape. C'est le « Viens et suis-moi » par lequel tout commence toujours dans l'évangile.

Je cherche en vain un homme que j'aie admiré en l'aimant et qui ne fût, à sa façon, débordant d'esprit de Pauvreté. Oh ! Schweitzer, Oh ! Gandhi, Dom Helder, et vingt autres, inconnus du monde, dont le visage suffit à faire battre mon cœur et à rassurer cette âme toujours incertaine... Et je cherche en vain une joie, parmi celles qui irradient encore ma vie à l'heure où le couchant s'apprête, et qui ait dû quelque chose aux seuls privilèges de la richesse. Considérez votre vie sous cet angle : peut-être cette évidence vous éblouira-t-elle aussi.

Pour terminer — mais j'ai conscience de n'avoir à peu près rien dit — j'appelle à la barre un témoin inattendu : Vladimir Ilitch Oulianov, plus connu sous le nom de Lénine. « Quelques gouttes du sang de saint François d'Assise, a-t-il dit, suffiraient à régénérer l'humanité. » Un demi-siècle plus tard c'est encore plus vrai : une once d'esprit de Pauvreté suffirait à sauver l'Occident.

II

BIENHEUREUX LES NON-VIOLENTS :
ILS HÉRITERONT LA TERRE

CE n'est pas en ces termes que la seconde Béatitude est couramment formulée : on dit plutôt « Bienheureux les *doux* ». Mais il s'est produit, dans l'Église catholique comme dans l'art sacré, une perversion du doux en douceâtre qui disqualifie cette épithète. Quand Jésus de Nazareth affirme qu'il est « doux et humble de cœur », cela devrait cependant nous inciter à chercher dans ses actes et ses dires une définition vivante et vraie de ce terme. Or, la « douceur » de Jésus n'est rien autre que ce que nous appelons à présent la Non-violence. Quoi d'étonnant, puisque Gandhi, qui l'incarna historiquement, révélait avoir fondé sa doctrine et sa méthode sur le Sermon sur la montagne ? Lui-même ne les nommait pas « Non-violence », mais usait d'un terme *positif* à peu près intraduisible, quelque chose comme « force de la Vérité » — ce qui rend un son tellement évangélique qu'on ne peut s'y tromper. Le mot « doux » ayant donc été employé deux fois par le Christ : dans la IIᵉ Béatitude, et pour définir son comportement — et ce comportement (ainsi que les préceptes qui illustrent la seconde Parole) ayant directement inspiré ce que nous appelons la Non-violence, il me paraît licite et même indispensable de formuler cette Parole comme je le fais ici.

Je n'entreprendrai pas de définir la Non-violence : il y faudrait des livres entiers, et Jean-Marie Muller notamment en a écrit d'insurpassables [1]. Au reste, si l'on s'intéresse à l'histoire de son temps, on a vu la Non-violence à l'œuvre non seulement durant la « longue marche » de Gandhi qui devait aboutir à l'indépendance de l'Inde ; mais aussi sous l'occupation allemande en Hollande, en Norvège, au Danemark ; pendant la première semaine de la tragédie de Prague où elle a fait chanceler l'Ours ; et en ce moment même aux États-Unis où, grâce à elle, les plus pauvres parmi les pauvres, les *chicanos* de César Chavez, tiennent tête aux Trusts, après que les Noirs de Montgomery, animés par Martin Luther King, eurent fait plier les Autorités. Mais ce ne sont pas des informations qui passionnent les Français...

Pour évoquer la Non-violence sans prétendre la résumer, je transcrirai seulement six maximes d'action de Gandhi. Quoi qu'il semble, ce n'est pas des rives du Jourdain mais des bords du Gange qu'elles vous parviennent :

> Partout où il y a conflit, partout où vous êtes en face d'un opposant, triomphez de lui par l'amour.
> Il faut aimer nos adversaires ; et la façon d'y parvenir, c'est de leur attribuer, dans leurs intentions, la même honnêteté que vous revendiquez pour vous-même.
> Il ne s'agit pas d'ôter aux adversaires la force de combattre, mais de leur en ôter le cœur.
> On défend la vérité non pas en faisant souffrir l'adversaire mais en souffrant soi-même.

---

1. *L'Évangile de la Non-violence* et *Une stratégie de la Non-violence* (Fayard).

HUIT PAROLES POUR L'ÉTERNITÉ

Ce que l'on obtient par la terreur ne dure qu'autant que dure la terreur.

La fin est dans les moyens comme l'arbre dans la semence.

Et puisque nous voici en train de citations, je vais, tel le petit Poucet, parsemer le chemin de la Chrétienté des cailloux blancs de la Non-violence :

SAINT PIERRE. Le Christ a souffert pour vous, vous laissant un exemple afin que vous suiviez ses traces : lui qui, insulté, ne rendait pas l'insulte ; souffrant, ne menaçait pas mais s'en remettait au juste Juge.

SAINT LOUIS. Si quelqu'un réclame contre toi, prends parti pour ton adversaire jusqu'à ce que t'apparaisse la vérité.

JEANNE D'ARC. Je portais moi-même l'étendard quand on chargeait l'ennemi pour éviter de tuer personne. Je n'ai jamais tué personne.

FRANÇOIS D'ASSISE. Seigneur, fais de moi un instrument de paix. Là où est la haine, que je mette l'amour. Là où est la discorde, que je mette l'union. Là où est l'offense, que je mette le pardon.

VINCENT DE PAUL. Il faut être ferme et invariable pour la fin, doux et humble pour les moyens.

ALBERT SCHWEITZER. Nous devons parcourir notre chemin comme des hommes qu'on appelle au secours.

CÉSAR CHAVEZ. L'acte de courage le plus vrai est notre sacrifice pour les autres dans un combat non-violent pour la justice. Être un homme, c'est souffrir.

DON HELDER CAMARA. Personnellement, je préfère mille fois être tué que tuer. Cette position personnelle se fonde sur l'évangile.

LE CONCILE VATICAN II. Poussés par le même esprit de paix, nous ne pouvons pas ne pas louer ceux qui, renonçant à l'action violente pour la sauvegarde de leurs droits, recourent à des moyens de défense qui sont à la portée même des plus faibles.

Cette dernière citation consacre les retrouvailles encore timides de l'Église catholique avec la Non-violence évangélique et, si l'on veut, une reconnaissance officielle de la Défense nationale non-violente. Car cette Non-violence est tout sauf un pacifisme, tout sauf un neutralisme, et encore moins une lâcheté. En fait, elle exige plus de force, de courage et de ténacité que le patriotisme traditionnel car elle requiert une double fidélité : à son pays, mais aussi à l'évangile. Si les non-violents revêtaient un uniforme, eux seuls auraient le droit de graver sur la boucle de leur ceinturon *Gott mit uns :* Dieu est avec nous. Leur Non-violence est une forme — et la seule, à mes yeux, qui ait quelque avenir — de ce patriotisme dont Romain Gary a dit « qu'il est l'amour des siens, alors que le nationalisme c'est la haine des autres. »

Mais voilà peut-être assez de formules ; retournons à la seconde Parole. Il peut sembler qu'elle fasse double emploi avec la VIIe : « Bienheureux ceux qui travaillent pour la paix... » Toutefois, celle-ci relève de *l'agir* et celle-là de *l'être.* Elle constitue la suite naturelle de la Ire qui, en tout domaine, préconisait les « moyens pauvres » — ceux qui, comme le dit Vatican II, sont à la portée même des plus faibles. Or la Non-violence est le triomphe des moyens pauvres. « De la force que j'aime, disait Stendhal, une souris peut en montrer autant qu'un éléphant. »

C'est avec la Non-violence que se précise non seulement le profil de « l'homme des Béatitudes » mais l'image même du « Peuple de l'Alliance ». Ce n'est pas d'Israël que je parle ici, mais de cette tribu silencieuse qu'aucun territoire ne rassemble et que ne soude qu'une Histoire invisible et comme souterraine. Épars dans le temps et l'espace, ils se pressentent appartenir à l'Alliance secrète qui, dans la nuit de Jérusalem, s'est conclue entre les petits et les pauvres et le Roi des rois. A Jérusalem : dans le Jardin des oliviers, le prétoire de Pilate et sur le Golgotha — mais aussi à Béthanie. Dans la trahison, l'abandon, le reniement, l'injustice, l'humiliation, la mort — mais aussi dans la tendresse, la confiance et l'amitié. Cette Alliance éternelle, l'esprit de Pauvreté, s'il nous était commun, suffirait à l'engendrer entre nous ; mais il est, je l'ai dit, très divers et très personnel. S'il nous unit, c'est en secret ; la Non-violence, elle, constitue un signe de ralliement visible. La Compassion, la Miséricorde, la Transparence achèveront de dénombrer, de « dénoncer » ces gens de l'Alliance. Si leur fiche signalétique ne comporte aucun « signe particulier » concernant le regard, le ton ou le sourire, c'est que toutes les polices du monde déchiffrent mieux les papiers que les visages, et aussi qu'elles ignoreront toujours cette étrange nationalité : Peuple des Béatitudes.

L'homme non-violent estime son adversaire. A l'image de Dieu qui ne confond pas le pécheur avec son péché, il parvient à séparer de sa violence et de son erreur l'homme qui le frappe. Il désire le convaincre, et non pas le vaincre — ce qui n'a jamais rien résolu ou jamais pour longtemps. Il souffre de n'y pas parvenir et même, s'il frôle la sainteté, cette souffrance devient supérieure à celle qu'on lui inflige. Il incarne une définition de l'Homme dont son adversaire s'écarte d'une façon évidente, insupportable — et c'est justement de cette « défiguration » d'autrui qu'il souffre. En quoi la Non-violence communique avec la Compassion.

L'attitude commune aux adversaires de la Non-violence est une ignorance absolue à son sujet et un refus de s'informer accompagné d'une dérision le plus souvent drapée de tricolore. Chez ceux d'entre eux qui se disent chrétiens, le grand argument reste l'épisode de « Jésus chassant les marchands du Temple », acte réfléchi, *proprement révolutionnaire*, et qui le condamnera à mort. Ramener ce geste à une sorte de pieux coup de sang relève d'une parfaite méconnaissance du contexte social, religieux et politique de l'époque. Jésus n'est pas en colère, mais résolu ; il n'est pas violent, mais efficace. En fait, il n'existe pas de « saintes colères » ; il n'y a que des saints qui ont le tort de se mettre en colère et le demeurent ensuite contre eux-mêmes. Ou encore qui feignent de s'y mettre afin de parvenir à leurs fins. Mais le fameux « Voir rouge » ou le « Ç'a été plus fort que moi » (qui nourrissent à parts égales les récits héroïques et les vantardises de bistrot), sont chrétiennement irrecevables, sauf en confession.

Ceux qui brandissent pour alibi de leur propre violence l'épisode des Marchands du temple, ceux qui font de Jésus de Nazareth le complice de leurs coups de sang, citent moins volontiers les exigences qui, dans le Sermon sur la montagne, définissent à titre individuel la Non-violence :

« A qui te frappe sur une joue, présente encore l'autre. A qui t'enlève ton manteau, ne refuse pas ta tunique... » — Et encore : « Quelqu'un te requiert-il pour un mille, fais-en deux avec lui. A qui te demande, donne, et de qui veut t'emprunter ne te détourne pas. »

Lorsqu'ils évoquent ces préceptes insupportables, les personnes raisonnables déclarent seulement « qu'ils sont exagérés, bien sûr... » — Je pense bien ! La Croix aussi, c'est un peu *exagéré*, vous ne trouvez-pas ?

En fait, ce comportement non-violent peut aussi se définir : laisser triompher le Mal ; et, sans forfaiture, nous avons le droit d'y répugner. Mais le problème essentiel que nous pose ce code (outre notre impuissance naturelle à l'appliquer), c'est celui de *l'autre*. Oui, celui à qui nous avons tendu la joue gauche et abandonné notre tunique, que devient-il — je veux dire : que devient son âme, dans tout ceci ? Ou bien il tombe à genoux et se range à son tour à la Non-violence ; ou bien il triomphe publiquement de cet imbécile qui n'est même pas capable de se défendre. Loin de l'avoir converti, le non-violent l'a conforté dans son attitude de « malin ». C'est le spectacle quotidien que les Enfants du siècle offrent aux Enfants de lumière, et il est déprimant.

Je sais bien que « Qui persévérera jusqu'à la fin sera sauvé », mais *sauvera-t-il l'autre ?* On ne doit jamais gagner le Ciel sur le dos de quiconque. Je laisse le problème ouvert ; seuls les saints le résolvent, sans un mot, en agissant tantôt d'une façon tantôt de l'autre. Essayons donc d'atteindre la sainteté par des moyens moins ambigus, et tous les incidents de frontière s'évanouiront...

La Non-violence ne nous est pas naturelle. J'en fais chaque jour l'expérience, moi qui ne parviens encore qu'à être violemment non-violent... Quand pourrai-je dire, comme le patriarche Athénagoras : « Il faut mener la guerre la plus dure contre soi-même : il faut arriver à se désarmer. J'ai mené cette guerre pendant des années, elle a été terrible, mais maintenant je suis désarmé » — quand ? Mais c'est un combat exaltant : quoi de plus admirable qu'un violent qui se fait violence ? « Qui est lent à la colère l'emporte sur un héros ; qui est maître de soi, sur un preneur de villes... » — C'est Salomon qui parle.

Cependant, les dernières recherches de la psychologie des profondeurs révèlent que l'enfant naît non-violent et ne se cuirasse d'agressivité qu'au fur et à mesure (et c'est dès son premier cri) que l'agressent les êtres et les circonstances. Sa violence, défensive puis agressive, secrètement encouragée par ses parents qu'elle rassure, développée par l'esprit de concurrence qui va régenter sa vie dès la Maternelle, sublimée par les mass-media, sa violence n'est pas innée : elle est le produit de la Peur, *regina del mondo*. On croit communément que le seul remède à la peur est la violence, alors que c'est l'amour. L'amour et son application pratique intégrale, la Non-violence. Cette récente découverte des psychologues de la petite enfance (mais ne sera-t-elle qu'une mode de plus ?) devrait entraîner une conséquence immédiate et une espérance à long terme. La première est que, loin de « défouler » l'agressivité latente des lecteurs et des spectateurs, la violence dans la presse ou sur le petit écran recharge dangereusement leurs accumulateurs. Il y a longtemps, d'ailleurs, que les statistiques des faits divers aussi bien que leurs circonstances en fournissaient la preuve. Quant à l'espérance, qui depuis bien long-temps est la mienne, la voici : lorsque la Société sera sortie de l'âge ingrat, quand le Progrès aura retourné ses batteries, quand ce ne sera plus, dans tous les domaines, le temps du gâchis, alors l'humanité découvrira la Non-violence. Ce sera une mutation, une ère nouvelle ; ce sera la troisième étape : le Christ enfin ressuscité. « Je vous donnerai un langage et une sagesse à quoi nul de vos adversaires ne pourra résister ni contredire... »

Plantée à flanc de colline, au-dessus du lac, cette graine de la Non-violence ne germe guère, après un hiver de vingt siècles, que chez les chrétiens. Encore a-t-il fallu qu'un hindouïste les réveillât. Mais, dès maintenant, l'on peut prévoir que la moisson débordera de toutes parts les terres d'évangile. La Non-violence sera laïque, Dieu merci. Pourvu seulement qu'elle ne devienne pas à la IIe Béatitude ce que l'Assistance publique est à saint Vincent de Paul ! Laïque et universelle ; car la victoire de l'évangile, c'est « Si le grain ne meurt » : c'est de se transformer progressivement en évidence morale, en sagesse des nations, en lieu commun [1]. Nous en sommes loin ; mais je suis convaincu qu'à quelques siècles d'ici, pour peu que les stockeurs de bombes atomiques en laissent le loisir à la planète, ce sera chose faite quant à la Non-violence. Ses prophètes auront été les plus « adultes » d'entre nous, mais bizarrement suivis par les plus irresponsables, et notamment par ces *hippies* des années 60. L'image de la fille souriante croisant une fleur avec la baïonnette de l'homme dont le casque cache le regard est le premier document historique d'une humanité nouvelle.

Mais les mutations ne sont jamais le produit d'un mot d'ordre. Aucune injonction, aucun scrutin ne sauraient transformer de fond en comble l'Occident ni dételer d'un coup les trois chevaux qu'il ne maîtrise plus : l'Argent, la Technique et la Violence. C'est affaire de conversion individuelle, volontaire, patiente — coûteuse. Affaire de conversion, donc premièrement d'exemples. Perspective assez exaltante dans une époque dont l'égoïsme, l'indifférence et la résignation s'expriment, ces temps-ci, dans cette répugnante maxime : « C'est son problème ! » — Eh bien, la Non-violence c'est le nôtre, à vous et à moi : voilà la seule chance qu'elle devienne un jour l'affaire de tous.

Il n'empêche que, dans l'environnement qui nous

---

1. Voir note 7, page 152.

emprisonne, elle ne nous est guère naturelle et que « le combat non-violent », c'est contre nous-mêmes qu'il faut d'abord le mener, sans aucun allié. La première étape en est *le silence*. Laisser résonner en soi, tout le temps qu'il faut, les événements, les écrits, les paroles des autres ; substituer la réflexion au réflexe et (ce qui, à Paris, est du dernier « petit-bourgeois ») la sagesse à la vivacité. Cela nous introduit à *la patience* [1] qu'il faut enfin situer à son rang : celui d'une véritable vertu, et à sa place : aussi loin de la résignation que de l'indifférence. Il s'agit d'être tout ensemble patient et passionné — voilà le secret royal. On aura également intérêt à déménager la cave et le grenier : je veux dire à réviser, à la lumière de la Non-violence, les fondements de notre « culture » nos épopées, nos grands hommes, nos maximes de vie... Mettre le feu au Musée Grévin — rude tâche !

C'est parce que, sans prétendre en fixer l'avènement, je crois en cette révolution de la non-violence que la seconde partie de cette seconde parole ne me fait pas sursauter : « Bienheureux les non-violents · *ils posséderont la terre.* » Pourtant, n'est-ce pas (dans le droit fil des Béatitudes) le comble du paradoxe et de la provocation ? Car « posséder la terre », voilà bien ce qui importe le moins aux non-violents ! Posséder ce royaume de violence, de terrorisme, de représailles, cette terre dont le manque d'amour fait un désert surpeuplé, ils n'en ont, comme dit le populaire, rien à faire ! — Si, justement : ils ont à en faire le Royaume. C'est à eux, gens des Béatitudes, peuple de l'Alliance, qu'il appartient de le réaliser. « Car ils posséderont la terre » : cette phrase étrange n'est pas seulement une promesse, mais une prophétie. Ils transformeront la terre ; messagers de

---

1. Cf. page 56.

l'esprit, ils en « renouvelleront la face » ; d'ordre du Créateur, ils la recréeront. Ils « posséderont » la terre par persuasion, et non par conquête : à la manière du Christ ; pas toujours de son Église, hélas...

Ils, c'est nous, et ce futur commence aujourd'hui. Il leur incombera — mais cela nous incombe-t-il déjà ? — d'accomplir les assurances du *Magnificat* : de disperser les hommes au cœur orgueilleux, de renverser de leur trône les potentats, d'élever les humbles, de combler de biens les affamés et de renvoyer les riches les mains vides. Si vraiment ce doit être déjà notre tâche, la Non-violence, à peine est-elle née qu'elle risque d'être sacrifiée à la politique partisane. Et voilà bien ce qui, pour ma consternation, s'ébauche sous nos yeux : la Non-violence annexée par certains partis, et les chrétiens, ces dupes-nées, « récupérés » par de vieux renards ou de jeunes chiens fous. Pour pouvoir traverser sans danger cette passe, il faudrait être d'ores et déjà d'inébranlables non-violents. Le ton des publications, des réunions et des slogans du Mouvement atteste le contraire. Même lorsqu'elle prend sa source et son excuse dans la générosité et l'altruisme, l'exaspération est mauvaise conseillère. Le développement actuel du Mouvement non-violent prouve bien que les Béatitudes sont indissociables, et que prétendre lutter pour la Justice ou instaurer la Non-violence sans être passionné de Paix, débordant de Miséricorde et de Compassion, c'est en retarder le véritable avènement et substituer au Royaume un décor sans profondeur qui prétend le représenter mais ne tient que par des ficelles.

Nous voici à une croisée de chemins. Car on me dit — et comment retirer cette flèche ? — : « Si vous demeurez ainsi sur les balcons du Ciel, vous vous faites complice de l'injustice et de la misère [1], vous vous rangez dans le camp des oppresseurs. Sur terre, le chemin de toute réforme passe par la politique. Ne récusons pas nos alliés parce qu'ils ne partagent pas notre vision du monde et, s'il le faut, salissons-nous les mains ! »

Je respecte ce choix ; il est, dans l'ordre chrétien, supérieur à celui du conservatisme, quel que soit son camouflage patriotique ou traditionnel. Mais ce n'est pas celui des Béatitudes. Seuls des saints pourraient se le permettre — ce qu'ils ne font pratiquement jamais. Je crois que nous en sommes encore au temps des exemples, voire des martyrs ; à celui du témoignage et de l'action marginale, pas à celui de l'embrigadement. Le feu n'a pas encore assez pris. Mais peut-être une certaine veulerie naturelle me dicte-t-elle ce choix, ou plutôt ce recul ; ou peut-être le désabusement propre à la soixantaine. Il est plus facile de jouer le prophète que le militant. Le premier est un homme seul ; l'écrivain aussi, et ce harnais si longtemps endossé me ligote peut-être. Ainsi, je ne réponds pas de moi ; mais de Dom Helder Camara, ça oui, par exemple ! De Dom Helder Camara, évêque de Recife au Brésil et figure de proue de la Non-violence, je réponds comme d'aucun autre homme sur la terre — et ne contresignerait-il pas ce que je viens d'écrire ?

Il faut à présent descendre bien des étages pour répondre à l'argument frivole de tant de bons vivants : que, dans une société de Non-violence, on s'ennuierait beaucoup... — C'est aussi ce que les loustics disent du Ciel quand ils veulent faire rire aux dépens des croyants. Ici comme là, cet « argument » dénonce seulement un furieux manque d'imagination, je parle de la vraie : celle

---

1. Voir note 8, page 153.

du cœur. Ont-ils oublié à ce point ce que fut, dans leur vie, ce qu'est dans toute vie, la fleur de l'amour ? Oublié leur plus haute flamme et leurs plus précieux instants, ceux que l'habitude, le laisser-aller, la rouille de l'existence ont peu à peu défigurés, même dans le trésor de leur mémoire ? Leur est-il impossible de pressentir ce que seraient ces instants-là éternisés, « infinifiés » ? Vivre en état de fiançailles, à jamais... La Non-violence, ce serait, ce sera le Ciel sur la terre.

III

BIENHEUREUX CEUX QUI PLEURENT CAR ILS SERONT CONSOLÉS

« Non, cette fois Jésus de Nazareth dépasse les bornes ! Que les pauvres soient rois, que cette terre des conquérants tombe au pouvoir de ceux qui récusent toute violence, cela, d'une certaine façon, peut s'entendre. Mais « Bienheureux ceux qui pleurent », c'est de la pure provocation ! »

Il serait dommage que le paradoxe vous arrêtât ainsi à mi-chemin de la IIIe Parole. Car les quatre mots qui suivent apportent la définition que vous n'osiez espérer. Que « Dieu est Amour », nous le savions ; mais voici révélée la dimension de cet amour : *il est le contrepoids de la douleur du monde.* Arrêtons-nous pour reprendre souffle...

Ainsi, quelque malheureux que l'injustice, la misère, la solitude, la souffrance puissent nous rendre, l'amour de Dieu non seulement nous en console, mais il « renverse la vapeur » jusqu'à nous rendre bienheureux. A qui l'entend vraiment, c'est une Parole qui donne le vertige car, par cette porte entrebâillée, il nous est donné d'entrevoir l'infini. D'ailleurs, chaque fois qu'un paradoxe transparaît dans les dires du Christ, c'est le signal « Attention, Mystère ! » — c'est que la « logique » de

l'amour de Dieu vient de se heurter à la petite logique de
l'esprit humain.

Je crains que notre Église n'ait longtemps entretenu un
contresens à propos de cette IIIe Béatitude. Église triste,
ayant partie liée avec l'étoffe noire et l'odeur des larmes,
où la flamme des cierges veille plus souvent les morts
qu'elle n'illumine les fêtes, où les chemins de croix ne
dépassent le calvaire que pour s'enfouir au tombeau :
ténèbres et résignation — Église du Vendredi saint plutôt
que du matin de Pâques [1]... Il s'en est suivi, chez bien
des catholiques, un dolorisme qui prend prétexte des
souffrances du Christ pour canoniser le malheur. Celui
des autres, naturellement ! Objet de pitié, de prières. On
voudrait être sûr que c'est bien Jésus qu'ils reconnaissent, qu'ils aiment en l'homme accablé et sans défense.
Et, même si leur sollicitude n'est pas entachée de
curiosité, de comparaison et de rassurement : même s'il
ne s'agit pas d'un exorcisme inconscient (« Lui et pas
moi ! ») fondé sur on ne sait quelle loterie du malheur, je
me demande si c'est bien l'homme malheureux qu'ils
aiment *et pas seulement son malheur*. Pourquoi les
œuvres et les dames d'œuvres sont-elles si injustement
suspectes au public ? Parce qu'on n'aime guère admirer
ou seulement reconnaître chez d'autres ce dont on ne se
sent pas capable ? Parce que tout bénévolat, toute
gratuité paraissent contre-nature ? — Sans doute. Mais
n'est-ce pas aussi parce qu'il y a de l'ogre chez le
chrétien de charité ? Et que, pour se sentir bien dans la
peau de son âme, il lui faut sa ration quotidienne de
malheur d'autrui ? Touristes dans cette Vallée de larmes,
les bonnes âmes ! Et moi le premier... Si le malheur
disparaissait soudain de la surface de la terre, la joie des

---

1. Voir note 9, page 153.

plus charitables d'entre nous ne serait-elle pas ternie par
une sorte de déception, d'anxiété : celle de l'industriel
qui risque de manquer de matière première ?

J'exagère. Mais l'amour de Dieu est joyeux : il
console, efface, entraîne ; il est couleur du ciel. Notre
charité à nous est souvent grise : couleur de prison,
d'hospice — d'église. Nous aimons le malheur ; chez les
chrétiens le noir est toujours « distingué ». Il n'y a guère
que les saints pour volatiliser, d'un regard et d'un sourire
plus souvent que d'un mot, ce snobisme du malheur qui
est une tare chrétienne.

« Bienheureux ceux qui pleurent », mais pas ceux qui
larmoient ! La sensiblerie, l'attendrissement et l'apitoiement ne sont que les bâtards de la sensibilité, de la
tendresse et de la pitié. Ils font aussi partie de notre
panoplie de pleureuse.

Certes ceux qui supportent sans larmes leur propre
douleur sont admirables. La IIIe Béatitude n'est pas
davantage l'apologie de la pleurnicherie que la IIe celle
de la veulerie. Mais malheur à celui qui supporte sans
une larme la douleur des autres, car c'est par leurs yeux
que Dieu pleure.

« Ceux qui pleurent » — le Christ ne dit pas de quoi.
De douleur, bien sûr, *mais aussi de compassion,* laquelle
est une douleur au second degré, une souffrance en soi et
non par personne interposée. Et même ceux qui pleurent
de honte, de remords ; bref de tout, rage et dépit
exceptés. Les larmes sont une eau vive : le signe
qu'aucun gel intérieur ne fige l'âme. Saint Augustin
disait : « Les larmes sont le sang de l'âme » ; et Jean-
Marie Vianney curé d'Ars : « Ces saints avaient le cœur
liquide ». Évoquait-il les larmes ou le métal en fusion ?

Mais, en terre d'évangile, l'eau et le feu ne sont pas des éléments ennemis.

« Bienheureux ceux qui pleurent. » Il n'a pas ajouté : « Car ils participent ainsi à la rédemption du monde » ; ni · « A la condition qu'ils offrent leurs souffrances pour le salut des autres. » Ce ne serait pas un langage de père mais de théologien. Comme tous les pères, celui qui est aux Cieux déteste la souffrance de ses enfants. Il ne l'a pas voulue ; il la permet parce qu'elle est le sous-produit de la liberté accordée à toutes les créatures, et aussi bien au virus du cancer qu'au volcan ou à Hitler. Il la guérit parfois, quand notre libre prière ouvre une brèche par où sa puissance peut s'engouffrer dans le monde. Le temps venu, il la console *sans conditions,* ainsi qu'il l'a promis. Mais bienheureux ceux qui savent que leur douleur est à l'image de celle du Christ et coopère, elle aussi, à chasser le Prince de ce monde, à faire contrepoids au Mal. Car ici, c'est Mystère contre Mystère : oui, bienheureux ceux qui connaissent le doux Mystère de la Communion des saints, lequel nous donne barres sur Dieu [1].

Il n'y a pas d'amour véritable sans cette sorte d'égalité profonde qui se moque de l'Égalité comme la véritable éloquence se moque de l'Éloquence. Par amour, Dieu nous rend « égal » à lui : nous partage son pouvoir, accepte que notre prière lui force la main. Ainsi nous est-il donné, « car à Dieu tout est possible », de soulager la souffrance de n'importe qui, d'apurer ces comptes mystérieux en payant avec « la monnaie du pays » — je veux dire la souffrance, hélas, mais supportée d'un cœur égal. Il se passe en permanence, entre terre et Ciel, un contentieux proprement incroyable pour tout esprit rationaliste. Ah, le secret de cette Banque-là est bien gardé !

---

1. Cf. page 32.

Nous savions déjà, par l'expérience quotidienne, qu'aucun sourire n'est perdu ; nous croyons, de plus, qu'aucune larme ne l'est.

Bienheureux, donc, ceux qui pleurent de compassion envers ceux qui pleurent de souffrance ; eux aussi seront consolés : les deux sources se tariront ensemble, chacun aura sauvé l'autre. Dieu ne sépare pas ce que l'amour des hommes a uni, et pas davantage ce que la douleur et la compassion des hommes auront uni. C'est donc encore une Parole de l'Alliance nouvelle et éternelle, et elle aussi désigne et définit le Peuple des Béatitudes. Car elle ne dit pas « Bienheureux lorsque vous pleurez », mais bien « Ceux qui pleurent » : ce n'est pas telle ou telle circonstance qu'elle béatifie, mais bien un peuple et ses alliés. Inséparablement, le camp de ceux qui souffrent et de ceux qui d'eux ont compassion.

Compassion, et non pas pitié. N'en déplaise aux faiseurs de dictionnaires, les deux mots ne sont nullement des synonymes. D'ailleurs, dès que le cœur est concerné, il s'en trouve rarement : le cœur est plus subtil et plus exigeant que l'esprit. Celui qui souffre ne risque pas, lui, de confondre Compassion et pitié. La pitié est une disposition tout extérieure : elle « se penche » sur la douleur, elle en demeure séparée par un solide cordon sanitaire. La pitié, vertu laïque, officielle, est utile ; plus efficace même parfois qu'une Compassion que sa propre vulnérabilité désarme ; mais elle est d'un autre ordre. Le coupable, le pauvre, le malade « demandent pitié », parce que le juge, le riche ou le médecin ne sont pas de la même race qu'eux, pour l'instant du moins : l'un est « du bon côté du comptoir » et pas l'autre. L'homme de compassion saute par-dessus le comptoir.

D'ailleurs, à tout cœur bien né il est impossible de tenir longtemps la position forte : de demeurer sciemment, délibérément du bon côté du comptoir. Avoir quiconque à sa merci lui est proprement insupportable. Même offensé, il pardonne plus vite le tort qu'on lui a fait qu'à lui-même d'avoir accepté, si peu que ce fût, le rôle de juge ou de bourreau. Il en arrive à avoir honte d'être à l'aise, libre ou bien portant quand l'autre est pauvre, malade ou prisonnier.

La Compassion (aussi bien que l'esprit de Pauvreté) nous pousse à partager l'état du plus pauvre plutôt qu'à le soulager. Ou plutôt, à lui apporter cet insurpassable soulagement qu'est le partage. Non seulement partager avec lui ce qu'on a ; mais en arriver à *partager ce qu'il n'a pas,* son manque, sa misère. Tel est, sur les traces de Charles de Foucauld, le choix des Petits frères de Jésus et celui de tant d'autres religieux et religieuses de ce temps. C'est une forme de sainteté propre à notre époque — et, naïvement autant qu'indûment, j'en suis fier.

Ainsi existe-t-il trois degrés dans la Compassion : partager avec le Pauvre [1] ce qu'on possède ; partager son état ; enfin, suprême sainteté, *échanger son sort contre le sien.* A Auschwitz, le père Kolbe prend la place d'un père de famille condamné au four crématoire. Saint Martin de Tours a partagé son vêtement avec le Pauvre ; saint François d'Assise, lui, a échangé le sien contre celui, couvert de vermine, du mendiant...

Tels sont les « excès » de la Compassion. Elle seule, cependant, nous permet de rejoindre le camp des affligés, des bienheureux affligés. Elle seule nous assure de ne jamais nous retrouver malgré nous, comme dit l'Écriture, « assis au banc des rieurs ». Un prêtre-

---

1. Je ne mets pas une majuscule à ce mot par une sorte de snobisme de l'évangile, mais par réflexe. Au Secours catholique, où j'eus le privilège d'exercer des responsabilités, ce mot n'était jamais écrit autrement qu'avec une majuscule.

ouvrier, un missionnaire digne de ce beau nom, sont des hommes qui, volontairement, « sont passés du mauvais côté du comptoir » — et les Juges pour enfants ne font pas autre chose. Il est significatif que la seule révolution intervenue dans la Justice depuis cinquante ans ait, pour des raisons d'efficacité toute laïque, suivi le même chemin que la Compassion.

La pitié a souvent pour racine la pensée « qu'après tout la même disgrâce pourrait bien nous frapper demain », et cette réciprocité implicite justifie la solidarité. La Compassion, elle, se moque bien de demain et de nous-mêmes : il s'agit d'autrui et de maintenant. Comme celui de la Iʳᵉ Béatitude, l'homme de la IIIᵉ vit à l'instant l'instant. Il veille aux portes de l'immense royaume de la Douleur. Un fleuve de larmes divise le monde et forme la frontière entre le territoire des frivoles, des « optimistes », des aveugles volontaires, et ce peuple qui vit à l'ombre de la Mort et lève lentement les yeux vers son soleil à lui. « Serviteurs souffrants », eux aussi ! Aux heures de désespoir, il nous semble que ces *exclus* forment la partie immergée de l'iceberg, mille fois plus imposante que celle qui reçoit l'air et la lumière. Aux derniers jours, l'iceberg basculera. Mais pour l'instant, nous autres, gens de la IIIᵉ Béatitude, il nous faut descendre au-dessous du niveau de la Douleur et cependant continuer de respirer...

Il nous faut aussi ne jamais confondre l'injustice, laquelle requiert notre combat incessant, avec cette douleur-là, qu'aucune révolution ne fera jamais disparaître et qui, elle, requiert notre compassion. Il n'y a là ni dolorisme ni défaitisme, et la IIIᵉ Béatitude ne nous démobilise pas : elle est le complément de la VIIIᵉ qui est la Béatitude des militants. Simplement, elle la précède car tout le monde ne peut pas être un militant efficace : il y faut (il y faudrait) de l'intelligence et du courage ; tandis qu'en n'importe quel lâche, en n'importe quel imbécile est plantée la graine de l'amour, de la Compassion.

Il est injuste de prétendre que l'excès de cœur paralyse l'esprit et que la Compassion empêche de juger. Elle assigne seulement un ordre de priorité plus humain et finalement plus efficace. C'est toujours l'esprit qui perd du temps, jamais le cœur : c'est le premier qui, à force d'errer complaisamment, aboutit parfois à l'impasse ; le cœur, lui, va droit son chemin. Il est à la fois le Lièvre et la Tortue — pariez toujours sur le cœur !

La Compassion est ce qui nous relie le plus fortement *tout ensemble* à Dieu et aux autres hommes. Elle concilie intégralement le premier Commandement « et le second qui lui est semblable ». Elle nous établit entre terre et Ciel et, par là, nous sauve du désespoir. Il est donc encore inexact de prétendre qu'elle nous rende fragile. Vulnérable, cela oui, Dieu merci ! Vulnérable comme le Christ, dont l'évangile ne nous précise nulle part qu'il ait ri mais plusieurs fois qu'il a pleuré. « Profondément troublé en son cœur » parce qu'il voit les larmes de cette femme veuve qui, à Naïm, va enterrer son fils unique — et l'on imagine sans peine à qui il pense. Ou encore : « Levant les yeux au ciel, il poussa un gémissement et lui dit *Ephphata,* c'est-à-dire : Ouvre-toi ! » — Ce gémissement de Dieu, ne vous semble-t-il pas l'entendre ?

C'est l'un des effets de la Compassion et l'un de ses ridicules au regard du monde, que nous ne puissions voir quelqu'un pleurer sans que les larmes nous montent aux yeux. Ma foi, avec la caution de Jésus de Nazareth, voilà un ridicule que j'accepte volontiers ! D'ailleurs — le mot-même le sous-entend — toute Compassion participe de la Passion du Christ.

Il ne s'agit pas de pleurer avec eux, mais de se ranger *activement* du côté de ceux qui pleurent. Activement, au plus près, tandis que ce siècle leur tourne le dos, les exclut, finance en leur faveur une Sécurité sociale et toutes sortes de spécialistes et croit le problème résolu. Seulement voilà, il n'existe pas de « spécialistes » de la douleur humaine. De la souffrance, des divers handicaps, de la misère, soit ; de la douleur, non. Ou plutôt, je le répète, nous en sommes *tous* les « spécialistes ». C'est affaire de Compassion, pas de technique ; mais tant mieux si la Compassion s'ajoute à quelque technique, à la condition que celle-ci ne la grignote point peu à peu. D'ailleurs, on découvre chaque jour davantage qu'aux spécialistes en question (médecins, assistantes sociales, éducateurs), la technique ne suffit pas. On crée sans cesse — c'est le progrès social — de nouveaux emplois de cette espèce en un temps où précisément les engagements, les vocations spontanées se raréfient. Cette distorsion tragique reste masquée, pour peu de temps encore, par la pénurie des crédits : on croit qu'un jour l'argent public et une généreuse planification porteront remède à tous ces manques, à toutes ces souffrances. C'est l'erreur des socialistes, aveugles au grand cœur : ils s'imaginent qu'on peut se passer de cette « vocation » qui n'est jamais qu'un autre nom de la Compassion. Ou plutôt, ils croient qu'elle est en veilleuse dans l'homme et qu'un changement de société suffira à l'enflammer. Or, c'est l'inverse, hélas : la planification, la sécurité et cette fausse Justice que singe l'Égalité étouffent encore plus la petite flamme. Il n'existe guère de charité dans une ruche ; pas plus que dans la jungle, puisque ces deux mots symbolisent les univers auxquels on prétend acculer notre choix. Mais l'Homme socialiste croit que la Charité retarde l'avènement de la Justice (ce qui n'est vrai que lorsqu'on se trompe, ici et là, de définition), et il a horreur du bénévolat. Il pense qu'une organisation bien conçue doit le remplacer et chasser à jamais les miasmes du paternalisme. Où voit-il que cela se soit produit dans le monde socialiste où, la peur et la dénonciation aidant, la misère morale et la douleur demeurent officiellement sans recours ? Mais, bien sûr, nous autres, Occidentaux au ventre mou, ivres de « Pourquoi pas moi ? » et repus de consommation, nous allons changer tout cela ! Vous connaissez la rengaine : « Un amour comme le nôtre, il n'en existe pas deux. » — Un socialisme comme le nôtre... Le fameux socialisme à visage humain, qui demeure notre espoir, sera chrétien ou ne sera pas. Nullement confessionnel, mais chrétien. Malheureusement, ceux qui pensent de la sorte passent pour des traîtres aux yeux des chrétiens et pour des rêveurs aux yeux des socialistes.

Nous voici apparemment loin de la Compassion. Pas tellement : elle aussi doit être chrétienne, c'est-à-dire déboucher sur l'Espérance, sinon elle conduit au désespoir. Notamment lorsque nous connaissons, mieux que la victime elle-même, l'étendue de son malheur : par exemple devant un tout petit enfant infirme, devant un malade condamné et qui s'échafaude un avenir, ou encore en marchant vers la femme à qui nous devons annoncer que son mari vient d'être tué. En pareils cas, si ces quatre mots n'existaient pas : « Car ils seront consolés » et s'ils n'étaient Parole du Seigneur, le cœur nous manquerait ; notre compassion serait insupportable, impossible à supporter à la longue.

Nous nous représentons assez bien le malheur des autres lorsqu'il culmine de la sorte, beaucoup moins bien quand il taraude humblement mais incessamment leur vie quotidienne. Nous l'oublions alors, ou le minimisons, faute d'imagination, faute de *sympathie*. La sympathie est la petite soeur de la Compassion ; et la petite soeur de la sympathie, c'est *l'attention*. Ne séparez jamais les trois soeurs, votre coeur cesserait d'être au large...

Par une opération aussi mystérieuse que la purification, grâce aux arbres, de l'air que nous respirons, notre compassion parvient parfois à transformer la douleur d'autrui. Mais la Compassion a deux faces : quand bien même elle paraîtrait inopérante à soulager celui qui en est l'objet, du moins agit-elle sur celui qui la ressent et l'exerce. Elle lui élargit le coeur, précisément : la prochaine fois, il sera plus apte à consoler, à aider, à aimer.

Pour être *équitable*, la Compassion doit être — écoutez bien — fonction de l'étendue du malheur auquel elle s'applique, mais aussi de la proximité de celui qui souffre. Pardonnez cette équation un peu sèche qui, au contraire, a pour but d'éviter cette sécheresse si blessante qui naît de ce que nous oublions souvent notre « prochain le plus proche » et que, pour mieux se donner à l'extrême douleur des étrangers, on néglige la souffrance de ses familiers. Voilà encore une tare bien chrétienne. Que le cordonnier soit le plus mal chaussé, ce n'est pas grave ; que les enfants du médecin soient les plus mal soignés, ce l'est. « Le plus long des voyages commence par un pas », dit un proverbe africain. Même les géants les plus extravagants de la Charité ont commencé par soigner, aimer, sauver leurs proches ; sinon, ils eussent été des héros mais pas des saints. « Le tiers monde débute à votre porte » : cette maxime n'est pas une invitation à se rencogner, mais seulement à toujours aller dans l'ordre. La technique de l'Escargot, vous savez...

HUIT PAROLES POUR L'ÉTERNITÉ

Il faut dire un mot de ces étranges personnes qui réservent leur compassion aux bêtes et la refusent aux humains. Quand ils se croient chrétiens, ceux-là invoquent généralement l'exemple de François d'Assise, dont ils incarnent cependant tout le contraire. Car sa compassion à lui débordait des êtres sur les animaux, puis sur les plantes [1], puis sur les forces de la nature qui lui devenaient sensibles à force de sympathie. Il aimait à la dimension de l'univers ; il était parvenu à réussir le grand écart, mais lui aussi avait commencé par un pas.

Saint François nous conduit mieux que personne à une *Béatitude-bis* qui semble être l'inverse de la III⁰ Parole mais qui en est le complément. Je veux dire que s'il nous est prescrit de « prendre notre part du fardeau de la douleur du monde [2] », il nous faut, du même cœur, du même mouvement, participer comme le saint d'Assise au bonheur, à la joie, à la splendeur du monde. « Pleurer avec ceux qui sont dans l'affliction et se réjouir avec ceux qui sont dans la joie. » Et aussi pleurer de beauté, sourire de beauté, rendre grâces de tout. Nous autres, gens de Compassion, avons bien du mal à pratiquer cette louange-là ; elle sent toujours son « tous comptes faits ! » On est loin d'Assise...

Partager le bonheur des autres aussi bien que leur douleur ; et pas seulement celui qui nous est proche, qui a le même goût que le nôtre, ou que nos regrets, ou que nos rêves — mais celui qui nous est le plus incompréhensible, le plus étranger : le bonheur d'une vieille femme africaine dans sa case, d'un Esquimau dans son igloo ; ou celui du Bédouin, bonheur de sable, bonheur torride... Ne pas avoir le *sens du bonheur du monde,* à la mesure

---

1. Voir note 10, page 154.
2. Albert Schweitzer.

même de la Création, est un mal, une faute : c'est le
« négatif » de la IIIe Béatitude.

Il reste, là encore, à parler du *Car*, de la contrepartie
de cette affirmation déroutante : Bienheureux ceux qui
pleurent. « Car ils seront consolés » : nous qui connaissons bien le poids de la douleur du monde, nous pouvons
pressentir ce que sera cette consolation inouïe qui en est
l'exact contrepoids. Tous ces sanglots qui roulent d'âge
en âge ne viennent pas « mourir au bord de son
éternité » : ils s'abîment dans l'océan de l'Amour de
Dieu. Ainsi, la vraie Joie ne consiste pas en l'absence de
douleur, mais dans la certitude que cette douleur a un
sens : qu'elle participe déjà à la consolation d'autrui (et
c'est la Communion des saints) ; et aussi qu'elle recevra
une consolation qui la débordera de toutes parts. Seul un
enfant, seul en nous l'enfant que nous avons su préserver, peut pressentir cette Joie-là : car le privilège de
l'enfance est justement la certitude d'être consolé.
L'amour de sa mère noie sa peine comme l'eau éteint le
feu. Sans esprit d'Enfance, on ne peut croire pleinement
à la IIIe Parole.

Chrétiens, gens de douleur, réservons notre plus haute
compassion à ceux qui ne s'aiment plus eux-mêmes et ne
savent pas que Dieu les aime. « Lorsqu'on ne m'aime
pas, je désembellis [1]. » Cela est vrai aussi des âmes,
mais elles en meurent, elles... Pour un homme des
Béatitudes, quel tourment quotidien, tous ces êtres qui
ne savent pas que Dieu les aime ! Qu'il les aime

---

1. Brigitte Bardot

personnellement, passionnément, éternellement. C'est parfois la seule pensée qui puisse les sauver, la seule assurance qui les sépare du suicide — *et ils ne peuvent la lire que dans nos yeux.*

IV

BIENHEUREUX CEUX QUI ONT FAIM
ET SOIF DE LA SAINTETÉ :
ILS SERONT RASSASIÉS

Si Descartes avait parlé sur la montagne, au lieu de l'homme à la robe blanche, cette Parole-ci serait la dernière et non la IVe. Car, d'une certaine façon, elle les résume et les oblitère toutes. Elle sonne le grand rassemblement : aucun de nous, cette fois, ne peut manquer à l'appel. Ceux-là même qui entendent tout de travers les huit préceptes : les marginaux, les ratés des Béatitudes — nous tous, plus ou moins ! — se retrouvent ici comme les clochards à midi à la soupe populaire. Car que signifie-t-elle, cette Parole, sinon : Bienheureux ceux qui aiment Dieu trois fois saint, infiniment saint ?

Une époque se juge à son vocabulaire, celui qu'elle invente aussi bien que celui qu'elle relègue. « Sainteté », voilà un mot bien périmé, encore qu'éternel. Tout comme le terme « bonté », qui évoque aussitôt le septuagénariat et le triple menton. Un gratteur de guitare, un « jeune loup », un P.-D.G. rougiraient d'être bons. Que n'écoutent-ils Guillaume Apollinaire : « Nous voulons explorer la Bonté, contrée énorme où tout se tait » ?... Au contraire : « Je veux bien être bon mais pas bête ! » disent volontiers les imbéciles lorsque, de surcroît, ils se montrent méchants. En fait, « sainteté »

97

ne peut pas être démodé pour la raison qu'il n'a jamais
été à la mode. Simplement, on ne sait plus guère ce que
cela veut dire. Mais nous autres le savons ; c'est notre
nostalgie, notre manque, notre remords. Nous disons tous
avec Léon Bloy : « La seule tristesse est de ne pas être
des saints. » Exilés sans nouvelles, somnambules moro-
ses, comment cette IVe Parole ne nous tirerait-elle pas de
notre nuit, ne nous rendrait-elle pas l'espérance ? « Car
ils seront rassasiés ! »

Sainteté... Comme l'éclair, d'un coup, illumine l'infini
du ciel, ce mot nous révèle la distance qui nous sépare de
Dieu. « Toi qui es vraiment saint, toi qui es la source de
toute sainteté... » Cette confrontation-éclair se nomme
l'Humilité, laquelle est, avant tout, l'acceptation joyeuse
de notre disproportion infinie d'avec notre Père. Disproportion mais pas, comme disent les mathématiciens,
« incommensurabilité » : c'est de la même unité de
mesure que se sert notre âme pour Dieu et pour elle-
même, faite à son image ; simplement, « l'échelle » va
de l'infime à l'infini.

Le mot Humilité évoque on ne sait quoi de contraint et
de négatif alors qu'à l'inverse elle ne peut exister que
volontaire, et même davantage : spontanée. Ce qui
fausse ainsi cette notion est que la plupart des « humbles » le sont vis-à-vis des hommes — ce qui est
inconvenant — au lieu de l'être vis-à-vis de Dieu. Le mot
ne devrait s'employer que dans nos rapports avec lui, et
non dans le triste garde-à-vous quotidien devant plus
riche ou plus gradé que soi.

La Parole précédente (« Car ils seront consolés ») était
l'expression de la tendresse de Dieu, de son amour
maternel ; celle-ci définit sa plénitude. Après la source,
l'océan. Elle annonce la VIe : « Car ils verront Dieu »,
car être rassasiés de sa sainteté n'est pas autre chose.

Mais quelle condition exorbitante est donc posée ici ?
Quelle nouvelle provocation, quel précepte inapplicable
précèdent donc cette promesse inouïe ? — *Aucune,
aucun !* L'exigence la plus simple, la plus naturelle, celle
qui nous définit : avoir faim et soif de l'Amour — ce qui,
depuis l'origine de l'humanité, est l'universelle nostalgie.
Qui ne répond à cette définition ? Qui ne répondrait à
cette demande ? C'est seulement le visage de l'enfant
levé vers sa mère, vers ce qu'il aime le plus au monde.
Encore faut-il savoir et croire que DIEU, AMOUR et
SAINTETÉ sont synonymes. Voilà le secret transparent des
chrétiens.

— Vous vous trompez du tout au tout, me diront
certains : il n'existe aucune Béatitude « passive », vous-
même l'avez affirmé en commençant. Chacune des huit
exige de nous une conversion ; et vous prétendez que
celle-ci ne requerrait de nous que de suivre notre pente ?
Allons, vous vous trompez : ce n'est pas de la sainteté de
Dieu qu'il s'agit ici, mais de la nôtre. Bienheureux ceux
qui ont faim et soif d'être eux-mêmes des saints !

— C'est-à-dire ?

— Mais...

— C'est-à-dire de ressembler à Dieu. Je ne connais
pas d'autre définition de la sainteté.

— Ressembler à Dieu ? Vous avez la folie des
grandeurs !

— Non, celle des tout-petits, au contraire. Avant
qu'ils ne perdent leur grâce et ne découvrent l'ingratitude : avant qu'ils ne soient entrés dans « l'âge ingrat »,
ils ne rêvent que de ressembler trait pour trait à leur père
ou à leur mère. Ou aux deux à la fois, puisque,
Giraudoux l'affirme, les vrais époux se ressemblent en
vieillissant. Tel est le prodige de l'amour et de l'incessant
côtoiement. Et c'est si vrai que des enfants adoptés
parviennent à « ressembler » à leurs parents de hasard.

De hasard, mais non de cœur ! « Vous devenez ce que vous admirez », disait Gandhi. DEVENIR, c'est autre chose que ressembler ! Et c'est bien ce qu'affirme l'une des prières eucharistiques de la Messe qui, liant la IIIe et la IVe Parole, proclame tranquillement : « Quand tu auras essuyé toute larme de nos yeux, en te voyant, toi notre Dieu, tel que tu es, nous serons semblables à toi éternellement... [1] »

Mais soyons modestes, en effet, et ne visons qu'à *ressembler à ceux qui lui ressemblent,* c'est-à-dire aux saints. Ils sont le kaléidoscope de Dieu ; chacun d'eux nous donne de sa Face une image unique, personnelle, incomplète : toujours faite des mêmes éléments, mais dont tel ou tel se trouve privilégié. Ces « éléments » ne sont guère autre chose précisément que les Béatitudes. Il y a des saints de la Compassion, de la Non-violence, de l'esprit de Pauvreté, etc. Non que les autres Paroles soient mises sous le boisseau par le champion de l'une d'elles, mais celle-ci est devenue, comme je l'ai dit, le centre et le soleil de son système à lui. Chaque saint donne un reflet partiel de la sainteté de Dieu, et seul leur « immense cortège » peut nous suggérer de lui une image complète. Et nous-mêmes élisons parmi eux nos compagnons d'éternité, faisant à notre tour, de tel ou tel, le centre de notre système solaire. Ainsi, des myriades de galaxies composent-elles de proche en proche cet univers de la sainteté...

Parfois, la ressemblance d'un saint avec le Christ nous est signifiée de manière évidente et tragique : par les stigmates, notamment. Etre jugé digne de ressembler au Seigneur à ce point ! Voilà qui nous rejette, nous autres piétaille du Christ, à l'abîme de notre médiocrité. Mais,

---

1. Voir note 11, page 154.

pour une fois, je ne me désole pas si vite ! Tout grand spectacle, toute mise en scène, tout « effet » dans la religion de Jésus de Nazareth me sont éminemment suspects. Ce grand déploiement entre terre et ciel, à Pontmain comme à Fatima, me laisse perplexe sinon incrédule. C'était peut-être la manière de Dieu dans l'Ancien Testament, du temps des sacrifices à Baal et des nuques raides, que de faire danser le soleil parmi les nuages ; ce n'est pas celle de Jésus-Christ. Par exemple, je n'ai jamais pu croire d'un cœur docile à l'histoire du « Figuier maudit ». Un apologue (qui nous vient du mont Athos) me paraît plus évangélique que cet épisode déconcertant : « Il dit à l'amandier : Parle-moi de Dieu ! — Alors, l'amandier se couvrit de fleurs... » Allons, celui qui, depuis trois ans, n'a fait que guérir, éclairer, pardonner, va-t-il, à trois jours de sa mort, se départir de cette voie et dessécher sur place une pauvre créature qui n'a fait que suivre sa saison ? Et il fallait que, dans la barque, les siens fussent en perdition pour qu'il menaçât (terme admirable) le vent et la tempête. Et quand il sera transfiguré sur le mont Thabor, ce sera en présence de trois témoins seulement, et encore leur recommandera-t-il le silence. Non, le grand spectacle n'est pas dans sa manière, et c'est pourquoi les stigmates me mettent mal à l'aise.

Et pourtant il nous est bon de mesurer la distance qui nous sépare de ces géants de la sainteté, si conscients eux-mêmes de la distance qui les sépare de Dieu. Tels sont les ricochets de l'Humilité ; car c'est bien là, nous l'avons vu, sa vraie définition : non pas une sorte de modestie, une façon rassurante et rouée de tourner son chapeau devant Dieu — « M. le Marquis est trop bon... » L'Humilité, c'est le mariage de l'espérance et de la lucidité : assez de celle-ci pour évaluer à tout moment la distance infinie qui nous sépare de Dieu ; mais assez de celle-là pour ne pas sombrer dans le désespoir. « Seigneur, ne vois-tu pas que nous périssons ? » Oui, bienheureux ceux qui mesurent *joyeusement* l'écart qui les sépare *encore* de Dieu ! — Voilà une petite Béatitude de ma façon, née de la même Parole et qui, je crois, n'a rien de sacrilège.

Mais cessons de confronter les saints avec Dieu, et nous-mêmes avec les saints. C'est à une autre comparaison que nous convie aussi la IVe Béatitude : entre ce que nous sommes et ce que nous pourrions, ce que nous devrions être. Entre nous et ce que Dieu attendait, attend, attendra de nous jusqu'à notre dernier souffle. Cela, notre conscience le sait irrécusablement et elle nous le répète en secret. Et, de plus, chaque fois que nous avons sujet de nous montrer un peu moins honteux de nous-mêmes et que nous faisons un pas vers Dieu, ce regard plus clair et plus proche nous induit seulement à être un peu plus humbles qu'auparavant. Finalement, voilà ce qui compte : non pas ce que la société, la bonne réputation, la « dignité » attendent de nous ; ni même ce « devoir d'état », qui n'est souvent qu'un bandeau sur l'œil de notre conscience ; mais ce que Dieu attend de nous, de chacun de nous, de lui seul. Alors, cette fois, l'aile du désespoir nous frôle. C'est l'automne, d'un seul coup — et davantage encore si nous avons le poil gris. Quoi ! si peu de temps pour y parvenir ! Si peu de ce temps qui jusque-là trottait, mais soudain se met à galoper... Aurons-nous seulement celui d'achever le piédestal (et c'est la Perfection), laissant à Dieu le soin de modeler la statue (et c'est la Sainteté) ? C'est ce tourment qui rend un peu fous les personnages des romans russes. Faim et soif de la Sainteté, voilà bien la Béatitude de Tolstoï et de Dostoïevski...

HUIT PAROLES POUR L'ÉTERNITÉ

On peut, d'une image, exprimer toute la différence entre la Perfection et la Sainteté : l'une est le bain-marie, l'autre la flamme. Quand nous disons d'un tel, avec une mine confite : « C'est un saint », nous voulons seulement parler de sa perfection. Car les saints nous effraieraient plutôt : fantasques, imprévisibles, excessifs, bref invivables. L'être parfait est un modèle, le saint un reproche. Alors, qu'il aille au désert, s'enferme dans un couvent, s'enfouisse dans le tiers monde ! Mais, parmi nous, il est aussi gênant qu'un ivrogne — ce qu'il est, d'ailleurs : proprement ivre de l'amour de Dieu et de l'amour d'autrui, toujours entre Ciel et terre comme l'autre entre deux vins. Les saints partagent le sort des poètes maudits et de tous les gêneurs : l'indifférence ou la persécution de leur vivant, l'apothéose posthume. *Apothéose* est le mot juste : « auprès de Dieu. » Nous reconnaissons qu'ils le sont ; mais ils l'étaient déjà, hommes de peu de foi ! Au fond, c'était cela qui nous gênait : ce Dieu qui les accompagnait partout, cette ombre qui était leur soleil. Nous regrettons naïvement de n'avoir pas vécu au temps de Jésus et nous envions ceux qui le suivaient. Mais sommes-nous bien sûrs, nous si raisonnables, si « parfaits », que nous aurions supporté la Sainteté à l'état pur ?

Les routes de Galilée et de Judée sont mortes. Hantées mais mortes. Tandis qu'il existe à votre porte une petite banlieue vivante de la Terre sainte : c'est la chapelle obscure où la veilleuse, couleur de Vendredi saint, vous rappelle la mystérieuse présence de Dieu. Il nous est donné de nous rassasier déjà de cette présence, de cette sainteté. Que certains protestants et, de nos jours, tant de catholiques se détournent du Saint-sacrement, voilà qui me paraît proprement suicidaire. En somme, ils font la grève de la faim. Et je ne parle pas de ceux qui se privent de l'Eucharistie « parce qu'ils n'en sont pas dignes ». Comme si on l'était jamais ! « Si l'on comprenait vraiment ce qu'est la Messe, on tomberait mort », disait le Curé d'Ars. « Pas dignes... » — c'est de l'humilité telle que nous la souffle Satan-l'Orgueil. Et c'est Satan-le-Désespoir qui parfois, à l'octobre de nos vies, nous fait souhaiter la mort afin de rencontrer enfin cette sainteté dont nous ne trouvons aucune trace en nous-mêmes.

Tâchons, au contraire, d'être aussi patients que Dieu ! Cette impatience est la tentation des saints ; mais tout ce qui nous fait nous détourner de ce monde de douleur et de compassion est tentation. Allez donc reprendre courage devant la Sainte Face [1] ! Elle émane, elle rayonne cette sainteté dont, un jour, nous serons enfin rassasiés et elle nous en donne mystérieusement, insatiablement faim et soif.

---

1. *Mourir étonné* (Éd. Robert Laffont, 1976) contient un texte : « Un certain visage », qui est une méditation sur la Sainte Face.

V

BIENHEUREUX LES MISÉRICORDIEUX
CAR ILS OBTIENDRONT MISÉRICORDE

Tout comme la Ire et la IIe, cette Parole prête à contre-sens : après les « simples d'esprit » et les « doux », on risque de prendre les miséricordieux pour des gens qui ont seulement le pardon facile. Mais si la Miséricorde n'était rien de plus que le pardon des offenses, cette Béatitude ne pèserait guère ; ou plutôt elle n'ajouterait pas grand-chose au « Pardonnez-nous nos offenses comme nous pardonnons à ceux qui nous ont offensés ». La demande deviendrait promesse, voilà tout. Mais lorsqu'on a (c'est du Christ que je parle) à peine mille jours pour changer la face du monde, on ne se répète qu'à bon escient. En fait, *la Miséricorde est au pardon ce que l'Amour est à la justice.*

Mais, avant d'en faire le tour, il faut remarquer que cette Parole-ci (comme pour la Non-violence, comme pour la Compassion) concerne directement nos rapports avec autrui. Elle n'est pas — comme l'esprit de Pauvreté ou la faim et soif de Sainteté — une disposition intérieure ; elle ne peut s'exercer dans la chambre secrète : c'est une Béatitude de plein air.

Elle survient à sa juste place en cinquième lieu : car, en nous affrontant à la Sainteté de Dieu, la précédente pourrait nous rendre trop exigeants envers nos semblables. Elle pourrait engendrer parmi nous mille Savonarole et susciter à l'égard d'autrui une rigueur ou, « au mieux », un paternalisme dont la Miséricorde, la vraie, est précisément l'antidote.

Même le plus lucide ne possède aucune notion exacte de son esprit de Pauvreté, ou de sa Non-violence, ou de sa Compassion ; mais de ses fautes, ça oui, par exemple ! Et non seulement de celles dont il traîne le remords (s'en fût-il confessé : car la gomme qui efface les traits laisse elle-même une trace) ; mais encore des fautes qu'il ne se remémore pas mais dont il lui arrive, par fulgurances, de prendre un aperçu accablant. Ces coups de projecteur dans notre ténébreux bric-à-brac, ces coups de sonde de notre conscience dans notre inconscient constituent une grâce redoutable. Parfois, ce n'est pas tant le vertige de nos actes mauvais et oubliés qui nous saisit sans recours, mais celui de nos manques. « Par action *et par omission...* » Alors, la promesse qui achève si bonnement cette Ve Parole : « Car il leur sera fait miséricorde » peut seule calmer une telle angoisse. Ou plutôt (car il ne s'agit nullement de la crainte d'un châtiment mais de la privation de l'Amour), elle correspond à une attente, à une faim si vitales que nous voici prêts à tout pour bénéficier de cette promesse.

A tout ? — Mais, comme il est d'usage avec Dieu, il ne nous demande en retour que ce qu'il nous donne, que ce que d'avance il est prêt à nous donner sans compter. Ici, c'est la Miséricorde qu'il nous réclame, à la mesure de nos moyens, en échange et en prévision de la sienne qui est absolue. Rien de plus. Mais rien de moins non plus, prenez garde !

Et, bien sûr, celle-ci implique d'abord le pardon des offenses. Elle est cette obstination, non pas à tenir nos comptes à jour dans ce domaine, mais à les apurer constamment. « Pour solde de tout compte » : formule de banquier — maxime du miséricordieux. Elle est cette volonté de repartir à zéro chaque matin — qui seule, d'ailleurs, définit le matin. Elle participe en cela de l'esprit d'Enfance : un homme qui a des revanches à prendre ou seulement le souvenir tenace des offenses reçues, comment aurait-il le regard transparent ? comment jetterait-il sur tout être et sur toute chose un œil neuf ? D'ailleurs, pour être sûr de bien pardonner, le mieux est de devenir « inoffensable » — ce qui est affaire d'esprit de Pauvreté, de Non-violence et de Compassion. Ainsi, la Vᵉ Béatitude rejoint-elle les trois premières.

Mais avoir miséricorde, ce n'est pas seulement pardonner, sinon l'application en serait bien étroite et bien hasardeuse. Car n'a vraiment le droit de pardonner que celui qui est offensé délibérément, sans provocation ni tort préalables de sa part, même involontaires. Or, à y regarder de près et sans complaisance, l'occasion est plutôt rare... Tandis que chaque rencontre, chaque entretien, et même chaque fait qui vous est rapporté ouvrent une possibilité de Miséricorde — et voici comment.

Il existe deux manières d'interpréter ce que sont (ou plutôt paraissent être) les autres, ce qu'ils font, ce qu'ils disent, ce qu'ils pensent. L'une qui prétend juger, donc accuser ou, à tout le moins, étiqueter de l'extérieur ; l'autre qui tente de comprendre et, à tout le moins, fait crédit. De la première attitude, dite « réaliste », découlent la méfiance, parfois le mépris, parfois la violence et toujours une certaine peur. De la seconde, *et c'est proprement la Miséricorde,* naissent la bienveillance, la confiance et finalement l'amour. L'AMOUR OU LA PEUR ? C'est-à-dire le Royaume parmi nous, ou bien le règne du Prince de ce monde ? — L'enjeu est de taille, et l'on se demande comment les chrétiens ont laissé la Miséricorde dégénérer en simple pardon, comme la Compassion en pitié, comme la Non-violence en douceur — ont laissé ce sel-là perdre, lui aussi, sa saveur. Les chrétiens sont décidément des gâcheurs de sel...

Ainsi entendue, voici que la Miséricorde retourne toute chose comme un gant et devient une seconde vision du monde et des êtres. On change, une fois pour toutes, de lunettes. Elle est « un certain regard » posé sur les autres, et différent suivant qu'on les connaît déjà ou qu'on ne les connaît pas. Dans le premier cas, l'on cherche discrètement mais inlassablement ce qu'ils ont de plus profond : ce que justement on ne reconnaissait pas encore en eux ; dans le second, ce qu'ils ont de précieux, d'unique. Ce regard de la Miséricorde nous dote des yeux mêmes de Dieu, puisque nous nous demandons devant chacun : « Qu'a-t-il d'exquis et de si personnel *pour que Dieu l'aime ?* » C'est le secret de l'attitude chrétienne devant autrui : se mettre — pardonnez du peu ! — à la place de Dieu. A vrai dire, c'est le secret d'aimer. Et ce regard-là est très exactement à l'opposé du regard mondain (« Qu'a-t-il de ridicule dont nous puissions parler ? ») et du regard professionnel (« Qu'a-t-il d'utilisable dont je puisse tirer profit ? »)

Il ne faudrait pas, pour autant, confondre la Miséricorde avec une sorte de bienveillance universelle qui confinerait à la démagogie : « Tout le monde il est beau, tout le monde il est gentil » — ce qui est une dérision. Cette mise-dans-le-même-sac, qui se croit débonnaire, dispense au contraire de toute attention vraie portée aux autres. Elle empêche de reconnaître en chacun et à chacun son unicité : elle le prive d'âme. Le pardon des offenses, l'indulgence, la bienveillance sont, elles, des attitudes honorables, mais qui impliquent une sorte de supériorité. On ne prend jamais ce risque avec la Miséricorde qui, au fond, est une reconnaissance implicite que chacun est à l'image de son Créateur et qu'il en porte la trace, si enfouie soit-elle. C'est à cette parcelle de Dieu qu'on fait confiance en chacun. Ainsi, la véritable Miséricorde découle-t-elle de la *Foi* ; de même qu'elle implique l'*Espérance* que l'autre répondra à cette confiance qu'on lui témoigne d'entrée de jeu, et qu'elle constitue une définition discrète mais attentive de la *Charité.* Vous le voyez, la Miséricorde est une cousine très proche des trois grandes vertus...

« Il ne faut jamais parler de quelqu'un avant d'avoir marché sept ans dans ses souliers », dit un proverbe hindou. Et l'évangile, plus impérieusement : « Ne jugez pas ! » Il faudrait ajouter : « Et ne préjugez pas... » Or, la Miséricorde est le contraire du préjugé comme elle l'est du jugement. Les Juges pour enfants, quand ils sont dignes de leur mission, illustrent parfaitement la différence entre la justice et la Miséricorde. La Miséricorde, c'est la justice plus l'amour. Ou, si vous préférez, c'est le nom que prend l'amour quand il lui faut juger.

Au fond, cette Ve Parole est la Béatitude de l'amour du prochain ; toutes les autres le sous-entendent (ou plutôt c'est lui qui les sous-tend), mais celle-ci le prescrit.

« Miséricorde : sentiment par lequel la misère d'autrui touche notre cœur », dit Littré. Devenu chrétien à la fin de sa vie, il aurait dû changer cette définition qui, à part l'étymologie, conviendrait mieux à la Pitié. Ou alors, disons : « Confronter son cœur à la misère morale des autres, balancer leurs faiblesses ou leurs offenses avec les nôtres, et faire l'appoint. » On ne doit pas s'y risquer sans cette humilité, ce « *Numquid et tu ?* », bref cet esprit de Pauvreté qui seul permet une confrontation loyale. C'est une disposition de tous les instants : non pas un trésor de sainteté en grosses coupures, mais la poche noire de la chaisière, remplie de toute petite monnaie.

Il faut entrer dans chaque instant qui passe avec un esprit, un cœur et un regard de la sorte. Essayez seulement, comme par jeu, et vous serez si surpris par les effets de la Miséricorde sur les autres et en vous-même que vous ne vous reconnaîtrez pas plus que vous ne les reconnaîtrez. C'est que vous aurez changé avec eux, et chacun à son insu.

Et d'abord, les miséricordieux, ne traînant aucun grief, n'ont pas de passé — pas plus que Dieu. Ce sont des hommes de l'instant, c'est-à-dire déjà d'éternité. Ils s'avancent d'une allure égale, tels des chasse-neige, tels des brise-glace, non pas à force d'indifférence, mais de magnanimité. La Miséricorde met notre âme au large. Miséricorde et Magnanimité sont deux vocables aussi majestueux l'un que l'autre et qui vont de pair, deux paquebots jumeaux...

Sur autrui, la Miséricorde produit l'effet qu'a si bien illustré Marcel Achard dans « Jean de la lune », mythe profondément chrétien. *L'autre devient ce qu'on le persuade qu'il est parce qu'on le croit soi-même.* Tels sont les effets de la confiance, et ils rappellent la mystérieuse définition de la Foi : « Ce que vous demanderez en priant, croyez que vous l'avez déjà obtenu et vous l'obtiendrez... » *Confiance* et *foi* sont le même mot ; et *fidélité* aussi. Ils délimitent notre pays à nous, celui de l'Alliance, le Royaume. La Miséricorde est un acte de foi. Le simple pardon suffit à remplacer l'homme d'hier par l'homme d'aujourd'hui ; la Miséricorde, elle, voit déjà en lui ce qu'il sera demain. Tout être ressemble à l'albâtre : placez-le devant la lumière de la Miséricorde, il devient transparent. Ainsi, nous permet-elle, comme disent les astronomes, de voir « la face éclairée » de chacun.

Comme toute attitude noble, votre Miséricorde passera pour de la naïveté. A juste titre, car elle la frôlera souvent ; mais c'est une sorte de garantie. Le chrétien, je l'ai dit, a une vocation de dupe — ce qui, même vu de la terre, est plus honorable que l'inverse. C'est, hélas, le choix qu'il nous faut faire puisque nous ne sommes guère capables que de verser d'un excès dans l'autre. *In medio stat virtus,* paraît-il ; il existe pourtant une certaine parole sur les tièdes (« et je les vomirai de ma bouche ») qui contredit définitivement cette sagesse-là. D'ailleurs, n'est-ce pas « au milieu », comme son nom l'indique, que réside la médiocrité ?

— « Mais enfin, m'objectera-t-on, comment voulez-vous ne pas juger ? L'intelligence, la simple conduite de la vie ne sont composées que de jugements successifs... » — C'est vrai ; mais « Ne jugez pas » signifie seulement : Ne condamnez pas, ne tranchez pas, ne méprisez jamais, et même essayez de ne pas médire. Portez, puisque c'est inévitable et indispensable, un jugement intérieur : le temps de vous orienter vers la Miséricorde, la Compassion ou la Non-violence, lesquelles sont trois formes distinctes mais également authentiques de l'amour. De toute façon, pour reprendre une image célèbre mais en l'inversant, la poutre qui est dans l'œil de votre frère, voyez-la donc de la grosseur d'une paille ! Oui, deux poids deux mesures : l'une pour soi, l'autre infiniment moins rigoureuse pour les autres...

— « Mais c'est de l'aveuglement ! » reprendra-t-on.
— Non, puisqu'il est volontaire. De la borgnerie, sans doute, tout comme la partisanerie, laquelle demeure notre péché mignon ; mais l'une est une borgnerie aimante, l'autre hargneuse : à vous de choisir ! Et n'allez

pas me vanter une mesure, une lucidité, une équité, une objectivité — toute la panoplie des publicistes — dont vous vous croyez capable, mais que précisément vous refusez aux autres. Croire qu'on a toujours raison et prétendre avoir le dernier mot, voilà nos deux tares familières et le Démon-gardien des journalistes...

Toutefois, que les roués, les ambitieux et les oppresseurs, prennent garde ! Miséricorde à toute faiblesse — mais aucune pour ce qui se veut force : aucune à l'égard de la violence, du chantage, de tous les terrorismes, de l'abus de pouvoir et même de la simple jactance... Naïfs peut-être, les miséricordieux, *mais jamais complices !*

Cette Miséricorde, bien sûr, on n'y parvient que par étapes. Les plus proches sont la tolérance, la bonhomie ; mais la première de toutes est encore le sourire qui, décidément, se révèle « l'image de marque » du chrétien. Oui, c'est la Béatitude du sourire comme la IIIe était celle des larmes. Elle est toute traversée par la grâce et la gratuité. Jamais votre Miséricorde ne doit être octroyée : elle est un dû. « Vous avez reçu gratuitement, donnez gratuitement... » Il s'ensuivra, suivant la logique de l'évangile, que si vous avez donné gratuitement, vous recevrez gratuitement. Si vous devenez des miséricordieux de tous les instants, il vous sera fait miséricorde à l'instant décisif...

Car il y a le « Car » ! Non pas comme la carotte après le bâton, mais comme l'autre plateau de la balance, ou plutôt comme l'aurore après la nuit. « Car il leur sera fait miséricorde », et par qui ? — Par celui qui est l'Amour même, la Miséricorde même. Il nous sera donné « une bonne mesure, pleine, tassée, débordante », infinie et définitive. Parfois, le seul pressentiment de cette Miséricorde me submerge, m'étouffe. Me voici roulé par la vague de cet océan qui m'est destinée de toute éternité !

Me voici riant tout seul comme le petit enfant que son père enlève si rudement et si doucement dans ses bras. Il a d'abord eu un peu peur, mais le voici plus que rassuré : ravi...

— « C'est donc ainsi que vous voyez le Jugement dernier ? » — Oui, monsieur l'abbé ; et j'ai raison contre tous les catéchismes, parce que les larmes me viennent aux yeux en écrivant ceci et que jamais vos pages ne m'ont ému. Jamais je n'ai compris, jamais je n'ai accepté votre fameuse « crainte de Dieu ». Je suis sûr que vous véhiculez de siècle en siècle, depuis la Bible, une erreur de traduction. Est-ce qu'un enfant « craint » son père ? Il l'aime-respecte, il l'aime-admire, il connaît sa puissance mais ne s'en sent que davantage protégé ; même sa colère le rassure. « Tandis qu'il était encore loin, son père l'aperçut et courut à lui... » — Allons, cesse de préparer ta plaidoirie, Enfant prodigue ! Il ne t'en laissera pas prononcer un seul mot : il sait tout. Il n'a pas à comptabiliser, à se remémorer : tout existe devant lui au même instant. La mémoire, finalement toujours si déchirante, c'est bon pour nous autres ! Tandis que, devant Dieu, tout se tient ensemble, debout, vivant, même nos « paroles vaines » — ce qui serait terrifiant s'il n'était pas aussi, mystère pour mystère, non pas « rempli de miséricorde » mais la Miséricorde elle-même. Il existe, dans l'évangile, une autre image de la Miséricorde que la parabole de l'Enfant prodigue, c'est celle du Figuier stérile. « Accorde-lui encore une année... » A mes yeux, elle oblitère celle du Figuier maudit : dans celle-ci je vois l'Homme en filigrane, dans celle-là je retrouve Dieu.

C'est la seule fois, dans les Béatitudes, que le même mot figure dans les deux parties de la Parole : qu'il est employé à la fois pour la promesse et pour la prescription. Oui, le même attribut pour Dieu et pour nous ! Si j'étais Bossuet, je m'écrierais : « Faisons halte ici, frères chrétiens, et demeurons un moment en silence, l'âme comme écrasée par l'immensité de ce don... » Héritage qui ne nous sera donné sans compter que si nous-mêmes avons déjà puisé chaque jour dans ce trésor, telle est la Miséricorde. De notre pauvre petite Miséricorde quotidienne à celle de Dieu, c'est seulement comme un éventail qui se déploie — mais c'est la même disposition, le même langage. Ne sera-t-il pas décisif, à l'instant de la Rencontre, d'avoir, sa vie durant, parlé le même langage que Dieu ?

J'exprime tout cela comme je le puis. Cette exaltation paraîtra ridicule à certains ; pourtant, je le pressens, elle n'est rien au regard de la jubilation qui nous attend Ailleurs. Je frotte ici à ce gigantesque rocher la petite pierre dure de mon esprit et il en sort de fugitives étincelles — tandis qu'alors, quelle flambée !

Si, par grâce, ces lignes pouvaient vous dilater le cœur comme s'en trouve le mien en ce moment même, nous ne pourrions que nous regarder en silence en souriant. Il est bon, dans l'insupportable tourmente de ce monde que nous avons rendu absurde, de s'arrêter un instant et, quoique inconnus encore les uns aux autres, de se regarder en souriant. Une fois, dans le compartiment d'un train, je me suis trouvé assis en face d'une jeune femme qui lisait un de mes livres. Par instants, elle le posait tout ouvert contre son cœur, regardait au loin *et souriait.* Jamais je n'ai reçu pareille récompense.

La Miséricorde... Où entend-on encore prononcer ce vocable si beau ? Où, sinon dans quelque film étranger mal doublé ? Pourtant, la seule pensée que Dieu partage avec nous cet attribut royal devrait nous jeter à genoux. Car la Miséricorde est, dès l'origine, le propre de Dieu.

Abraham lui demande, s'il parvient à trouver cinquante Justes dans Sodome, de ne pas les condamner avec le reste de la ville ; et Dieu répond : S'il se trouve cinquante Justes, *c'est toute la ville que j'épargnerai !* — Telle est la folie de la Miséricorde ; telle est aussi la fulgurante démonstration de la Communion des saints. D'ailleurs, en Juif opiniâtre, Abraham revient à la charge. Il ne vend pas des tapis : il défend pied à pied son peuple indigne. « Cinquante Justes ? Et si l'on disait quarante... trente... vingt... dix, peut-être ? Oui, peut-être se trouvera-t-il dix Justes dans Sodome ! » — Et Dieu l'écoute *en souriant* (c'est l'évidence), et il répond : Eh bien, je ne détruirai pas la ville à cause de ces dix-là...

Pareillement, il ne perdra aucun d'entre nous, à cause de ses dix petites bonnes actions de rien du tout, secrètes et dont le malheureux a perdu jusqu'au souvenir — mais pas Dieu !

Ainsi, (je le répète comme on le fait pour se persuader d'une nouvelle incroyable), la Miséricorde est à la fois le propre de Dieu et la vertu familière qu'il nous est donné d'exercer chaque jour. Elle n'a peut-être jamais été plus humblement essentielle que dans ces temps de peur et d'exaspération. Elle est tout ensemble la mère et la fille de l'esprit d'Enfance. Quand on a une fois compris ce maître-mot Miséricorde, à quoi il nous engage mais aussi ce qu'il nous promet, on ne peut plus le prononcer qu'avec un certain sourire : celui qui, parfois, nous intrigue tant sur le visage des morts et nous prouve justement qu'ils sont entrés dans la Lumière. Comme le chante Ezechiel :

> *C'est toi qui as préservé mon âme*
> *de la fosse du néant*
> *car tu as rejeté derrière ton dos*
> *toutes mes fautes...*

« Celui à qui on pardonne peu aime peu » — voilà encore une des *injustices* de Dieu : après l'Enfant prodigue, la Brebis perdue et l'Ouvrier de la onzième heure... Englués dans le donnant-donnant de la terre, nous oublions que Dieu est libre, trois fois libre, qu'il est la Liberté même. Et aussi la logique même : l'homme pécheur qui soudain, *à cause de ses fautes,* perçoit enfin ce qu'implique et signifie la Miséricorde, le voici, d'un coup, plus près de Dieu que n'est le Juste. Nous nageons tous entre deux eaux ; lui a coulé au fond, mais un coup de talon va le faire remonter plus haut que nous. Tandis que celui qui se croit parfait, ou encore celui qui, par ces temps de « déculpabilisation » générale, a perdu jusqu'au sens du péché, ne sauront jamais ce qu'est la Miséricorde de Dieu. Alors, comment l'exerceraient-ils eux-mêmes ? Ils sont condamnés à mourir de froid, à perdre leur vie en jugements téméraires, contentieux interminables, collection de griefs. « Vous manquez de tendresse, vous ne voyez que la vérité : c'est donc injuste ! » affirme le bienheureux *Idiot* de Dostoïevski. Tandis que les gens de la Vème Parole tiennent dans leur main cette éponge que Dieu leur a prêtée et ils ne cessent, lucides mais souriants, d'effacer le tableau noir...

VI

BIENHEUREUX LES CŒURS PURS
CAR ILS VERRONT DIEU

LES huit Paroles sont à ce point intemporelles, procla-
mées pour les siècles des siècles, que nous ne
songeons jamais aux réactions de leur premier auditoire.
Or, pour les Juifs qui l'entendaient, la conclusion de
celle-ci est proprement insoutenable. « Voir Dieu ! »
Mais il est justement celui qu'on ne peut voir, qu'on n'ose
même pas nommer... « Élie entendit le Seigneur ; il se
voila la face de son manteau et sortit de la grotte... » Et,
devant le Buisson ardent, Moïse aussi « se voila la face
car il craignait de regarder du côté de Dieu ». Pourtant
les cœurs purs, eux, le verront — voilà ce qu'affirme
scandaleusement ce fils de charpentier qui n'est même
pas rabbin, et aucun des cinq mille assistants ne se lève
pour protester. Mais s'il se trouve parmi eux quelque
espion des grands-prêtres, cette parole, n'en doutez pas,
s'inscrit déjà dans l'acte d'accusation.

Que nous ayons oublié la dimension scandaleuse ou
révolutionnaire des dires du Christ est tout ensemble un
hommage et un piège. Soigneusement limé, arrondi,
raboté (plutôt qu'érodé par le temps), son code est
devenu, je l'ai dit, la Morale tout court — c'est-à-dire ce
dont tout être jeune, libre et bien de son époque se fait

un devoir de ricaner. Mais aussi, quel malheur que ces jeunes qui, d'âge en âge, veulent « changer la vie », prennent si peu connaissance des véritables Paroles du Christ : ils y reconnaîtraient la seule façon d'y parvenir et d'étancher leur soif d'absolu. Les tyrans petits-bourgeois qui ont confisqué Marx ne les dégoûtent pas pour autant de le lire ; et pas davantage les apprentis sorciers qui ont commercialisé Freud. Mais nous autres, chrétiens du dimanche, « bien-pensants » et mal-agissants, il faut croire que nous nous tenons entre eux et l'évangile et que notre opacité en arrête la lumière. Comment verraient-ils Dieu à travers nos cœurs impurs ?

Cette VI⁰ Parole, trois autres, pour le moins, l'ont préparée. Car comment posséder un cœur pur si l'on n'a pas l'esprit de Pauvreté et si l'on ne pratique ni la Non-violence ni la Miséricorde ? Mais à celui qui a vraiment reçu les cinq Paroles précédentes, celle-ci paraît aller de soi et ne pas leur ajouter grand-chose. C'est donc qu'il faut, cette fois encore, dépasser l'évidence, creuser plus profond afin d'atteindre la nappe d'eau. Cette « pureté de cœur » que nous attribuons bien hâtivement aux petits enfants, que cache-t-elle donc ?

Et d'abord, peut-on, comme on le fait si volontiers aujourd'hui, reléguer au grenier de la reine Victoria et des Enfants de Marie la pureté traditionnelle, celle du corps ? Du corps, donc de l'esprit : car chacun sait que l'organe le plus « érogène » est le cerveau et non le sexe. C'est la tendance, de nos jours, et qui dit tendance dit tentation. Mais notre conscience n'est pas un chirurgien si habile qu'elle réussisse à opérer cette dichotomie entre le corps, le cœur et l'âme. Sans doute, dans les romans russes comme dans l'évangile, celle qui se prostitue d'un cœur pur sera sauvée — mais à la condition de changer d'existence et, précisément, de mettre en accord son âme, son cœur et son corps. Ce n'est guère à la mode, et nos petits « dragueurs » aux idées généreuses ne me paraissent ni cohérents ni harmonieux. Malgré la grande libération ambiante, le corps et l'âme s'obstinent à ne pas divorcer. Un athlète égoïste, un héros jouisseur, un dévot pédéraste ont un regard qui ne convainc personne, car c'est par le regard que déborde l'eau sale. Les coins de la bouche, eux aussi, « trahissent » souvent un visage, ou plutôt les inavouables secrets d'un corps en désaccord avec son âme.

Bref, pas de « pureté de cœur » sans une certaine pureté du corps. Mais celle-ci n'est pas, comme on l'a cru longtemps, la concierge de celle-là, une sorte de dragon aposté à l'entrée du chemin. Dieu n'est jamais un braconnier qui nous tend des pièges ; et, puisque chasteté et pureté ne nous sont pas naturelles, c'est donc que nous ne pouvons y parvenir qu'après un long cheminement. La pureté de cœur implique sans doute celle du corps, mais il arrive que celle-ci n'en soit que la dernière étape et comme le sous-produit. Nous ne parvenons au Royaume « qu'à notre corps défendant »...

J'aimerais en avoir assez dit là-dessus et me débarrasser au plus tôt de cette pureté-là, dont la chasteté n'est que l'apprentissage et parfois le masque. C'est un sujet qu'aucun homme, je crois, ne peut traiter avec un regard tout à fait clair ; il faudrait parvenir à regarder ses mains sans rougir... Pourtant, lorsque cette pureté physique n'est qu'absence de désir, elle risque de dessécher le cœur et d'entraîner une périlleuse absence de sympathie. Le *charme* est un régulateur indispensable aux relations humaines, mais ce sont des sables mouvants. Être troublé sans se troubler... Pur, mais pas innocent ; innocent, mais pas pur...

Cette pureté (qui n'est pas celle du cœur : nous n'en sommes qu'aux abords), cette pureté-là nous rend, pour un temps, comme détaché de notre corps. Et c'est pourquoi le mot « grâce » lui convient, avec ou sans majuscule, car nous retrouvons alors, quel que soit notre âge, celle de l'adolescence. Un vieil homme pur n'est jamais un vieillard. Cette disposition procure le plus souvent un aspect fragile mais qui en impose ; tandis que la pureté épaisse, celle de certaines religieuses, confine à la placidité et ne rayonne guère. Sables mouvants, là encore... Bien entendu, la pureté physique est sans rapport avec cette nausée sexuelle qui nous fait parfois observer avec dérision les artifices des femmes et des filles (et ceux des hommes aussi bien) ; tandis que la véritable pureté nous reporte, pour les aimer, vers leur vrai visage, leur regard — leur âme.

Ainsi faut-il déblayer notre chemin d'un malentendu, un de plus, et redire comme une litanie que, de même que l'esprit de Pauvreté n'est pas du tout la pauvreté d'esprit, ni la Non-violence le pacifisme ou l'indifférence, ni la Compassion la pitié, ni la Miséricorde le simple pardon, la « Pureté de cœur » n'est pas celle du corps : celle-ci peut être un vase de cristal, mais l'autre est l'eau vive.

La Pureté de cœur, c'est... — Ah ! me voici bien embarrassé pour la définir positivement. Il faut donc continuer de la cerner en cherchant ce qu'elle n'est pas. Eh bien, la Pureté de cœur est bonnement tout le contraire de ce qui alourdit le cœur, l'isole, le met à l'ombre : le contraire de ce que, chaque soir, si nous prenons soin de faire la toilette de l'âme comme celle du corps (cela s'appelait « l'examen de conscience »), nous retrouvons avec l'humble opiniâtreté de la crasse. Heureux encore que cela ne soit pas devenu une *patine* dont on ne peut plus guère se débarrasser, qui nous « protège », et dont on finit par s'enorgueillir : « Que voulez-

vous, je suis ainsi, il faut me prendre comme je suis ! »
— Vous prendre ou vous laisser ?... Chaque soir, notre
corps est las ; et notre âme donc ! Fatiguée d'elle-même,
de cette pesanteur apparemment irrémédiable. Ah ! si
notre âme du soir ressemblait quelquefois à celle du
matin...

Toute cette crasse, d'où provient-elle donc ? « Comment as-tu pu te mettre encore dans un état pareil ? »
gronde la bonne voix maternelle de notre conscience. —
Je crois (mais c'est mon idée fixe) que c'est affaire de
peur. Peur des autres, de soi, de la vie ; peur de
manquer, de paraître, de ne pas paraître ; peur de
souffrir, peur de ne pas « tenir sa place » dans ce grand
puzzle arbitraire de la société. J'y vois le germe de ce
constant esprit de jugement, de comparaison, qui nous
grignote l'âme, nous rend envieux, ambitieux, rancu-
niers, hypocrites ; qui nous remplit de calculs et aussi de
ces arrière-pensées qui s'incrustent en nous si tenace-
ment que, comme disent les ménagères, on ne peut plus
les « ravoir ». Tout ce comportement qui paraît offensif,
agressif même, est piteusement défensif. C'est en cela
que nous sommes pathétiques : par notre angoisse de
marquer notre passage, dont le cours est si bref, et par ce
cri : « Moi aussi j'existe ! » qui se perd dans le tumulte
de la ville, de la vie...

On voudrait retrouver l'accent de saint Jean pour
répondre : Mes petits enfants, la seule manière d'exister,
de se sentir exister, c'est d'aimer et d'être aimé. Vous
n'êtes pas obligés de croire que chaque acte, chaque
instant d'amour, même insu de tous, est une graine
d'éternité ; mais vous pouvez constater — jetez un regard
sur le dernier demi-siècle ! — la vanité, le ridicule même
de la plupart des ambitions que vous avez enviées ou
partagées. Ce pouvoir et cette gloire qui vient des
hommes, qu'en reste-t-il ? Et les œuvres elles-mêmes,

notre seule « immortalité », au dire désespéré des plus grands ? Quel déchet ! que d'excès, de revirements, de modes, d'ingratitude ! La postérité elle-même est changeante ; non pas seulement versatile, mais intrinsèquement changeante : un autre œil, une autre oreille, parfois un autre cœur... Sans parler des révolutions culturelles qui brûlent allégrement musées et bibliothèques... Croyez-moi, mes petits enfants, l'amour est, pour parler votre langage, le seul investissement d'avenir ; or, sa définition est précisément d'être de l'instant. Renoncez donc à cet esprit de concurrence qui est le venin de l'humanité et non, comme on vous l'affirme, le ressort de ses progrès. Chassez de votre esprit tout calcul, car vous comptez à l'envers. Et toute duplicité : « L'homme aux détours est une abomination pour Dieu », dit l'un des proverbes de Salomon. Jetez vos archives par-dessus la nacelle afin que votre fragile aéronef puisse monter vers la lumière et l'air plus pur : vos dossiers, vos preuves, vos griefs, vos contentieux, vos assurances... Je parle au moral, bien sûr. Chassez à votre tour, du temple de votre âme, tous les marchands. Il faut être empereur, et romain de surcroît, pour prétendre que l'argent n'a pas d'odeur. L'argent pue. Il a même la loyauté ou l'effronterie de ne pas cacher son jeu : sortez de votre porte-monnaie n'importe quel vieux billet et humez-le ! Ou encore observez vos doigts après une matinée de tiroir-caisse...

Mais la Pureté de cœur n'est pas le contraire de l'argent ; ce serait à la fois trop facile et trop malaisé. Simplement, l'argent est l'instrument de la peur, de l'ambition, de l'envie, en même temps que leur produit ou leur sous-produit. L'argent est au service de tout ce qui appesantit et obscurcit notre cœur. Et la VIᵉ Parole, au moins autant que la Iʳᵉ, est la malédiction solennelle de l'argent. Par un clin d'œil de la linguistique, le mot

« calcul » désigne à la fois ce qui alourdit et empoisonne le cœur, et ce qui s'accumule dans telle ou telle partie du corps jusqu'à en paralyser le fonctionnement et l'infecter dangereusement. Débarrassé de ses calculs, le cœur, comme le rein, se purifie par une mystérieuse décantation. Mais, ici comme là, il suffit de peu pour que tout se trouble à nouveau. Il demeure un « dépôt », qui est au cœur ce que les arrière-pensées sont à l'esprit et les griefs à la mémoire : la crasse, vous dis-je — alors que nous sommes créés pour la transparence et la lucidité.

« Transparence » : même s'il ne s'y trouve pas écrit, c'est le maître-mot de cette Béatitude où je vois l'application de deux ou trois lois de la Physique élémentaire.

Et d'abord celle-ci : que, pour refléter le ciel, une eau n'a pas besoin d'être profonde, il suffit qu'elle soit pure. Ensuite, le principe de l'aimantation : Dieu attire les cœurs purs, et un cœur pur attire Dieu. Dieu ou les siens : le Ciel s'ouvre au-dessus de Lourdes (ou rue du Bac, à Paris) sous l'insistance d'un cœur pur ; ce n'est qu'un jeu d'aimants. *Aimant,* l'étrange instrument rouge dont les couturières de mon enfance se servaient pour rameuter leurs aiguilles perdues (et nos maîtres d'Histoire naturelle pour affoler la limaille de fer), aimant vient d'amour.

Un jeu d'aimants et, dans un autre registre, un jeu de lumière : rien, dans un cœur pur, ne s'oppose au passage des rayons : *non seulement il voit Dieu, mais on voit Dieu à travers lui.* C'est même notre seule façon de le « voir » : dans le regard des saints, c'est-à-dire de ceux en qui il demeure. Diaphanes, de plus en plus transparents, Charles de Foucauld, Jean-Marie Vianney (la photographie en témoigne) et tous leurs compagnons ! On ne devrait leur élever que des statues de cristal.

C'est à leur regard, je l'ai dit, qu'on reconnaît les cœurs purs. Un cœur vraiment pur procure un regard toujours neuf, autrement dit l'esprit d'Enfance. Les petits enfants voient l'invisible comme je vous vois — et c'est pourquoi il faut leur parler de Dieu. Un regard neuf, mais de surcroît un regard transparent comme celui des vieux marins : à force d'avoir fixé, lui aussi, le seul Soleil qui éblouit sans aveugler.

« Ils verront Dieu », dit la Parole. Mais non ! ils le voient déjà — et, de plus, ils l'entendent : la Pureté de cœur ou Transparence permet seule d'entendre distinctement cette seconde Voix qui, de la vraie prière, fait enfin un dialogue. Je ne vous en parle, hélas, que par ouï-dire...

Ils voient Dieu ; on voit Dieu à travers eux ; et il leur est donné de voir les autres. De les voir vraiment, c'est-à-dire avec les yeux mêmes de Dieu : de pressentir ce qu'il aime en eux, ce qu'ils ont d'unique et d'irremplaçable. Ainsi, non seulement les cœurs purs voient Dieu (et nous le montrent), mais ils parviennent à le voir en chacun. Cœurs noyés dans l'instant, cœurs hors du temps, le futur de la promesse est déjà le présent pour eux. Ivres de transparence, ambassadeurs de Dieu dans notre nuit, ils resplendissent, les gens de la VIᵉ Parole, et leur vie est pareille à l'inoubliable château de glace du Docteur Jivago dont l'éclat nous éblouit jusqu'aux larmes...

VII

BIENHEUREUX
CEUX QUI TRAVAILLENT POUR LA PAIX :
ILS SERONT APPELÉS FILS DE DIEU

Un enfant de ce siècle ne sait plus ce qu'est la paix — ce qu'était la paix. Pour lui, c'est seulement l'absence de certains gros titres à la Une des quotidiens ou de certaines images sur le petit écran ; pour lui, la « guerre froide », c'est la paix.

Mais peut-être en a-t-il toujours été ainsi et ne vivions-nous dans cette tranquillité d'esprit que par manque d'informations ; notre ignorance et notre égoïsme seuls étaient « paisibles ». Oui, peut-être la paix n'a-t-elle jamais existé et ne serait, elle aussi, qu'une nostalgie universelle.

Alors, rêve pour rêve, je voudrais écrire ici gratuitement ces mots : *la paix du soir.* « Expliquez et commentez ce qu'évoquent pour vous ces mots : la paix du soir... » Aux frontières du songe et de l'imagination, voici.

La paix du soir ; le grand astre brûlant « laissant enfin nos yeux le chérir » ; cette vacance dans l'espace où les oiseaux s'écoutent chanter avec étonnement ; la nature soudain si vaste et comme frappée de stupeur, attentive à la nuit qui s'approche ; les fleurs jetant l'éclat fiévreux des yeux des grands malades. Instant de rémission où le temps harassé s'arrête. Les demeures se souviennent qu'elles sont bâties de main d'homme et à sa mesure ; elles expirent lentement leur haleine bleue et leurs yeux s'allument. La porte ouverte attend en silence son peuple las : maisons mères, à chacun la sienne, irremplaçable ! Et nous, vus du ciel, traînant un peu le pas, heureux et tristes de cette journée de plus, inévitable et vaine — le devoir accompli... Le dos un peu rond à l'approche de cette nuit incompréhensible, nous saluant de la main, ressentant soudain cette convivialité taciturne et, tout ensemble, notre solidarité et notre solitude. La paix du soir... — Ah ! ne pourrait-elle exister tous les jours, tout le jour ?

Le contraire de la paix n'est pas forcément la guerre ; c'est déjà seulement le contraire de ce que je viens de tenter d'exprimer. C'est, en tout domaine, la destruction de l'échelle humaine. Quand celle-ci disparaît, où et quand que ce soit, une sorte de malaise nous envahit ; la paix a disparu et nous nous entre-regardons, sinon en ennemis, du moins en étrangers ; le mécanisme est déjà en marche. Il conduira à la simple hargne ou à la Guerre de cent ans. Ce n'est pas à ses conséquences qu'il faut mesurer l'événement. D'âge en âge, les historiens s'extasient devant la disparité de la cause avec l'effet : un coup d'éventail, une fausse dépêche, un sourcil froncé — un million de morts. Mais qui se soucie de la taille d'un virus ?

Dieu merci, un « anticorps » est tout aussi microscopique qu'un virus. La paix est la plus petite de toutes les graines ; cela doit rendre espoir aux gens de la VIIᵉ Béatitude, à ceux « qui travaillent pour la paix ». Traduction fort peu satisfaisante, car on voudrait d'un seul mot pouvoir exprimer deux choses distinctes : être passionné de paix ; mais aussi agir à tout propos, à tout échelon, à tout risque, pour la maintenir, l'établir, la rétablir.

Aimer passionnément la paix, c'est premièrement détester son contraire. Le détester fruits, fleurs et racines — et cela mène loin, car les fruits de la guerre peuvent, un moment, sembler bons et ses fleurs belles. Il existe un fascinant folklore du courage, « la bravoure du sabreur », dont parle Balzac avec un mépris que je ne parviens pas à partager. Il faut pourtant avoir le courage de récuser ce courage-là, ou du moins cette idolâtrie qui le perpétue. Aucune créature du Mal ne porte de plus brillants oripeaux que la Violence. La Paix n'en montre pas autant, loin de là ! Lorsque statuaires ou fresquistes d'Hôtels de ville, éperdus de symétrie, nous représentent à gauche la Paix et à droite la Guerre, ils montrent beaucoup plus de talent ici que là. Cherchez l'équivalent monumental de la « Marseillaise » de Rude ! Des gerbes d'épis, des femmes aux seins lourds et des enfants rondouillards, voilà la Paix. Tandis que la Guerre se hérisse d'armes, de poings, de drapeaux : le vent se lève, il faut cesser de vivre !

La paix, le bonheur, l'amour ne sont pas « spectaculaires » ; les peuples heureux n'ont pas d'Histoire, sauf si les autres se chargent de leur en faire une. Mais l'essentiel est-il « d'avoir une Histoire » ou d'être heureux ? Pourquoi assimile-t-on, consciemment ou non, la non-violence à la lâcheté, la paix aux dos courbés, le bonheur aux pantoufles, aux descentes de lit, aux vieux chiens ? « Bonheur, c'est un mot de femme », dit un personnage de roman et, avant lui, les bravaches, les don Juan, les aventuriers et tous ces prétendus héros qui, de siècle en siècle, nous empêchent de vivre. Bien des généraux des dernières guerres, de toutes les guerres, ne furent que des bouchers — et encore, les bouchers, eux, ont le sens du prix de revient. « Le sort le plus beau, le plus digne d'envie » (et cela devrait rimer avec « vie »), c'est de voir vieillir ses parents, grandir ses enfants ; c'est d'aimer, de rendre heureux, d'être heureux. Mais allez dire cela aux anciens combattants !... Ou encore ces cow-boys si exaltants, dont le vrai sexe est ce pistolet qui ballotte sous leur ceinture, ne sont que des tueurs sans conversation et qui, de plus, doivent horriblement puer. Mais allez dire cela aux téléspectatrices ou aux gosses déguisés !

D'ailleurs, dès la Maternelle on leur inocule le virus mortel de la concurrence. Il les contaminera tout au long de leur vie. Ils deviendront, si le mal prend bien, ces « jeunes loups » qu'osent réclamer, de nos jours, les offres d'emploi des grandes firmes. S'ils échouent, ils chercheront dans d'autres domaines à passer devant les autres : sur les autoroutes, par exemple, ou même pour monter dans l'autobus. Entre le resquilleur et Alexandre ou Napoléon, il n'y a guère qu'une différence d'enver-gure ; mais tous les deux nous empêchent de vivre, tous les deux sont, à leur façon, des ennemis de la paix. Ils n'ont pas entendu la VIIe parole ; ou bien ils la méprisent, la considèrent comme une maxime de « dégonflés », de ratés, de « mecs qui n'en ont pas et qui n'en sortiront jamais »... — *En* sortir ? Mais de quoi, sinon de cette jungle étouffante où leur esprit de concurrence nous tient haletants. Oh ! la paix du soir... Ils en rêvent vaguement, eux aussi, pour l'âge de la retraite — à moins qu'à leurs yeux de renards, d'ours, de loups, ce soit un statut pour sous-hommes, infirmes, demi-morts. Cette retraite se venge en silence : dans l'année qui suivra l'âge fatidique, ils mourront en masse, les statistiques en témoignent. Mourront de non-combat, de non-concurrence : mourront de paix.

La paix est une longue marche qui, parfois, dure toute la vie. Mais cette quête interminable est un trait commun à toutes les Béatitudes : de chute en relèvement et en rechute, on approche imperceptiblement de l'esprit de Pauvreté, de la Non-violence, de la Sainteté, de la Miséricorde. Seule la Compassion paraît donnée d'entrée de jeu — mais c'est un piège : la véritable Compassion se trouve, elle aussi, tout au bout d'un chemin dont les traverses, les ornières, les raccourcis trompeurs se nomment sensiblerie, pitié, activisme charitable...

Pareillement, on n'en a jamais fini de travailler pour la paix ou même seulement de la pressentir entière. La première étape est de l'établir en soi, ce qui n'est pas rien. Nous ne vivons généralement qu'en état d'armistice avec nous-mêmes ; cela se lit sur la plupart des visages, et c'est ce qui les rend si pathétiques. Tandis que la paix intérieure rayonne : comme la Non-violence sa voisine, comme la Pureté de cœur.

Pourtant, cela signifie seulement qu'on vient d'atteindre la première plate-forme ; soufflons un peu et repartons. Car être passionné de paix et travailler pour elle ne se conçoit évidemment pas qu'à l'échelon personnel : ayant mis de l'ordre dans la maison, il faut en sortir, aller vers les autres, les concilier et les réconcilier. Un mot encore, cependant, sur la paix intérieure : il ne faut pas l'établir à la façon dont certains « rangent » leur chambre en fourrant tout pêle-mêle dans des tiroirs qu'ils referment, ni vu ni connu ! Traduction : ne nous débarrassons pas à la sauvette (ou plutôt à la hache) de nos dilemmes et de nos partages. Il nous faut affronter en permanence nos propres contradictions et non les réduire artificiellement. Elles nous sont un rappel indispensable de notre faiblesse ; et aussi de la diversité des réactions humaines : elles nous ouvrent aux autres. Comment être tolérant envers eux (ce qui est l'essence de la paix : paix de compromis, presque toutes !) si nous ne le sommes pas envers nous-mêmes ?

Ayant établi cette paix intérieure, même boiteuse, nous pouvons alors seulement nous mêler des affaires des autres. Et comment ne pas tenter de le faire quand on observe chez eux les effets de la « non-paix », lesquels sont les mêmes que ceux de la maladie : front barré, regard étroit, coins de la bouche abaissés ? Les hideux personnages du peintre Bernard Buffet ignorent la Paix, de toute évidence. La hargne, un opiniâtre dessein de conquête ou de revanche semblent les aspirer de l'intérieur comme le visage d'un homme à l'agonie ; mais c'est justement qu'ils s'y trouvent. L'absence de Paix vous « réduit » le visage, à la manière des Indiens Navajos. Or, l'amour des autres consiste aussi à ne pas supporter de les voir *défigurés,* corps et âme. C'est ce que certains appellent « une sensibilité maladive », et beaucoup « se mêler indûment des affaires d'autrui ». Ce ne sont pas des amateurs d'âmes, voilà tout ! A l'École publique, laïque et obligatoire, on devrait apprendre aux enfants, au titre de l'instruction civique, la prière de saint François d'Assise [1] — en y supprimant le mot « Seigneur », bien sûr ! La leur faire apprendre « par cœur », c'est le cas de le dire...

L'amour passionné de la paix entraîne loin, toujours plus loin qu'on ne le voudrait — ou plutôt, qu'on ne « l'aurait voulu » : car lorsqu'on s'en avise, il est trop tard. Se croire passionné de paix quand on ne l'est point de justice, quand on ne lutte pas à bras le corps contre les privilèges, l'oppression, le désordre établi, c'est de

---

1. Voir page 30.

l'hypocrisie ou, plus souvent, de la pusillanimité. Or, les gens des Béatitudes sont des magnanimes, au contraire. Ils prennent la mesure des problèmes et y conforment leur âme, ce qui est épuisant. Épuisant et dangereux ! Martin Luther King se penche à son balcon pour saluer un voisin et lui crie en souriant : « N'oublie pas de chanter tes prières, ce soir... » Une balle issue de l'ombre coupe sa phrase, tranche sa vie. Issue de la nuit, de la haine, de la longue rancune. Celui qui a tiré croyait sans doute, lui aussi, « travailler pour la paix » — pour une paix à courte vue, pour une paix au premier degré. Que de malentendus à ce sujet ! surtout quand « l'Honneur », « la Tradition » ou « l'Ordre » s'en mêlent. Termes flatteurs et dangereux, flatteurs donc dangereux. L'homme de la VIIe Béatitude, parce qu'il est un non-violent, oppose au vaincre le convaincre jusqu'à la limite de ses forces. Ensuite seulement, « il se résigne à préférer la violence à la lâcheté » — Gandhi est formel sur ce point. Il n'empêche que ce comportement n'est guère exaltant, guère « masculin ». Il n'existe aucune médaille de la Paix ; seulement un prix Nobel dont celui qui le reçoit est le premier à ne lui accorder aucune considération, surtout quand il voit cette même Académie attribuer ses prix de Physique à des savants dont les recherches enrichiront tôt ou tard l'arsenal des violents. Non, la véritable récompense de ceux qui travaillent passionnément pour la paix, c'est, le Christ l'affirme, d'être appelés Fils de Dieu. — Quoi, « Fils de Dieu » ? *comme lui-même ?* — Oui, comme le Christ ! Alors, vous pensez, le prix Nobel...

Tel Père, tels fils. Voici donc les enfants que Dieu veut : passionnés de paix, en pensée, en paroles et en actes. *C'est donc que nous en sommes capables.* C'est donc que la fameuse théorie de l'Agressivité nécessaire et la fameuse « théologie de la violence » sont sacrilèges. Quant à la Lutte des classes, elle ne saurait être qu'une réponse inévitable mais provisoire à la « Violence-mère », au « Désordre établi », et ses moyens sont à revoir à la lumière de la Non-violence. Car, ne vous y trompez pas, qui veut la paix prépare la paix — le contraire n'est qu'une boutade sanglante.

Travailler pour la paix n'est pas l'apanage des signataires de traités, ni de ces ministres méritants qui pérégrinent de capitale en capitale. Ce n'est pas une affaire de poignées de mains interminablement échangées devant les caméras, les yeux tournés vers le public. Le travail pour la paix est souterrain, opiniâtre, parfois imperceptible : un travail de fourmis, sourire en plus. L'image type de toutes les Béatitudes, c'est l'éventail : on l'ouvre au fur et à mesure de ses possibilités, mais, replié ou presque, il est déjà reconnaissable. Ainsi de la Compassion, ainsi de la Non-violence, de la Miséricorde : nous les pratiquons à la mesure de nos moyens et, *Deo juvante* (selon la prudente maxime des navigateurs), un peu plus chaque jour. Comme chacun de nous possède *sa* Béatitude privilégiée, de même il a aussi son envergure propre. Eh quoi ! une forêt comprend des arbres de toute taille, de tout gréement. On peut admirer les chênes immenses sans mépriser ceux qui font patiemment leur trouée vers la lumière. L'important est de ne jamais cesser de grandir. Celui qui, dans la rue, sépare deux gosses acharnés l'un contre l'autre ; ou qui, dans un bureau de poste, prend calmement la défense de l'employé de guichet contre un usager hargneux, celui-là travaille déjà pour la paix. Et la preuve, c'est qu'il court déjà le risque que la paix se conclue sur son dos, ainsi qu'il est de tradition ; mais que lui importe, si elle se conclut vraiment ?

HUIT PAROLES POUR L'ÉTERNITÉ

Au fond, l'amour de la paix naît de ce que nous ne supportons pas que les autres ne s'aiment pas. Il est déjà presque insupportable à un chrétien qu'ils se montrent indifférents les uns aux autres ; mais la hargne, l'injure, le regard qui tue, il les ressent comme un désordre, un malentendu, un gâchis. Lorsque les enfants d'une même famille ne s'aiment guère, on songe aussitôt à la douleur de leurs parents. Lorsque deux êtres humains se nuisent, se décrient, se déchirent, *qui songe à la douleur de Dieu ?* Qui songe pour de vrai à l'Amour bafoué, à Jésus en agonie jusqu'à la fin du monde ? Pour l'homme de la VIIᵉ Parole, le premier et le second Commandement sont douloureusement semblables.

La paix, c'est la reconnaissance, sans aucune réserve, de l'autre, individu, classe sociale, peuple ou race. Étant donné les disparités naturelles, les oppositions artificielles, les rivalités dites instinctives, et surtout les Puissances qui, de toutes parts, ont intérêt à nourrir les unes et les autres, il ne suffit pas de bon sens et de bonne volonté pour travailler à la paix. Il y faut de l'amour. De l'amour pour des inconnus, des étrangers, des rivaux, c'est beaucoup demander ! Et pourtant, voilà le prix de la paix ; et celui qui y travaille doit, *par définition,* en fournir pour deux.

Encore un métier de dupes, comme l'on voit. Les vrais « fils de Dieu » seraient donc des dupes ? Si c'est l'apparence, il est grand temps de réviser nos définitions. Dupe, celui dont la confiance a été trompée ; mais, dans l'affaire, qui tient le mauvais rôle, sinon le trompeur ? « Vous avez eu bien tort de ne pas vous méfier... » Phrase courante, phrase honteuse ! Comment peut-on avoir eu tort d'estimer l'autre à l'égal de soi-même ? Et, si l'on a éprouvé quelque soupçon, de lui avoir préféré la confiance ? Comment peut-on avoir eu tort de *miser sur*

Dieu en l'autre ? Car telle est la force, et la seule, du « faiseur de paix » : il sait que Dieu se tient entre les deux antagonistes et que lui-même n'est ici que son ambassadeur visible. Un arbitre-délégué, rien de plus, mais délégué par Dieu. Il sait aussi que Dieu est présent en chacun d'eux ; et que lui-même est seulement chargé d'agir et de parler de telle sorte que chacun reconnaisse Dieu en l'autre. « C'est *ma* paix que je vous donne. Je ne vous la donne pas comme le monde la donne », dit Jésus dans cette nuit du jeudi au vendredi où il nous livre tout. Nous voici prévenus : chaque fois que nous tenterons de faire prévaloir sa paix à lui, le monde ne s'y reconnaîtra pas.

Tout cela semble fort éloigné de la pratique ; semble très solennel et tout à fait disproportionné avec les petites querelles qu'il nous est le plus souvent donné d'arbitrer. On n'a pas à sauver chaque jour la paix mondiale ! Pourtant, dans le débat le plus infime, l'enjeu reste le même et il est, à mes yeux, immense : c'est l'Amour bafoué, c'est Dieu rejeté de part et d'autre, c'est Dieu deux fois trahi. Il nous faut garder en tête cet *honneur de Dieu* pour trouver le courage de nous mêler des affaires des autres ou, plus souvent, celui de refuser de nous en mêler : celui de garder pour nous toute indiscrétion, toute supposition, toute parole vaine susceptible de « mettre le feu aux poudres ». Ces temps-ci, nos contemporains sont tous, plus ou moins, des barils de poudre... Verser obstinément de l'huile dans les rouages au lieu (ce qui est beaucoup plus distrayant) de la mettre sur le feu : c'est ainsi, et très petitement, que commence le travail pour la paix. Celui qui n'a pas su établir la paix en lui, dans sa maison, dans son voisinage, dans le menu de sa vie quotidienne, comment pourrait-il y parvenir dans son entreprise, son syndicat, son parti ? Car ce ne sont que les étapes suivantes : l'éventail s'ouvre, l'arbre grandit mais la graine est la même et toujours minuscule. Allons, courage, *fils de Dieu !*

VIII

BIENHEUREUX
CEUX QUI SONT PERSÉCUTÉS
POUR LA JUSTICE,
CAR LE ROYAUME DE DIEU EST À EUX

LA dernière Parole se termine mot pour mot comme la première. Le cercle est clos ; mais clos comme l'univers : infini. C'est la même promesse mystérieuse, ou plutôt la même constatation tranquille : le Royaume *est* à eux. C'est aussi l'ultime paradoxe : ceux qui pleurent étaient bienheureux ; voici que ceux qui souffrent persécution le sont aussi : ceux contre qui la machine aveugle s'est mise en marche et rien ne l'arrêtera. Car c'est bien cela que signifie « persécution » : ils seront poursuivis, talonnés, pas de pause, plus d'issue ! Persécutés jusqu'à la vingt-cinquième heure — mais déjà, cependant, le Royaume est à eux.

Le « Royaume »... Terme encore mystérieux pour qui le lit dans la Ire Parole, parfaitement clair à présent puisque chacune des autres l'élucide davantage. On a ouvert un à un les huit volets et il fait clair dans la maison. Car le Royaume, c'est justement le « lieu » et le « temps » où règnent la Non-violence, la Compassion, la Sainteté, la Miséricorde, la Pureté de cœur et la Paix. Mais non ! elles n'y « règnent » pas : elles y sont constamment sécrétées par ceux qui ont fait de ces Paroles leur règle de vie, leur nourriture, leur joie. Ni vous ni moi, sans doute ! mais l'important est que le Royaume demeure notre horizon. Le propre de l'horizon est peut-être de reculer au fur et à mesure qu'on progresse ; mais enfin il existe, il vous enchante d'avance et donne au voyageur, à chaque instant, sa provision d'espérance.

Ici, l'incroyant a beau jeu de nous demander si nous ne confondons pas *horizon* avec *mirage*... Voilà une moquerie très grave, et la vie des saints, (qui est forcément notre constante référence), semble bien donner raison à l'incroyant. Car plus les saints vivent selon les Béatitudes et plus nous les voyons livrés à l'incompréhension, à toutes sortes de traverses, parfois même investis par le doute, et finalement démantelés dans une agonie insoutenable : vraiment « persécutés ». S'ils sont déjà dans le Royaume, nous sommes loin des images traditionnelles !

Oui, très loin. Dans « l'acte de Foi » qu'on récitait dans mon enfance, se trouvait une phrase ferme et humble qui pourrait bien définir la foi. « Je crois à ceci et à cela, y disait-on à peu près, *parce que vous l'avez dit et que vous ne pouvez ni vous tromper ni nous tromper.* » C'était une transcription familière de la fulgurante affirmation : « Je suis la Vérité... » Si le Christ est la Vérité, si ces huit Paroles l'expriment et la définissent, si ceux dont nous parlions ne sont des saints que dans la mesure où ils les incarnent, c'est donc qu'il existe une *frontière commune* entre leurs tourments apparents et ce Royaume où ils se trouvent déjà. Mais cette frontière, l'orée du Mystère, nous ne cessons de la longer depuis les premières pages : c'est leur mystérieux sourire.

Je m'avise que, cette fois, je fais passer la promesse avant la prescription : je parle (comme je puis) du Royaume avant de parler de la persécution. C'est que, du

Royaume, on parlerait sans fin comme, à mi-voix, des exilés de leur patrie. Ils n'ont ni les mêmes souvenirs ni les mêmes rêves ; pourtant, c'est bien le même pays qu'ils évoquent avec une égale tendresse et de longs silences plus riches d'images que toute parole.

Il est donc dès à présent parmi nous, ce Royaume, ouvert et clos, visible et invisible, transparent ! Il ne recoupe aucune structure, aucun rassemblement. Ce n'est ni « la fête » ni la paroisse ; c'est... C'est le soleil qui traverse un vitrail, et voici un groupe d'inconnus qui, brusquement, tous ensemble, à leur insu, deviennent d'une même couleur irréelle. Le temps de s'en aviser, c'est fini ! Il court, il court, le Royaume...

Dans la primitive Église, on appelait « saints » ceux qui, visiblement, vivaient déjà dans le Royaume, dans la Communion des saints. « Ils avaient rencontré l'Amour et ils avaient cru en lui. » Deux mille ans plus tard, nous cherchons pareillement Quelqu'un en filigrane dans ces huit Paroles demeurées aussi vivantes qu'au premier jour. Quelqu'un qui nous aime assez pour qu'en lui nous puissions aimer tout le monde. Et à la fois ! aussi bien le bourreau que la victime, par exemple. Les aimer d'un amour qui ne juge pas, mais qui ne craint pas non plus : d'un amour-vérité. D'un amour qui déconcerte toute convenance et toute convention, décourage toute structure, désarme finalement toute violence. D'un amour fou aux yeux du monde — mais quel bilan nous présente-t-il, ce monde, pour que nous croyions à sa sagesse à lui ?

« Car le Royaume est à eux. » Ce ne sera pas leur récompense, leur plaque de marbre, leur gerbe de fleurs annuelle ; *c'est* déjà leur état. Et tant pis pour les autres : pour la meute, pour les fils de sang, les tricoteuses du Tribunal populaire, les badauds qui crient « A mort ! » Tandis que l'innocent qui se tient seul dans son box d'accusé, dans sa cellule ou contre le mur d'exécution, bienheureux celui-là, *précisément parce qu'il n'est pas seul.* Quelqu'un l'a précédé dans la persécution et l'échec et le rejoint afin de souffrir avec lui. Pour rendre cœur à ceux qui souffrent, on leur rappelle qu'ils partagent les souffrances mêmes du Christ. Mais l'inverse est tout aussi vrai et beaucoup plus consolant lorsque nous touchons le fond : il partage alors nos souffrances. Cela aussi définit le Royaume : Royaume de douleur, en attendant la lumière et la joie — le paysage n'aura pas changé, mais le soleil se sera levé. Il souffre avec nous quand nous sommes persécutés pour la Justice. Dans la masse de douleur dont s'alourdit le monde lorsqu'un enfant a mal, qui pourrait doser la part de l'enfant et celle de sa mère qui le voit souffrir ? Cette tendresse, cette vigilance, et aussi (mais quel mystère !) cette impuissance maternelle sont ce qui ressemble le plus à l'amour que Dieu nous porte. C'est la seule approche de l'infini qui nous soit familière.

De tout cela, qui paraîtra bien « exalté » aux gens « équilibrés », il n'est absolument rien que je puisse prouver. Mais si je le pouvais, personne n'aurait plus besoin de réclamer des preuves. Pourtant, l'homme injustement incarcéré, torturé, condamné : persécuté — cet homme seul et qui précisément ne l'est pas, cet homme me prouve irrécusablement l'existence de Dieu. Tout homme abandonné des autres, ruiné, laid, infirme, possède une alliance secrète qui lui permet de survivre. Une alliance avec qui ? — Je ne vois aucune autre réponse que celle-ci : Avec Dieu. Il est, en cela, le contraire même de l'orgueilleux, de l'ambitieux, de l'oppresseur, de l'égoïste : de l'homme des anti-Béatitudes qui, lui, n'a contracté alliance qu'avec lui-même, et s'en satisfait pleinement, et en meurt. En meurt couvert d'argent, d'honneurs, de discours, c'est-à-dire seul, nu et déjà remplaçé. Mais l'alliance secrète et sûre des êtres *disgraciés* (avez-vous jamais pesé ce mot ?) est un mystère qui en impose à quiconque a des yeux pour voir. Quoi d'étonnant ? C'est Dieu lui-même qui se tient en silence auprès de chacun d'eux. Un homme seul contre tous, fût-il un petit voleur poursuivi par une meute d'honnêtes gens, notre cœur se serre à sa vue et nous range assez indûment de son côté ; nous sommes ainsi faits. Que dire alors d'un homme qui souffre seul ? D'un homme qui souffre injustement et seul ? Il est, à son tour, l'ambassadeur auprès de nous de Jésus de Nazareth. Ou plutôt, Jésus de Nazareth est à jamais le représentant de tous ceux-là. La Sainte Face peuple les hôpitaux et souvent les prisons. C'est aussi ce qui rend la justice humaine si malaisée à rendre : à l'heure du délit, c'est la victime qui est seule ; à l'heure du jugement, c'est le coupable ; le Christ a changé de camp. « Allez donc apprendre le sens de cette parole : C'est la miséricorde que je veux et non le sacrifice... »

Si scandaleuse à première vue, la VIIIe Parole devient, sous ce soleil noir, une évidence ou presque : oui, bienheureux ceux qui sont persécutés pour la Justice car le Royaume de Dieu est à eux. Le mot « persécutés » implique une imperturbable opiniâtreté de la part de l'oppresseur ; c'est même à cela qu'on le reconnaît. Face à lui, l'homme des Béatitudes doit faire preuve d'une égale ténacité. Rien d'autre ne peut, en terre de tyrannie, donner mauvaise conscience au policier, au juge, au procureur ; et c'est pourquoi, afin de briser la volonté de l'innocent, ils multiplient si souvent les tentations, promesses, propositions de compromis, substituant ainsi à leur violence une parodie de non-violence. De cette imposture bonhomme, la Gestapo et les polices totalitaires ont fait tout un art ; mais déjà le procès de Jeanne d'Arc en est un modèle, et les roués ont bien failli l'emporter sur elle. Ce dialogue exemplaire de la pesanteur et de la grâce, des loups et de l'agneau, du Ciel et de la terre, son cristal, une fois au moins, s'est fêlé. « Si tu abjures, Jeanne... » Ce dialogue cruel illustre aussi la promesse : « Lorsqu'on vous conduira devant les magistrats et les autorités, ne vous mettez pas en souci de chercher comment vous défendre ni que dire ; car l'Esprit vous l'enseignera à cette heure même... » Il arrive que l'Esprit nous souffle seulement le silence, lequel n'est certes pas une absence de réponse. *Jésus autem tacebat...*

« Persécutés pour la Justice », dit la Parole. Devant les tribunaux, c'est généralement pour soi-même qu'on réclame justice ; et celui qui fait la grève de la faim pour attirer l'attention sur son propre cas ne m'en impose pas du tout. Qu'il n'invoque pas Gandhi, en tout cas ! Ici, c'est pour les autres qu'on se bat ; c'est pour leur obtenir justice qu'on se laisse persécuter. « Le pain pour soi-même est une question matérielle ; le pain pour mon prochain est une question spirituelle [1]. » D'ailleurs, il n'est guère de Béatitude où autrui ne soit impliqué. La Pureté de cœur elle-même ne saurait constituer une ascèse solitaire. Chacune des huit évoque un acte à trois personnages : autrui, soi-même et le Royaume. Mais cette « Justice » en question n'est pas une affaire de mur mitoyen, de larcin ou de coups et blessures. Dans l'Ancien Testament, Justice signifie bonnement l'ordre des choses, ce qui doit être fait. Mais attention ! l'ordre des choses voulu par Dieu, c'est-à-dire par l'Amour, et qui le plus souvent s'oppose au nôtre, lequel n'est qu'un désordre pétrifié par le temps et par l'intérêt des uns ou

---

1. Berdiaeff.

des autres. C'est cet ordre-là que la justice des hommes est chargée de faire si solennellement respecter. « Le désordre, dit Bergson, est un ordre que nous ne comprenons pas. » Le *désordre* de Dieu est objet de scandale pour beaucoup de bien-pensants. C'est pourtant de lui qu'il s'agit dans la VIIIe Parole : de ce qu'improprement nous appelons « la Justice sociale ». Improprement, car nous y substituons presque toujours celle que réclame telle classe, ou telle corporation, ou telle idéologie et qui fait bon marché, tôt ou tard, de la sorte de « Justice » que requiert aussi la personne humaine et qui est faite d'attention, de considération, d'amour. Appelez-la « bonheur », si vous voulez ; ou, du moins, cette part de bonheur qui dépend des autres, et elle est immense. « On fait son malheur », paraît-il ; maxime-alibi, maxime assez ignoble car, en fait, il est bien rare qu'on soit seul à le faire. En tout cas, on ne fait presque jamais seul son bonheur. Je crois qu'il faut interpréter dans sa plus grande dimension chacune des huit Béatitudes, et qu'il est donc licite d'inclure ici, au côté de la Justice sociale, ce dû à autrui qu'est le bonheur : qu'est la petite part de bonheur que chacun, à chaque instant, peut procurer à chacun. Tout le monde le peut — sauf l'État, précisément.

Mais si l'on veut en rester à la Justice sociale, voici de loin (avec la seconde, qui lui est jumelle), la plus révolutionnaire des huit Paroles, la plus gênante, celle qu'on escamoterait le plus volontiers. Car enfin l'esprit de Pauvreté, la Compassion, la Miséricorde, etc., tout cela peut paraître, socialement parlant, une gymnastique salutaire, solitaire. Il n'est pas bien gênant, l'homme qui pratique la Pureté de cœur ; encore moins, celui qui est passionné de Paix. Des mouches du coche, tout au plus ! Tandis que le non-violent et, davantage encore (mais c'est souvent le même), celui qui se laisse emprisonner, torturer, condamner pour l'instauration d'une véritable Justice sociale, voilà des gens qui « mélangent religion et politique », des gens qui *troublent l'ordre,* accusation péremptoire ! On oublie seulement de regarder de près de quel ordre il s'agit.

En fait, c'est la Béatitude des militants et non celle des juges. Je ne connais rien de plus noble qu'un véritable militant lorsque c'est la véritable Justice qu'il sert. Rien de plus rare non plus. Que de périls le guettent, qui le transforment à son insu en partisan ! La routine, l'esprit de maffia, la démagogie, le terrorisme... Et premièrement la stupidité ; car le dévouement, la bonne foi et le courage alliés à l'inintelligence deviennent redoutables — et les tyrans le savent bien. Les vrais militants sont les Chevaliers de ce temps ; mais il ne suffit pas d'un embrigadement et d'une cotisation pour en devenir un : les héros ne sont pas « en carte ».

C'est la Béatitude des militants, mais seulement des militants non-violents. Car elle ne dit pas : Bienheureux ceux qui combattent pour la Justice, mais « ceux qui sont persécutés » pour elle. Elle prescrit à la fois la fin et les moyens, et inséparablement puisque « la fin est dans les moyens comme l'arbre dans la semence ». Cette parole flèche de Gandhi constitue une prodigieuse exégèse de la VIIIe Béatitude.

De toutes les images de la Seconde Guerre mondiale, l'une des plus déconcertantes, des plus inoubliables aussi, représente un résistant debout devant le mur d'exécution, un instant avant que la salve allemande ne l'abatte. *Il sourit.* Ce sourire « inexplicable » a fait le tour du monde. Peut-être n'est-il qu'une ultime provocation envers la brute qui l'a persécuté jusqu'au bout. Mais peut-être, Dieu seul le sait, est-il la preuve et le sceau de la VIIIe Parole. Regardez bien cet inconnu : le Royaume de Dieu est à lui.

COMMENT ne pas songer, en tournant cette dernière page, aux dizaines de milliers d'exégètes qui ont déjà écrit sur les Béatitudes ? Aucun, sans doute, n'en était plus indigne que je ne le suis, moi qui, de toute évidence, ne possède aucune formation théologique. Ma joie (ma « jubilation », dirait Claudel) en rédigeant ce texte, ne serait-elle pas celle du cadet, du petit qui s'est indûment glissé parmi les grands ? Ou celle anxieuse du passager clandestin ?

Je relis ces lignes et me demande, non pas pourquoi je les ai écrites (il y a vingt ans que je le désire), mais pourquoi j'ai pensé que le temps était venu de retourner le sablier. Mes huit citernes sont loin d'être pleines : elles continuent de se remplir, goutte à goutte, chaque jour. Mais pleines, justement, elles ne le seront jamais ! Parfois, il faut se résigner à finir avant d'avoir achevé. Je ne sais pas si « le temps presse », je sais seulement qu'il passe vite. L'automne est avancé : il faut commencer à fermer la maison...

A redire lentement les huit Paroles, à les exposer au soleil de chaque matin, il m'est venu beaucoup de pensées, neuves ou rebattues, profondes ou futiles à mon insu, justes ou non. Au hasard de ses tournées quotidiennes, je l'ai dit en commençant, le facteur Cheval ramassait les cailloux avec lesquels il construisit enfin sans plan préconçu, mais guidé par ses seules trouvailles, son « palais idéal ». La différence entre lui et moi est que sa construction l'enchantait et que la mienne me déçoit. *Mais aurais-je pu faire mieux ?* N'est-ce pas la seule question importante, celle que l'écrivain se pose sans complaisance après chacun de ses écrits ? « On ne doit pas écrire à coups de cœur ! » me dit-on souvent par manière de critique. Et pourtant, comment vit-on, sinon « à coups de cœur » ? Il faudrait seulement, dans ce cas, être lu de même.

Je suis encore ici comparable au petit garçon qui a accumulé dans les poches de sa culotte toutes sortes de « trésors ». A présent, il les sort à poignées, et sa main est si remplie de riens qu'il ne l'extrait qu'à grand-peine. Il les dépose sur la table, côte à côte ; et les grandes personnes rient, parce qu'il y a là vraiment un peu de tout ! La bille d'agate y voisine avec le marron d'Inde et le croûton de pain. J'en fais autant ; on peut en rire aussi — mais qui sait si ce n'est pas du croûton de pain ou du bout de ficelle, et non de la pierre précieuse, que vous avez *besoin ?*

L'évident, l'excessif, le provocant de ces propos — qu'importe, s'ils vous induisent à recevoir à votre tour chacune de ces Paroles comme neuve, ce qu'elle est à jamais ? A la recevoir, la soupeser, la mirer sous tous ses aspects, la débarrasser de la crasse de l'indifférence ou de la patine du respect. Huit Paroles toutes jeunes et comme encore vertes, que le vent de Tibériade vient de vous porter, pour vous seuls — oui, pour toi seul qui lis ces lignes... Quel printemps, mon ami, quelle grâce !

HUIT PAROLES POUR L'ÉTERNITÉ

Dieu parle ; je ne suis qu'un écho parmi cent mille autres. Dieu parle ; ses paroles se heurtent à ma tête trop dure, au rocher de mon cœur. Mais, là encore, qu'importe si l'écho déforme, pourvu qu'il reçoive et rende à sa manière : qu'il répète, amplifie, répercute — qu'il joue son rôle ?

Le leitmotiv secret des Béatitudes est cette parole clef de l'évangile : « Qui veut sauver sa vie la perdra. Mais qui la perdra à cause de moi et de la Bonne nouvelle la sauvera. » Parole contre-nature ? — Sans doute, mais le christianisme est une seconde nature ; ou plutôt la seule vraie, quoique mystérieusement altérée. Parole à prendre au pied de la lettre ! Trois ans durant, publiquement, Jésus de Nazareth n'a cessé de prendre au pied de la lettre chacune de ses propres paroles. « Ce que je vous dis, je ne le dis pas de moi-même... » Le Christ n'est pas un maître à penser, mais un guide, premier de cordée. Chacun de nous, comme le Père Teilhard de Chardin, « souffrirait de claustrophobie dans le monde s'il n'y avait pas Jésus de Nazareth ». Allons, nous ne sommes pas seuls : c'est sur cette même colline des Béatitudes qu'il a promis aux Onze : « Et voici que moi je vais être avec vous, toujours, jusqu'à la fin du monde... »

« Je me retourne avec surprise sur ce chemin que je n'aurais jamais pu découvrir seul, cet étonnant chemin qui, par-delà le désespoir, m'a conduit là d'où j'ai pu transmettre à l'humanité le reflet de Ta lumière. Et tant qu'il me faudra la refléter, Tu m'en donneras le pouvoir. Et tout ce dont je n'aurai pas le temps, c'est que Tu l'auras confié à d'autres. »

Certes non, je ne m'applique pas ces lignes de Soljénitsyne ; ce serait une imposture. En achevant cet écrit, je me sens plus que jamais « serviteur inutile », mais je devais l'écrire. Il y avait ces Paroles de vie, code de sagesse sous leur apparente folie, de logique sous leur apparente contradiction, code de grandeur et d'amour, réponse à tous les hommes de ce temps et aux hommes de tous les temps ; il y avait, au cœur de l'évangile, ces huit Paroles — et puis des chrétiens qui les ont oubliées s'ils les ont jamais sues, négligées s'ils ne les ont pas oubliées. Et l'Église elle-même, gardienne du trésor, qui ne nous redécouvre ces Paroles que deux fois l'an, comme s'il s'agissait d'une insigne relique et non de la source d'eau vive. Et puis ce monde qui meurt de soif au bord de la source. Cela ne me convenait pas. Pas du tout. Alors, j'ai réagi selon mes moyens qui, je le sais, apparaîtront ici plus dérisoires que jamais. Du moins, cette autre parole est-elle ma sauvegarde et mon excuse : « Je te remercie, ô Père, de ce que tu as caché ces choses aux savants et aux sages et que tu les as révélées aux tout-petits... » Celui qui marche vers la mort en sachant que c'est vers l'Amour, celui-là est pareil au voyageur qui, à mesure qu'il s'éloigne, devient plus petit, petit, tout petit.

NOTES

1. J'ai délibérément choisi (tout comme l'Église quand elle proclame les Béatitudes), la version de Matthieu et non celle de Luc — que voici :

Heureux, vous les pauvres: le Royaume de Dieu est à vous.
Heureux, vous qui avez faim maintenant : vous serez rassasiés.
Heureux vous qui pleurez maintenant : vous rirez.

En rapportant ces paroles, Luc les fait précéder de ces mots : « Descendant avec eux, il s'arrêta *sur un plateau...* » Cette précision me paraît symbolique. Oui, il semble que, d'une version à l'autre, il y ait la différence de la colline à la plaine. Le vent souffle moins fort, l'air est moins pur et l'on s'est éloigné du ciel. Décidément, c'est cette « colline inspirée » que je choisis — et n'est-elle pas « La montagne du Rendez-vous » dont parlait Isaïe ? A la version de Luc, si pauvre en comparaison, je préfère surtout celle du témoin — car enfin *Matthieu était là,* il a entendu, de la bouche même du Christ, ces paroles inouïes : comment les aurait-il altérées ?

J'ajoute que la version de Luc me semble encourir le reproche qu'on a si longtemps fait à l'Église catholique : religion, opium du peuple. Son bref discours peut paraître, comme on dit à présent, « démobilisateur » ; il peut trop aisément être « récupéré » par les mauvais bergers qui se soucient seulement d'avoir un troupeau bien docile. « Allons, supportez sans révolte votre pauvreté, votre faim, vos souffrances : le bon Dieu vous le rendra ! » — Surtout si l'on se garde d'enchaîner sur les « malédictions », toutes symétriques, qui suivent aussitôt dans l'évangile de Luc :

Mais malheur à vous, les riches : vous avez votre consolation.
Malheur à vous qui êtes repus maintenant : vous aurez faim.
Malheur à vous qui riez maintenant : vous connaîtrez le deuil
    et les larmes.

Ces « Malédictions » (qui font davantage songer à Monte-Cristo qu'à Jésus-Christ !) me tournent encore vers Matthieu où tout est positif, ouvert, exigeant, mais sans jugement ni menaces. Et puis, encore une fois, entre le témoin et l'enquêteur, comment ne pas choisir le premier ?

2. Elles sont, en Matthieu, *neuf* et non pas huit Béatitudes ; car il est dit aussi : « Bienheureux serez-vous quand on vous outragera, qu'on vous persécutera et qu'on dira contre vous toutes sortes de mensonges à cause de moi. Soyez dans la joie et l'allégresse parce que votre récompense est grande dans les cieux. C'est ainsi, en effet, qu'on a persécuté les prophètes qui vous ont précédés... »

Je me suis permis, dans cet essai, de ne pas retenir cette neuvième Parole car elle ne s'adresse qu'à ceux qui ont déjà choisi le christianisme, alors que les huit autres concernent tous les hommes. Paroles pour l'éternité, mais aussi paroles universelles. Il n'est pas un humain, d'aucun pays et d'aucun temps, quelle que soit sa religion et fût-il opposé à toute espèce de religion, qui ne puisse les recevoir. L'exemple de Gandhi l'atteste. La huitième Béatitude elle-même est celle de tous les vrais militants, chrétiens ou non, tandis que la neuvième est celle des Martyrs. Voulant (comme dans CE QUE JE CROIS) me faire entendre de tous ceux qui me liront, je me suis permis de la mettre à part.

3. « Ainsi donc, tout ce que vous voulez que les hommes fassent pour vous, faites-le, vous aussi, pareillement pour eux : voilà la Loi et les prophètes. » C'est la conclusion et le résumé du Sermon sur la montagne. Cette Parole (qui implique non seulement les huit autres mais toutes les prescriptions et les mises en garde qui les suivent) est à la fois le complément et l'inverse de cette autre : « Aimez votre prochain comme vous-même. » C'est la même Parole, mais vue au miroir : semblable et inversée.

« Faites-le *pareillement* aux autres », dit le Christ ; mais n'est-ce pas « premièrement » qu'il faut comprendre ? Il me semble, bien que ce ne soit écrit nulle part, que chaque Béatitude implique, *de surcroît*, l'initiative. Le chrétien est celui qui, en toute circonstance, fait le premier pas.

4. « L'amour et non la possession. » Cette maxime s'applique au plan sexuel, bien sûr, où elle n'est que l'application de la terrible exigence du Sermon sur la montagne : « Eh bien, moi je vous dis que tout homme qui regarde une femme avec convoitise a déjà, dans son cœur, commis l'adultère avec elle... » Il s'agit là de l'ignoble *regard baiseur* dont tant d'hommes se font gloire et qui humilie si fort les femmes, hormis les partenaires-nées. Mais cette parole ne condamne pas le regard d'admiration et le désir d'âme que suscitent la beauté et la grâce d'un être. « Désir d'âme » est un terme singulier et qui ferait sans doute l'affaire de Tartuffe ; mais quiconque aime à la fois son épouse et les autres femmes le comprendra sans peine. Il existe un amour qui se dégage péniblement et patiemment de la chair comme la statue de son bloc de marbre, et va de la beauté immédiate à l'âme secrète — du moins lorsque le corps et l'âme sont appariés et qu'ils ne se trahissent pas l'un l'autre, ce qui est une disgrâce fréquente. Les saints sont les don Juan des âmes.

Mais cette exigence : « L'amour et non la possession » s'applique aussi aux œuvres d'art et à cette beauté esthétique dont la vision nous est indispensable pour vivre, mais nullement la possession. Voilà bien un domaine où « La propriété, c'est le vol » ! Et la seule excuse des collectionneurs est de léguer leur moisson aux musées...

5. Si vous demandez à quiconque, fût-il chrétien, d'où vient l'adage « A chaque jour suffit sa peine », il serait bien étonnant qu'il vous répondît : « De l'évangile. » C'est que cette parole du Christ, nous l'accompagnons le plus souvent d'un « Bah ! » ou seulement d'un geste qui en fait une maxime d'insouciance ou de lassitude. Mais c'est tout autre chose, le contexte le prouve : « Ne vous mettez donc pas en souci pour le lendemain : le lendemain se souciera de lui-même. A chaque jour suffit sa peine. » Et, comme toujours en terre de Béatitudes, cette prescription s'allie à une promesse : « Cherchez premièrement le Royaume de Dieu et sa justice, et tout cela vous sera donné par surcroît. » La seule prière que Jésus nous ait apprise dit pareillement : « Donnez-nous aujourd'hui notre pain *de ce jour* » — et non pas « notre pain quotidien », ainsi qu'on le traduisait indûment, comme pour s'assurer une livraison régulière...

6. « Vivre à l'instant l'instant » peut engendrer aussi des aventuriers, des parasites, des voyous, toutes sortes de monstres ou d'épaves. Mais cela s'appelle contrefaire (volontairement ou non) les Béatitudes et je m'en suis déjà expliqué (page 39). Chacune des huit Paroles peut ainsi servir d'alibi à ce qui leur est le plus opposé. C'est, d'ailleurs, l'argument habituel des sceptiques ou des jouisseurs. De même, le « Il lui sera beaucoup pardonné parce qu'elle a beaucoup aimé », ou encore le « Aime et fais ce que tu veux » de saint Augustin n'ont pas fini de servir de cache-sexe aux cyniques ou aux imbéciles. Mais n'est-ce pas le propre des chemins de crête de toujours longer quelque abîme ?

7. C'est cette « laïcisation » de l'évangile qui permet aux esprits forts de demander effrontément : « Mais, au fond,

qu'a-t'il apporté de neuf, votre Jésus-Christ ? » Comme ils ignorent ou feignent d'ignorer l'état général des mœurs au début de notre ère (et méconnaissent les Écritures qui suffiraient à le leur révéler), il n'est guère encourageant de leur répondre. Si on leur parle, par exemple, de l'abolition de l'esclavage, des fondations charitables, des lents progrès des codes de justice, ils vous répliquent que « ce serait advenu de toute façon » — hypothèse commode, mais que dément toute l'Histoire ancienne. En fait, leur question elle-même constitue le plus grand hommage qu'ils puissent rendre au Christ et à la chrétienté. Elle prouve seulement que l'évangile, du moins dans ses parties les moins exigeantes, est devenu la morale commune, la « plate-forme » de tout progrès social. Mais qui se soucie de la plate-forme ? Qui songe aux fondations, quand la maison s'élève ?

Cependant, *tout le reste est à bâtir.* Quand un Jocrisse des années 3000 posera à son tour la question : « Mais qu'a-t-il donc apporté de neuf, ce fameux Jésus de Nazareth ? », ce sera fort bon signe. Cela prouvera qu'il trouve tout naturel de vivre dans la Non-violence, le Partage et la Justice.

8.   Comme s'il n'existait, là encore, que deux camps ! Voilà une des tares de l'époque : que l'impatience et l'exaspération y conduisent au manichéisme. Chez nous, ce partage contre-nature est institutionnel : une loi électorale néfaste divise artificiellement ce pays en deux, comme fait la guillotine. Mais, désormais, c'est en tout domaine et face à tout problème que l'on joue aux échecs : « Les Blancs ou les Noirs, choisissez ! » Et, si vous ne vous rangez pas dans l'un des deux camps, vous voici éliminé, d'entrée de jeu. Les chrétiens, du moins, devraient se rappeler cette parole : « Qui n'est pas contre vous est pour vous. » Elle n'est pas un précepte de manichéisme mais de tolérance.

9.   De là à avoir partie liée avec ceux qui (parfois à leur insu) font couler tant de larmes : à se ranger spontanément du

côté des puissants et des riches... Ou encore (comme si le mot « duplicité » faisait partie du vocabulaire évangélique !) à mener de front deux alliances, chacune au service de l'autre : l'une avec le pouvoir et les possédants, l'autre avec les petits et les pauvres... Combien de fois l'Église romaine n'est-elle pas tombée dans ce piège humain, trop humain ? Je ne doute pas que le raisonnement de ses chefs fût alors : « Amassons des garanties pour la protection des sans-défense, et des richesses pour le soulagement des pauvres... » — Soit, *mais à quel prix ?* C'est un raisonnement de père de famille ; il n'est pas signé Machiavel mais Joseph Prudhomme. C'est le raisonnement de chacun de nous lorsque nos charges et responsabilités risquent de nous dépasser — et c'est pourquoi nous sommes mal venus de le reprocher à notre mère l'Église. Il n'empêche qu'un berger ne doit jamais pactiser avec les loups, même lorsqu'ils se dissimulent sous une peau de brebis : « C'est pour mieux te manger, mon enfant... » Les riches et les puissants étaient les ennemis du Christ ; l'argent et le pouvoir demeurent, quels que soient les hommes qui les détiennent, les ennemis de son Église. Il se peut qu'entre elle et eux certaines alliances paraissent nécessaires, voire inévitables, mais les fruits, tôt ou tard, n'en peuvent être qu'amers.

10.   Une découverte capitale de ce temps-ci est passée presque inaperçue : nous savons à présent que les plantes souffrent. Nous ne notions guère que leur étiolement, leur faim et soif de soleil et d'eau — mais non ! elles souffrent, comme les animaux et nous-mêmes, de toutes sortes d'atteintes et d'agressions. Nos petits-enfants apprendront peut-être que les minéraux souffrent aussi, et ils jetteront un regard neuf sur la Création — celui de François d'Assise.

11.   C'est seulement l'écho de la parole de Paul : « Et nous tous qui, le visage découvert, reflétons comme dans un

miroir la gloire du Seigneur, nous serons métamorphosés en cette même ressemblance. » Pas une once d'orgueil ni même d'exaltation dans ces affirmations à la fois si mesurées et si démesurées ; mais une assurance, une *placidité* souveraines...

HUIT HISTOIRES
POUR CE TEMPS-CI

I

PAUVRE MADAME SIMONNE...

« SIMONNE... avec deux N ! » ajoutait-elle toujours ; et chacun pensait que c'était une coquetterie, une sorte de snobisme au-dessus de sa condition comme s'en permettent parfois les pauvres. Pourtant, *Simonne* était bien le patronyme de son mari, mort trois mois, nuit pour nuit, après le supplice burlesque qu'elle avait dû endurer le soir de ses noces après une journée pourtant si réussie. La mort de cet homme qui, à la nuit tombée, se transformait en gorille, avait grandement soulagé « cette pauvre madame Simonne », heureuse de redevenir, toute en noir, aussi intéressante qu'elle l'avait été toute en blanc. Mais, à mesure qu'on la plaignait indûment (« Vous n'avez pas eu le temps de profiter de la vie », disaient les autres femmes en baissant les paupières), Madame Simonne se sentait devenir vaguement coupable. C'était perdre sur tous les tableaux. Tous les tableaux, vraiment ! car, de surcroît, elle restait pauvre, et seule à jamais, ayant pris l'horreur des hommes, ces monstres, et plus de mépris que de compassion pour les femmes, ces filles soumises. On ne l'appela plus jamais que « la pauvre madame Simonne », persuadé que ce nom n'était qu'un surnom prétentieux et *Madame* une façon délicate de ne pas la traiter en vieille fille.

L'âge venant, madame Simonne souffrit de plus en plus de s'entendre appeler ainsi. Elle devinait sur les lèvres les mots « ma pauvre » avant même qu'ils s'y forment. L'expression apitoyée du visage et le hochement de tête qui les accompagnaient l'offensaient plus que ne l'eût fait une gifle. Et le pire n'était-il pas que les gens s'imaginaient que leur sympathie méritait de la gratitude ? En fait, c'était plutôt cette pauvre madame Simonne qui se le figurait ; pour les autres, l'expression allait de soi, comme on dit « Maître Un tel » à n'importe quel homme de loi. Quand on devient sourde, percluse, que votre vue baisse et que votre mémoire se rouille, il est insupportable de se voir attribuer en outre la pauvreté (c'est ainsi qu'elle le prenait !) — surtout lorsque c'est aussi vrai que le reste.

Un matin, dans le métro, elle lut par-dessus l'épaule d'un voyageur : UNE FEMME DE MÉNAGE GAGNE 100 MILLIONS A.F. A LA LOTERIE.

« Ce n'est pas elle qu'on appellerait la pauvre madame Machin, pensa-t-elle — et aussitôt après : *Pourquoi pas moi ?* » Ces trois petits mots engendrent le meilleur ou le pire.

A partir de ce jour, madame Simonne commença de répandre le bruit qu'elle possédait « un magot ». C'est un mot qui nous vient du fond des temps, des contes de l'enfance. Tout démodé qu'il est, il conserve son pouvoir magique. Ni *fortune* ni *trésor* : ni compte en banque ni joyaux, mais une épaisse liasse de billets qu'on garde chez soi, qu'on compte tous les soirs. Madame Simonne en racontait assez pour qu'on la croie, trop peu pour qu'on l'interroge — sauf le bistrot, bien sûr.

— Un magot ?

— Ne parlez donc pas si fort, M. Louis !

— Un magot ! reprit l'autre en s'efforçant de chuchoter (mais déjà, à l'école, il n'y pouvait parvenir). Vous ne m'en aviez jamais parlé, ma p... — Madame Simonne, se reprit-il. Ça vous est donc tombé du ciel ?

— Et la loterie ? dit lentement la vieille femme en fixant l'incrédule.

— Après tout, il faut bien qu'il y en ait qui gagnent de temps en temps, fit l'autre en saisissant un verre et en l'essuyant avec une sorte de fureur.

L'envie perçait déjà dans le ton. C'était la première fois qu'on lui parlait ainsi ; madame Simonne sentit que son existence virait de bord.

— Vous n'en · parlerez à personne, M. Louis ! recommanda-t-elle.

Ce soir même, elle y comptait bien, tout le quartier le saurait ; jamais plus elle ne serait « Cette pauvre madame Simonne ».

Magot va de pair avec avarice, comme aubaine avec prodigalité. Personne ne s'étonna que la vieille dame ne changeât rien à son train de vie. Comment l'aurait-elle pu, la pauvre ? Elle alla faire des ménages loin du quartier où personne n'aurait plus osé lui en proposer. L'hiver venu, il lui fallut malheureusement acheter.un manteau neuf. « Allons, madame Simonne, vous risquez de prendre froid avec cette vieille nippe. Il faut vous dorloter un peu *à présent !* » avait dit sa concierge, à qui il fallut, cette année-là, donner des étrennes plus généreuses. Ainsi qu'au facteur et à l'éboueur qui, pour la première fois, montèrent frapper à sa porte au jour de l'an. Le Ier mai, le gamin de la voisine apporta un bouquet de muguet qui avait déjà servi. Madame Simonne lui remit sa dernière pièce de cinq francs et ne fit pas de marché ce jour-là.

— Je vous sers dans le filet, lui disait le boucher rubicond (et elle dut faire croire que son médecin — un spécialiste, un « Professeur » — lui interdisait désormais la viande.)

— J'ai justement reçu de belles petites soles, proposait le poissonnier aux mains fraîches. Mais, dame ! ce n'est pas pour tout le monde, hein, madame Simonne ?

A la fin, elle expliqua qu'elle était devenue végétarienne. Quelques mois plus tôt, cette prétention lui eût valu bien des moqueries ; on ne l'en regarda qu'avec plus de considération.

A ce régime elle devint de plus en plus faible ; ces ménages lointains l'épuisaient. Un dimanche d'été (« Quoi, vous ne partez pas en vacances, madame Simonne, à présent que vous en avez les moyens ? »), deux voyous qui avaient entendu parler du magot s'introduisirent chez elle et la torturèrent, quatre heures durant, pour lui faire avouer la cachette. Après s'être longtemps plainte, elle mourut entre leurs mains étonnées. Ils mirent la chambre au pillage, en vain. La police ne survint que le surlendemain (« Cela fait deux jours qu'on ne l'a pas vue descendre, alors on s'est dit... »). UN CADAVRE EN DÉCOMPOSITION DANS UN TAUDIS DÉVASTÉ : le titre fit trois colonnes à la une du *Parisien Libéré.*

— Mais enfin, demanda le policier aux voisins, vous n'avez donc rien entendu ?

— On a cru que c'était le petit du 4e qui pleurait, expliquèrent-ils : il fait ses dents.

— N'empêche, répéta longtemps le bistrot avec une sorte de fierté, n'empêche qu'ils ne sont pas arrivés à trouver son magot ! Pauvre madame Simonne...

II

« LUNDI MATIN,
L'EMP'REUR ET LE P'TIT PRINCE... »

Lundi matin, l'Empereur et le petit Prince partirent, la main dans la main, inspecter le Royaume. L'Empereur était toujours mal à son aise quand le petit Prince survenait ainsi et l'entraînait par la main. Il savait bien que cet enfant, auquel il ne ressemblait plus, avait disparu quarante ans plus tôt par sa faute. C'est le sort de tous les petits princes quand on croit être devenu un empereur. C'est le sort de tous les enfants que nous fûmes, lorsque nous pensons être devenus des hommes et qu'ils nous gênent par trop avec leurs questions sans détours et leurs yeux qui ne cillent pas.

Les matins où l'enfant paraissait ainsi et lui souriait sans un mot (mais une sorte de crainte se lisait dans son regard), l'Empereur se sentait donc assez malheureux et, cependant, tout débordant de joie. Il n'osait pas donner libre cours à cette joie : il savait que ce n'était pas compatible avec sa charge et que jamais plus il ne rirait, rirait, rirait comme du temps où il était le petit Prince. A présent, c'était Gardez-vous à gauche ! Gardez-vous à droite ! Il se cachait pour pleurer et ne riait plus que dans sa barbe. Les nuits où l'Empereur dormait mal et repassait en esprit les affaires du royaume, il espérait

163

secrètement que, le lendemain matin, le petit bonhomme entrerait dans sa chambre. Et, ce lundi-là, justement...

Ils partirent donc, la main dans la main. Tout ce qui, la nuit précédente, avait tenu l'Empereur éveillé (et ce n'était pas tant ce qui n'allait pas bien dans le royaume que ce qui n'y allait pas bien *par sa faute*), tout cela, il était sûr que leurs pas — mais qui conduisait l'autre ? — les y mèneraient. « Si nous prenions plutôt par là ! » suggérait l'Empereur à mi-voix, mais l'enfant obstiné (ou lui-même, après tout) les conduisait par ici. Parvenu au lieu embarrassant, le petit Prince hochait la tête. « Oh ! qu'il ne me regarde pas ! » priait le souverain. L'enfant levait son regard, lentement.

— Est-ce que nous ne nous étions pas promis de les reloger dans de vraies maisons ?

— Si, mais ils sont si nombreux ! Et puis tous ces enfants...

— Raison de plus !

— Je sais, disait l'Empereur avec impatience, nous avions même rêvé que chacun d'eux possède un petit jardin...

— Pas « rêvé » : décidé.

— Sans réfléchir ! Il y faudrait des espaces considérables, grands comme... je ne sais pas, moi !

— Grands comme une partie des jardins du palais, ceux où tu ne te promènes plus.

— On pourrait essayer...

— C'est la troisième fois que nous venons ici, remarqua doucement le petit Prince, et la troisième fois que tu me le dis.

L'Empereur ne répondit rien parce qu'il n'y avait pas grand-chose à répondre. D'habitude, il avait toujours le dernier mot avec chacun, quitte à mentir ; mais devant l'enfant il ne le pouvait pas. Il se sentit très fatigué ; le petit Prince s'en aperçut.

— Nous pourrions revenir au palais, proposa-t-il.

— Mais tu resteras avec moi ?

Il posait cette question bien qu'il connût la réponse, et c'était : Non. On ne pouvait jamais faire changer d'opinion le petit Prince, et l'Empereur en était très fier. Le petit garçon n'eut même pas à remuer la tête, il lui suffit de regarder le souverain avec un sourire triste.

— Alors, continuons ! dit l'Empereur en soupirant. Mais pourquoi de ce côté-ci ?... Enfin, si tu y tiens...

Lorsqu'ils furent arrivés devant la caserne :

— Bien sûr, fit le souverain, mais ce sont des choses que l'on dit comme ça et qui ne tiennent pas debout !

— Mais je n'ai rien dit.

— Non, mais je sais très bien à quoi tu penses ! Si je garde tous ces canons et toutes ces armes, c'est parce que le Royaume peut être attaqué. Mon devoir...

— Il me semble, interrompit l'enfant, qu'il y en a beaucoup plus que l'autre année. Quand le Royaume a-t-il été attaqué pour la dernière fois ? demanda-t-il après un silence.

— En fait, il ne l'a jamais été. Mais on est obligé, parfois...

— Tu portes beaucoup de décorations... Plus que notre père, il me semble ; et lui-même en avait inventé plus que son père, d'après les portraits de la galerie...

— C'est qu'il avait fait plus de guerres que lui ; et moi, davantage encore, dit l'Empereur en bombant le torse.

— Pourquoi ?

— Comment cela, pourquoi ?

— Il y a beaucoup de monuments aux morts, répondit

seulement le petit Prince en repartant ; on ne sait même plus pour quelles guerres.

— Mais, rappelle-toi, nous aimions tellement les chevaux et les soldats, autrefois !

— Les défilés, oui. Mais tous ces orphelins et la façon dont ils nous regardaient passer... Leurs habits noirs et nos uniformes, cela nous rendait malheureux. Tu te rappelles ? reprit-il, car l'Empereur ne répondait rien. Mais tu as l'air vraiment fatigué, nous avons assez marché pour aujourd'hui.

— Non, non ! dit le vieil homme (il avait soudain la voix d'un vieil homme et l'enfant le regarda avec surprise). Non, il faut poursuivre.

— Mais je reviendrai... Enfin, je reviendrai peut-être.

— Tu ne reviendras plus. Je sais que tu ne reviendras plus... Oh ! mon Dieu, fit-il en portant la main à son cœur (mais on n'entendit que le cliquetis des décorations), à quoi tout cela a-t-il servi ? Pourquoi n'es-tu pas revenu plus souvent ?

— Au début, je venais souvent. Et puis j'ai bien vu que ma visite te contrariait. L'année de la guerre d'Autriche, comment t'aurais-je parlé ? Tu n'étais jamais seul. Et l'année où tu as inventé tous ces impôts, tu as fait semblant de ne pas me voir.

— Je t'assure pourtant que...

— Semblant de ne pas me voir, reprit l'enfant d'une voix forte. Et puis toutes ces fêtes, toutes ces femmes... Non, ce n'était plus ma place.

Ils marchèrent un moment en silence.

— Tu reviendras ? supplia le vieil Empereur en s'arrêtant. (Il tomba à genoux.) Promets-moi que tu reviendras !

— Je ne crois pas. Je crois que ce n'est plus la peine... Mais pourquoi pleures-tu ?

— Et toi, mon enfant, mon âme, pourquoi pleures-tu ?

— Parce que je crois que ce n'est plus la peine.

On retrouva l'Empereur étendu en travers du chemin. Ses cheveux avaient blanchi — mais peut-être les teignait-il depuis longtemps. Il avait arraché toutes ses décorations. On les remit une à une sur son uniforme de généralissime avant de l'enterrer.

III

M. MARTIN ET LE PAUVRE

M. MARTIN (de Tours, en France) se hâtait vers sa maison. C'était le premier jour de l'hiver ; aucun humain, aucun animal ne s'y trompait ; seules quelques plantes s'y étaient laissé prendre et mouraient stupéfaites. La neige qui, ce matin, réjouissait les enfants était, en un jour, devenue ce qu'eux-mêmes seraient dans un demi-siècle : grise, sale et sans consistance. M. Martin y pataugeait, pas mécontent de sentir se transir ces pieds que, dans quelques instants, il allait réchauffer au feu de sa cheminée, toutes portes fermées au nez rouge de l'hiver.

D'un mur, un pauvre aussi gris que ce mur se détacha sans un bruit et parla sans élever la voix. Ces précautions effrayèrent M. Martin plus que ne l'eût fait toute brusquerie.

— Monsieur, disait le pauvre, j'ai froid.

— Oui, répondit M. Martin encore tout maussade de peur, il fait froid.

Il écarta le pan de son manteau puis celui de sa doublure ; il n'en finissait pas de fouiller dans sa poche à la recherche d'une pièce. Le pauvre écarta vivement sa chemise morte et montra une peau où le sang, au plus près du cœur, ne paraissait plus circuler.

— J'ai froid, répéta-t-il.

— Allons, couvrez-vous !

— Avec quoi ?

— Vous devriez vous adresser au vestiaire de la mairie.

— Dès qu'il fait froid, il est vide.

Cette lacune, ce désordre contrarièrent M. Martin. Il ne trouva rien à répondre.

— C'est normal, reprit le pauvre. (Il avait atteint le point de résignation ; il était condamné.)

— Et le vestiaire de votre paroisse ?

— Pas de logement, pas de paroisse !

M. Martin allait ajouter « C'est normal » ; mais il eut l'intuition d'une paroisse immense, universelle, à la dimension de l'hiver et des millions d'hommes sans défense — la plus fréquentée, la moins desservie.

Il songea au feu de bûches dans sa cheminée, à ses tapis, à ses verrous ; une sorte de colère le saisit :

— C'est tout de même extraordinaire, dit-il un peu trop fort, avec ces chantiers dans tous les coins et ces immeubles-casernes qu'on nous bâtit autour de la ville, qu'il n'y ait pas de logement !

Le pauvre ne répondit rien : il n'avait plus d'opinion sur ce problème, ni sur aucun ; il avait froid. Ce qui rendait son aspect très pénible, c'était qu'il ne cillait pas ses paupières. La loi française fait une obligation de fermer les yeux des morts.

Ce regard nu ouvrait une brèche dans le rempart de M. Martin. Il tenta de la colmater avec tout ce qui lui tombait sous la main : il mit en accusation l'Etat, les impôts, le progrès, le chômage, les... — le regard ne cillait toujours pas.

— Mais enfin pourquoi ne travaillez-vous pas ?

— J'ai perdu ma place parce que je buvais.

— Ah ! fit M. Martin, à la fois heureux et honteux de reprendre l'avantage. Mais aussi pourquoi...

— Parce que ma femme m'a quitté.

M. Martin n'osa pas demander pourquoi. « Il y a donc toujours un *parce que !* » se dit-il, et cette découverte, au lieu de le réjouir, l'accablait. Si ce type ne trouvait pas d'emploi, c'est qu'il « présentait » mal : sans travail, pas de logement, ni d'habits, ni de nourriture ; sans forces, pas de travail ; le cercle était bien clos.

— C'est tout de même un désordre incroyable, s'écria M. Martin qui commençait à prendre froid lui aussi ; et il reprit tous ses arguments, lesquels étaient devenus inconsistants et glacés comme la neige, s'ils avaient jamais été purs comme elle.

L'autre gardait ses yeux ouverts et fixes ; M. Martin baissa les siens.

— Je ne dis pas que ce soit votre faute, mais vous avouerez...

— J'ai froid, murmura le pauvre avec une obstination ridicule, et il posa sa main sur le bras de M. Martin auquel elle fit l'effet d'une poigne d'oiseau. Il se vit retenu par ce type au regard de cadavre, avec son invisible besace de problèmes sans solution ; retenu là, dans cette rue morfondue, entre chien et loup, jusqu'à quand ? Il ne pouvait pas lui rendre sa femme, n'est-ce pas ? (D'ailleurs, avait-elle tous les torts ?) Ni trouver un emploi pour lui (et savait-il seulement travailler ?) Un type qui se remettrait à boire à la première occasion, un type sans issue — le désordre !

— Ecoutez, lui dit-il, voilà ce que je peux faire pour vous.

Il retira son manteau, puis la doublure dont il le molletonnait à la mauvaise saison, tendit au pauvre ce vêtement sans manches et, promptement, endossa de nouveau son pardessus qui lui parut singulièrement léger.

— Allons, enfilez ça. C'est un peu comme si je vous donnais... Il allait ajouter : « La moitié de mon manteau » ; il ne le fit pas : ces mots lui rappelaient... mais quoi donc ?

Le pauvre se saisit de la doublure et s'en couvrit maladroitement. Il la ramenait sur sa poitrine et sur son ventre : il n'avait pas souci de se vêtir convenablement mais de protéger du pire le plus vulnérable. En un instant, le vêtement prit l'aspect d'une loque ; les pauvres sont contagieux.

M. Martin songea à donner au sien un peu d'argent ; mais, ayant calculé combien il allait lui en coûter de faire tailler une nouvelle doublure pour son manteau, il s'estima quitte. Il fit donc un salut étriqué à l'inconnu et s'éloigna rapidement. « Tiens, songea-t-il en tournant la rue, il ne m'a même pas remercié. »

M. Martin se trompait : le pauvre l'avait suivi de son regard fixe et venait de cracher dans sa direction.

IV

LA STATUE

MONSEIGNEUR manda l'abbé de M. et lui dit à mi-voix, en l'observant derrière des paupières qui paraissaient closes :

— Mon petit, j'ai besoin de vous pour conduire à Lourdes le pèlerinage diocésain. *Je sais,* ajouta-t-il avant que l'autre ait ouvert la bouche, je sais. Mais c'est d'abord d'un organisateur que j'ai besoin, d'un homme qui veille à tout. Les malades souffrent tant du désordre...

— Que « savez-vous », Monseigneur ? demanda doucement l'abbé.

— Je ne sais pas vraiment, mais je pense que... Comment dire ? Que Lourdes n'est pas l'un de vos hauts-lieux, ni Bernadette votre sainte de prédilection, voilà tout.

— C'est-à-dire que je me fais une tout autre idée des rapports du Ciel avec la terre.

— Pourtant, la grâce...

— Bien sûr, répondit l'abbé presque durement, mais pas la gratuité.

— Oh ! vous savez, fit doucement l'évêque, tout est si simple : il suffit d'aimer.

— C'est pourquoi j'ai toujours évité d'aller à Lourdes, poursuivit l'autre comme s'il n'avait pas entendu. Ce serait de ma part une sorte d'imposture, vous comprenez, Monseigneur ?

— Je comprends, je comprends. Mais... il y a les malades, je vous demande de le comprendre aussi. Ce n'est sûrement pas un ordre que je vous donne, mon petit ; c'est un service que je vous demande.

Il va ajouter : « Ne contrariez pas un vieillard ! » pensa l'abbé. C'était l'un de ses tours car, vieillard, il ne l'était guère que pour l'état civil. Mais l'affaire devait être grave puisque l'évêque renonça à son chantage familier. Au contraire :

— Si vous refusez, je ne vous en tiendrai aucune rigueur.

— J'accepte, dit l'abbé de M. après un instant.

Il ne cessa de regretter son Oui que sur le quai de la gare. Tant de désordre, de désarroi... Et pareils à des enfants, presque tous ! Remplis de bonne volonté mais impatients, incapables de partager les tâches, confondant l'important et l'urgent. Une fourmilière dans laquelle on a donné un coup de pied ! L'abbé se surprit à penser : « Heureusement que je suis venu... »

De toute la nuit il n'eut une seule minute de répit. Il apprenait, un par un, les visages des malades et à y lire la douleur. Ou plutôt les douleurs : aucune n'est absolument semblable à l'autre, chacun le sait bien et cela ajoute un mur d'enceinte à sa solitude. « Chacun d'eux, comme un souverain exilé au désert », pensa l'abbé. Et encore, peu après minuit : « J'aurais dû me faire médecin ! » C'était sa tentation de toujours, l'entrée de service du Démon. Toutes les fois que la raison parlait plus haut que la foi et que l'emportait la nostalgie de l'efficacité visible : « J'aurais dû me faire médecin... »

— Père, venez vite : Véronique se sent très mal !

Il courut jusqu'à la couchette plate et dure.

— Je ne veux pas mourir avant, lui souffla Véronique d'une haleine torride. Là-bas, ça m'est égal. Au contraire ! on est déjà à mi-chemin. Mais pas avant, Père, pas avant !

— Vous ne mourrez pas du tout, lui affirma l'abbé.

Son cœur battait dans le vide. « Que peut-on faire pour elle ? Quelle folie de l'avoir emmenée, elle et dix autres, au moins ! Et c'est moi qui me trouve responsable de ce gâchis... »

Il sentit une main légère et brûlante se poser sur la sienne.

— Prions ensemble, supplia Véronique.

« J'ai honte de ne pas y avoir pensé, se dit-il. Alors quoi, ni médecin, ni prêtre ! Qu'est-ce que je vaux ? »

— Toute la nuit, Véronique ! Tant que vous ne dormirez pas.

Le train rythmait leur prière. D'instinct, ils avaient choisi celle de Lourdes : *l'ave Maria* dialogué entre le malade et son brancardier, quand chacun fait la courte échelle à l'autre pour escalader le Ciel.

Un peu avant deux heures, Véronique s'endormit. De sa main abandonnée, le prêtre retira doucement la sienne ; son bras entier était tétanisé par une crampe. « Et si je continuais à prier seul, décida-t-il : à prier pour deux ? »

Installer les malades à l'hôpital, recenser son troupeau qui s'égaillait déjà, organiser les tours de garde, réquisitionner voiturettes et brancards, dresser minutieusement la routine de ces journées monotones, surveiller le premier acheminement des malades vers la Grotte... — La Grotte ! Ah oui, c'est vrai. Il n'y avait pas songé une seule fois. Tandis que le train, avec un grand cri, la découvrait enfin à tous ces visages qui se pressaient contre les vitres, tandis que le *Magnificat* s'enflammait au long des couloirs, le prêtre dénombrait les bagages et s'inquiétait du débarquement.

La Grotte... En se frayant parmi ces somnambules un chemin jusqu'au rocher, il se remémorait l'histoire qui les attendrissait tant : la petite fille pauvre et souffreteuse qui part fagoter par un matin d'hiver, le bruit du vent dans les peupliers immobiles, le gave qu'il faut traverser pieds nus — « Attendez-moi ! » Et puis, dans le trou du rocher...

— L'abbé de M. s'arrêta contre l'ardente haie des cierges qui, jour et nuit, l'année durant, montent la garde d'honneur et il ferma les yeux. « Il est temps de se poser honnêtement la question : *Est-ce que j'y crois ?* »

Il voulait mettre de l'ordre en lui-même avant de parvenir devant le rocher le plus célèbre du monde, à l'endroit même où Bernadette... — « Eh bien, non, je n'y crois pas. »

Il ouvrit les yeux, regarda bien en face ce creux ovale dans la pierre et s'étonna de ne pas y voir la fameuse statue dont il avait dit si souvent « qu'elle déshonorait nos églises. »

« Elle est en réparation, pensa-t-il. C'est dommage pour nos gens ; sans doute les aurait-elle aidés à prier. »

— Vous avez remarqué, lui murmura son voisin, qui faisait partie du pèlerinage, ils ont retiré l'auréole.

— L'auréole ?

— De la statue, regardez ! là où on avait inscrit JE SUIS L'IMMACULÉE CONCEPTION. Entre nous, c'était d'assez mauvais goût et un peu trop naïf. A présent, la tête se détache mieux.

— Mais, demanda prudemment l'abbé, n'était-il pas question de retirer la statue elle-même ? (L'autre le dévisagea avec stupeur.) Je croyais que c'était fait.

— Ce serait un joli scandale! Ah, poursuivit-il en inclinant la tête de côté et en clignant un peu les yeux, on a beau dire que sa statue n'est pas ressemblante, moi je ne peux plus *la* voir autrement...

L'abbé de M. s'aperçut qu'il respirait court et que son front s'était couvert de sueur. Il se sentit très seul, dangereusement seul. Il fouilla de nouveau du regard la cavité rocheuse. Rien. Il reporta les yeux avec angoisse sur les visages des malades allongés autour de lui. Chacun d'eux était tourné vers cette statue absente, à la fois tendu et vacant, le regard aimanté. L'abbé s'imposa de sourire (les coins de sa bouche tremblaient) et se pencha vers chacun des brancards. La plupart des malades ne le virent même pas; leurs yeux ne cillaient jamais.

— Elle est belle, murmura seulement l'un d'eux, vous ne trouvez pas qu'elle est belle?

« Véronique, songea soudain l'abbé, je ne vois pas Véronique! »

Il chercha l'infirmière à qui il l'avait confiée; c'était celle qui, dans le train, à minuit, était venue le chercher.

— Où se trouve Véronique? Je ne la vois pas.

— Dans la salle. Impossible de la transporter jusqu'ici, la pauvre. J'y retourne tout de suite. Je m'étais seulement permis...

— Restez, lui dit l'abbé. J'y vais.

Il rebroussa chemin, le cœur battant; il bousculait, sans bien s'en rendre compte, cette foule lente et béate, puissante comme la mer. Parvenu dans l'enceinte déserte de l'hôpital, il se mit à courir, à gravir deux à deux ces marches usées en leur milieu. Il ouvrit la porte de la salle et entendit Véronique avant de la voir. Était-ce un râle ou le geignement étonné d'un enfant qui souffre au-delà de ses forces?

Il allait se précipiter jusqu'à son lit, lorsqu'il vit

entrer, par une porte latérale, une infirmière. Une infirmière ? Mais quelle étrange tenue, et surtout ce voile blanc beaucoup trop long, cette ceinture bleue dont les pans touchaient presque les pieds, des pieds qui étaient nus ! Il ne pouvait distinguer son visage ; il la vit se pencher longuement sur Véronique ; il entendit le râle cesser brusquement, se transformer en la plainte heureuse d'un enfant qui s'endort et rêve déjà. Lui-même dut fermer ses yeux un moment, tant ils le brûlaient ; son visage entier lui faisait mal ; il y avait très longtemps qu'il n'avait pas pleuré. Quand il releva ses paupières, l'infirmière avait disparu.

« La Grotte », pensa-t-il Il lui semblait beaucoup plus urgent de courir là-bas que d'approcher jusqu'au chevet de Véronique. Il repartit donc, les yeux fixes, la bouche entrouverte ; il suffoquait un peu. La foule était toujours aussi dense mais la marée avait changé de sens : c'était le reflux. Sur le chemin de la Grotte on évacuait les malades ; les gens du service d'ordre se donnaient bien du mal.

— Où allez-vous, monsieur ?... Oh ! pardon, M. l'abbé. Passez, mais, en principe, nous devons libérer les abords de la Grotte, lui dit l'un d'eux.

Il l'entendit à peine et ne le vit pas ; des larmes coulaient sur son visage, il était le seul à ne pas s'en apercevoir. Parvenu devant le rocher, il se laissa tomber à genoux, sans le savoir, sur une marque incrustée dans le sol de l'esplanade : un losange blanc où il aurait pu lire · ICI PRIAIT BERNADETTE, s'il n'avait tenu ses yeux obstinément fermés.

Incapable d'une prière, d'une prière autre que de se tenir là, entre ciel et terre, entre vie et mort — un mendiant aveugle... « Il suffit d'aimer ». Cette parole de l'évêque lui revenait en mémoire et prenait toute la place.

— Il suffit d'aimer... Il suffit d'aimer...

177

Il répétait ces trois mots du bout des lèvres et, quand il reprenait son souffle, il lui semblait les entendre d'une autre voix, comme dans le train cette nuit. Il aurait voulu rester là, sans autre parole, sans autre pensée, *en sursis*.

A un moment précis, l'abbé de M. sut qu'il avait enfin le droit de relever la tête vers ce rocher et d'ouvrir les yeux. La statue était à sa place, blanche et bleue, si laide, si touchante — « en deçà de toute ressemblance », se dit-il.

Il entendit qu'on courait sous les platanes, qu'on courait vers lui.

— M. l'abbé ! M. l'abbé !

Il rentra la tête dans ses épaules. « Véronique ! se dit-il. Cette fois, *c'est tout ou rien*. Tout grâce à Elle, ou rien par ma faute... « Oh ! souvenez-vous qu'on n'a jamais entendu dire qu'aucun de ceux... » La vieille prière, qu'il avait si souvent stigmatisée, remontait du fond de l'enfance, des temps de la confiance absolue.

— M. l'abbé ! Véronique...

Il joignit les mains à s'en faire craquer les os, mais cela ne les empêchait pas de trembler. Il attendait. Comme la bête débusquée et qui n'a plus d'échappatoire. Comme le condamné qui entend s'approcher des pas de pierre, au petit matin, dans le couloir gris. Au comble de la peur, au comble de l'espoir, il attendait.

V

L'ENFANT PRODIGUE (*Fin*)

IL savait que, juste après ce tournant et malgré le
crépuscule, il apercevrait la maison ; pourtant, avant
d'y parvenir, il fit halte. Il avait tant rêvé cet instant et
voici qu'il le redoutait. En chemin — si long chemin ! —
il n'avait guère songé qu'à des problèmes matériels :
« Mes chaussures tiendront-elles jusqu'au bout ?
Trouverai-je à manger sur la route ? A boire surtout ? » A
présent, le reste l'assaillait, le reste qui seul comptait et
qu'il avait refoulé en lui tout au long du chemin, long
chemin...

Immobile sous cet arbre qu'il connaissait depuis
l'enfance, il ressemblait à un homme qui a réussi à
distancer ses poursuivants mais qui s'arrête, à bout de
souffle, et voici que tous ses ennemis le rejoignent à la
fois. « Me pardonnera-t-il ? Il n'a aucune raison de me
pardonner... » Il se demandait aussi : « A sa place, est-
ce que je pardonnerais ? » — Et la réponse était :
« Sûrement pas ! » Ces derniers temps, il s'était souvent
attendri sur lui-même : chaque fois qu'il avait mal, faim,
froid, chaque fois qu'il était seul ; mais en chemin, si
long chemin, à mesure qu'il s'enfonçait dans le pays de
son enfance comme dans un bain tiède, il se détestait un

peu plus. Non pas tant de l'avoir quitté, d'avoir tout compromis : cela, il en avait payé le prix ; mais d'avoir blessé son père — et voilà ce qu'il fallait payer maintenant. Il se rappelait chaque mot de leur dialogue, la veille de son départ, et ne parvenait pas à découvrir un seul tort à son père. Alors, pourquoi celui-ci lui ouvrirait-il les bras ? Naturellement, la famille et toute la maisonnée allaient croire que, s'il revenait, c'était parce que ses chaussures étaient percées, ses vêtements en loques, ses poches vides et son ventre aussi. Mais ce n'était pas du tout la raison. Cette misère, il la souffrait depuis des mois sans grand déplaisir. Ce qu'il ne pouvait supporter, c'était d'avoir blessé son père...

— Non ! fit-il à mi-voix, *c'était d'avoir tort !*

Cette fois, son sac était vide, quel soulagement ! La vérité, longtemps reléguée, l'avait enfin rejoint. Oui, ce que lui-même ne se pardonnait pas, c'était d'avoir eu tort, d'avoir raté son affaire : non pas la blessure, mais l'échec. L'orgueil... Ni le remords ni la compassion, l'orgueil ! — Pas tout à fait cependant, puisqu'il murmura :

— Je me déteste.

Il cacha son visage dans ses mains qui étaient devenues grises et dures et se mit à pleurer. Que de larmes n'avait-il pas versées depuis son départ, mais d'apitoiement sur lui-même (ce que, tout au long de leur enfance, son frère aîné appelait ses « simagrées ».) Pourtant, ces larmes-ci, de quelle source provenaient-elles, pure ou impure ?

De la plus pure de toutes, mais il ne le savait pas encore : larmes lucides, nées de cette humiliation décisive qu'on est le seul à pouvoir s'infliger ; larmes de celui qui ne s'aime plus du tout. Et telle est notre complaisance habituelle qu'il nous devient impossible d'imaginer qu'un autre puisse nous aimer tel que nous venons de nous découvrir. « Mon père ne peut pas m'aimer encore puisque moi-même je me hais... » Il songea à se tuer. Existait-il une autre issue *raisonnable ?* — Aucune. Mais il était beaucoup trop fatigué pour agir. « Demain, pensa-t-il, demain... » — Et le mensonge reprit sa place en lui car, sans se l'avouer, il savait que demain il n'aurait plus le même courage ni la même lucidité Demain, il serait un autre homme ; et d'ailleurs, on ne se suicide pas le matin : le soleil, la chaleur, la vie vous embauchent à nouveau.

Il lui vint la pensée toute simple de se traîner jusqu'à la maison, de se présenter devant son père sans un mot : de remettre la décision entre ses mains ; d'avance il l'acceptait, quelle qu'elle fût. Sinon, que faire puisqu'il n'avait pas (il ne l'aurait plus jamais : ç'avait été l'affaire d'un seul instant) la force de se supprimer ni celle de repartir.

« Je vais passer la nuit sous cet arbre, décida-t-il. Et tant mieux si j'ai froid, et tant mieux si j'ai faim ! Et si je ne dors pas, tant mieux !... Je penserai à mon père toute la nuit. Comme je ne sais pas de quelles paroles je serais capable si je me trouvais devant lui, je vais, là, maintenant, dire les vraies paroles. Peut-être les percevra-t-il : quand j'étais petit, il devinait tout, il connaissait mes pensées sans que j'aie à les exprimer. Il n'a pas changé, lui ! Et moi je voudrais tant être de nouveau ce petit enfant à qui il pardonnait tout... »

Il se mit à genoux afin d'être bien sûr de ne pas s'endormir. Tout son corps lui faisait mal mais il en était heureux.

« Le froid, la faim, la solitude n'étaient rien : *c'est maintenant que je paye !* » Il souriait à cette pensée.

Les rumeurs d'autrefois l'éveillèrent : l'aboi des chiens (il lui sembla reconnaître Diane), les coqs se défiant d'une basse-cour à l'autre, les cloches immuables. Il avait à peine dormi, mais toute sa force était revenue. Il ne songeait plus à repartir, encore moins à se suicider. S'il se l'était remémoré, ce projet l'eût fait hausser les épaules. Il n'y avait qu'une chose à faire et, après cette longue nuit de veille, il s'en sentait digne : courir jusqu'à la maison, se jeter aux pieds de son père en pleurant, en riant, en disant... En disant quoi ? — Il n'en savait rien et ne voulait rien préparer. « Je suis entré dans la vérité. (Il se répétait à voix basse cette parole singulière comme les enfants s'enchantent parfois d'une expression dépourvue de sens.) Je suis entré dans la vérité, et mon père aussi : *en même temps que moi.* Depuis cette nuit, nous sommes réconciliés... »

Il se leva, dépassa le tournant, aperçut la maison. Son corps ne lui pesait plus, les cailloux ne blessaient plus ses pieds. « Rien n'a changé, pensa-t-il avec joie, et moi non plus : j'ai le même âge, rien ne s'est passé. C'était un mauvais rêve, et il m'en consolera comme autrefois.. » Il ne se détestait plus ; il aimait d'une tendresse tranquille la maison blanche, le grand érable, le pigeonnier ligoté de lierre et lui-même, inséparablement — et son père, sans qui rien de tout cela n'existerait. Il aimait, il aimait ; il ne s'aperçut même pas qu'il avait repris sa marche, mais il savait qu'il souriait. « Mon père va apparaître sur le seuil. Ce ne sera même pas une surprise pour lui — et tant mieux ! »

Comme il posait le pied sur la première marche, la porte s'ouvrit, en effet, mais ce fut son frère aîné qui apparut. Il le vit tressaillir ; son regard le tenait à distance. Tous les deux s'immobilisèrent avec, entre eux, cette étendue de pierre blanche, de pierre froide.

— C'est donc aujourd'hui que tu reviens, dit lentement l'aîné. (Rien d'autre ne remuait dans son visage que

ses lèvres minces ; il avait vieilli.) Papa est mort cette
nuit. Mort de chagrin. Mort par ta faute. Ta présence ici,
aujourd'hui, serait pour tout le monde un nouveau
scandale. Va-t'en ! Tu as déjà eu ta part d'héritage. Ne
reviens jamais !

VI

L'ATTENTAT

INSTITUTION DES JEUNES FILLES AVEUGLES. Le portail ressemblait déjà à une paupière close. Blanche, nue, blindée, quel trésor défendait-elle donc, cette porte de coffre-fort ? M. Thominet se le demandait en passant devant elle chaque jour sur le chemin du square où il venait voir couler le temps. Un temps si peu précieux et cependant si mesuré depuis qu'il avait pris sa retraite : « fait valoir ses droits à la retraite », c'est-à-dire à la solitude et à l'inutilité. Le jour de ses 65 ans, M. Thominet était devenu veuf pour la seconde fois.

Un mardi matin, au moment qu'il passait devant cette porte, il la vit s'entrebâiller, et une cornette plus blanche qu'elle s'aventurer au-dehors, telle une colombe indécise. Il eut aussi le temps d'apercevoir, au-delà d'une seconde grille et sur un fond de béton et de verre, une profusion de fleurs (c'était un 3 juin), des grappes de petites filles agrippées aux mains de quelques religieuses, et d'autres qui s'en allaient seules, les bras étendus, la face tournée vers le soleil.

« *Jeunes filles* aveugles ? Mais non, pensa-t-il, ce sont des petites filles » — et son cœur se serra. Il eût dû plaindre davantage des aveugles de vingt ans que de sept, mais il était un vieil homme pur. Certains matins, l'automne ressemble au printemps, d'autres à l'hiver. Il en va ainsi des hommes aux cheveux gris ; M. Thominet avait déjà oublié son adolescence, pas son enfance.

Un autre jour, le portail se trouvait à demi ouvert et la religieuse se tenait sur le seuil, les poings aux hanches, commère de Dieu. Elle paraissait oisive (les abeilles, parfois...), et M. Thominet lui adressa un salut puis la parole. Ils avaient le même âge, ce qui assure d'emblée une complicité irremplaçable. Simplement, le mot « retraite » n'avait pas le même sens pour la religieuse que pour le vieil homme. Il lui parla du temps, puis, une fois apprivoisée, de ces petites filles. « Oui, elles avaient de cinq à quinze ans... Aveugles-nées, presque toutes... Très joyeuses, cependant... Beaucoup d'orphelines, ou des enfants de familles pauvres et provinciales... Eh non ! jamais de visites, sauf quelques personnes charitables qui leur tenaient lieu de marraines... »

— Ou de parrain, peut-être ? demanda l'homme sans enfants, sans neveux, sans filleuls — De parrain ? demanda l'homme-enfant.

— Pourquoi pas ? dit la sœur en le dévisageant avec bonne humeur. (Cette grande méfiance de l'homme qu'on lui avait inculquée au noviciat avait cédé depuis longtemps.) Voulez-vous que j'en parle à notre Mère ?

Sa Mère avait vingt ans de moins qu'elle. Elle reçut M. Thominet, jaugea le brave homme d'un coup d'œil, lui parla de Mᵐᵉ Thominet ; les gros yeux se remplirent de larmes — « Excusez-moi, ma Mère, mais vous savez... » Non, elle ne savait pas, mais ce *test* lui parut décisif.

— Je pense à la petite Sandrine, dit-elle. C'est une enfant de dix ans, aveugle de naissance, orpheline mais dont les parents, par un hasard assez curieux...

Mais M. Thominet n'écoutait pas ; il ne voulait rien savoir de ce qui précédait cette matinée où un vieil homme intimidé, honteux et rassuré de voir sans être vu, marchait dans un jardin à la rencontre d'une petite fille qui, secrètement avertie, tournait vers les grandes personnes un visage plus jeune que son corps.

— Sandrine !

« Mon Dieu, quelle voix va-t-elle avoir ? » pensa le parrain.

— Ma mère ?

(La voix qu'il attendait : oiseau, brise, ruisseau...)

— Ma petite fille, voici M. Thominet... (Ce nom la fit sourire : elles appelaient le chat de la cuisine *Minet*. A jamais le vieux Monsieur serait pour elle un gros animal très doux.) M. Thominet qui veut bien désormais...

« Mais non, pensa-t-il, c'est tout le contraire ! » Cette petite souveraine à la bouche entrouverte et qui, dès le premier mot de la Supérieure, avait laissé ses bras pendre trop sagement le long du tablier trop court, cette reine de dix ans lui faisait la grâce de l'admettre parmi sa cour de fantômes.

— Merci, Monsieur, dit-elle sans chaleur.

Il prit dans les siennes ces petites mains grises, un peu rugueuses, un peu poisseuses et se retint de les baiser.

— Je reviendrai demain, fit-il très vite. Demain, c'est mercredi. Demain...

Il arriva bien avant l'heure. Il avait mal dormi ; la lampe éteinte, il avait soudain songé, pour la première fois, que ces ténèbres étaient le domaine habituel des aveugles (il évitait de penser : « de Sandrine »). Habituel, mais leur devenait-il jamais *familier* ? N'éprouvaient-ils pas jusqu'au dernier souffle cette angoisse qu'il ressentait lui-même en ce moment, et cette impression contradictoire d'être à la fois livré à l'infini et irrémédiablement seul ? Il dut rallumer. Ce décor que la vie avec Adrienne (mais elle n'était plus qu'une photo sur

186

le mur, aussi morte qu'elle-même), ce décor que leur vie avait peu à peu édifié, meublé, trop meublé, ne lui inspirait soudain que de la défiance. Construction de hasard : un portant pareil à ceux des théâtres, mince, provisoire et comme suspendu. *Suspendu*, sa vie entière suspendue... M. Thominet se leva et, gardant ses yeux fermés « comme elle », commença de se mouvoir dans cet environnement qui, d'un coup, lui devenait étranger. Il marchait, les bras étendus, toujours au seuil de quelque obstacle, n'identifiant pas aussitôt les meubles contre lesquels son pied butait stupidement. Adrienne aussi avait fermé ses yeux, ici-même, à jamais. Sandrine lui ressemblait en cela ; vivante mais sans regard, Sandrine se tenait à mi-chemin des deux époux : Sandrine était leur enfant. M. Thominet s'aperçut aussi que, derrière leurs paupières closes les aveugles pouvaient pleurer.

Ils se dirigeaient cérémonieusement vers le square. Pareil à celui qui porte une charge trop lourde, M. Thominet, pour ce premier mercredi, s'était fixé une étape très proche. Ils allaient en silence, intimidés, heureux, fiancés de village. M. Thominet demandait seulement, de temps à autre : « Tu n'as pas trop chaud ?... Tu n'as pas soif ?... » — « Non, Monsieur... Non, Monsieur... »

Ce mot le blessait, mais quel autre pouvait-elle employer ? Et puis, quel qu'il dût être, il fallait le *mériter* : qu'une habitude d'affection s'installât naturellement entre eux. Une longue habitude... M. Thominet s'avisait anxieusement que le temps lui était mesuré. « Je demanderai à la Supérieure de promener aussi la petite le dimanche. La promener, la promener... — mais elle va finir par s'ennuyer ! (Finir... Ils commençaient à peine !) Pourrai-je l'emmener au cinéma ? au cirque ? au zoo ? Mais comprendra-t-elle le film ? N'aura-t-elle pas peur des bêtes ? » Toutes les questions l'assaillaient à la fois ; il éprouvait du remords de ne s'être jamais demandé auparavant comment vivaient les aveugles.

« Tu n'as pas soif ? »... Il se contraignait pour ne pas lui dire *vous*. Ce qui lui en imposait chez cette petite fille, c'était ce royaume secret sur lequel elle paraissait régner, secret, impénétrable. Aux côtés d'une enfant que chaque obstacle déroutait (et son sourire permanent devenait soudain une grimace anxieuse), M. Thominet se sentait pataud : c'était lui l'infirme.

— Tu n'es pas fatiguée ?

Elle éclata de rire : ils marchaient depuis quelques minutes ! Mais il semblait au vieux guide qu'il y avait des heures qu'il portait cette responsabilité sans précédent. Il se retint de lui demander une fois de plus si elle avait soif. Il aurait voulu lui offrir des boissons de toutes les couleurs et tous les gâteaux de la devanture — mais comment les lui décrire ? Et des couleurs, à quoi bon ? Il s'y perdait ; il finissait par s'adresser à elle comme si elle était sourde.

— Pourquoi me parlez-vous si fort, Monsieur ?

Ce dont M. Thominet ne se lassait pas, ce qu'il redécouvrait chaque mercredi et chaque dimanche, c'était le contact de cette petite main qui tenait juste au creux de la sienne comme une bête dans sa coquille. Toujours un peu frémissante, comme si elle cherchait à communiquer avec lui par ce moyen. Dans la paume des sourds-muets on *écrit* de la sorte ; les rôles se trouvaient donc inversés. Une fois, durant son enfance (mais ces souvenirs-là lui revenaient sans cesse), M. Thominet avait attrapé un oiseau qui courait-volait, l'aile démise. Il l'avait longtemps tenu dans sa main avant de lui trouver une cage. Il ressentait la même impression chaque fois qu'il saisissait la main de Sandrine pour partir en promenade. Promenades de plus en plus lointaines et diverses, dont il inventait longuement le but et les étapes durant le temps mort qui les séparait. Le petit square avait été leur jardin d'acclimatation ; ils s'y étaient apprivoisés l'un l'autre parmi ces voix et ces odeurs, toujours les mêmes.

« Monsieur » y était devenu « Monsieur Thominet », puis « Parrain-vous », puis « Parrain-tu ». On s'y était mis d'accord sur l'essentiel : les oiseaux, les arbres, les chiens (chez les sœurs il n'y avait que des chats). « Chez les sœurs... » — c'était l'antienne ; Sandrine n'avait jamais franchi le portail blanc jusqu'à la venue de M. Thominet.

La première fois qu'il l'emmena au restaurant, elle trouva que la viande, les pommes de terre, le pain lui-même, rien n'avait le même goût que « chez les sœurs ». Mais c'était sa vie entière qui avait changé de goût. Chaque jour avait pris son visage : pas seulement le mercredi et le dimanche, mais chaque veille et chaque lendemain. Lundi et jeudi, elle rêvait ; mardi et samedi, elle se mettait à battre des mains sans raison. « Voyons, Sandrine ! » disait la sœur en souriant elle-même. Au restaurant, M. Thominet lisait tout haut le menu d'un bout à l'autre et, comme il était gourmand, il décrivait chaque plat. A la fin, ils se retrouvaient aussi indécis l'un que l'autre. Le garçon tambourinait sur la nappe de papier avec ses gros doigts. « Bon, je reviendrai tout à l'heure... »

— Veux-tu un peu de vin ?

— Non, ça sent trop fort.

— Quoi ! s'indignait M. Thominet, tu trouves que je sens le vin quand je t'embrasse ?

— Oui, mais c'est toi, parrain, alors ça ne fait rien. Tu sens la viande aussi.

— La viande ! Où vas-tu chercher ça ?

Il se sentait un peu vexé. C'était donc ainsi qu'elle l'identifiait ! C'était donc cela qu'elle flairait sur lui en fronçant le nez avec une gravité de chat !

— Et ta pipe aussi, je la sens, poursuivait le petit chat impitoyable.

— Pourtant, je fais bien attention de ne pas fumer avant de venir ! (C'était vrai.)

— Mais tes habits sentent le tabac, et tes moustaches aussi.

— Très bien, je vais les couper.

— Ah non ! parrain, ce ne serait plus toi. Embrasse-moi.

— Bon, intervenait le garçon, est-ce que vous êtes décidés, cette fois ?

Au début, lorsqu'il fallait traverser une rue, M. Thominet faisait de grands gestes pour manifester aux conducteurs que cette petite fille était aveugle. Cela signifiait aussi « Voyez comme je suis bon... » Il aurait aimé posséder une canne blanche. Très vite, il se conduisit à l'inverse (cela coïncida avec le mot « parrain ») : foudroyant des yeux ceux dont le regard s'attardait sur les paupières de Sandrine, traquant toute commisération. Le parrain devenait un père. « Quelle belle petite fille vous avez-là ! », lui dit un jour une voisine de banc. Sandrine souriait de plaisir. Avant de sourire de fierté, M. Thominet dévisagea la femme pour bien s'assurer qu'elle ne pensait pas : « ... Mais quel dommage ! »

A la veille de chaque promenade, il partait en reconnaissance afin de pouvoir tout décrire le lendemain. Le soir, il travaillait dans des livres pour en savoir plus long sur les bêtes du zoo de Vincennes ou les fleurs du Jardin des Plantes. Un remugle de fauverie, un simple hennissement donnaient lieu à une longue leçon sur l'animal. « Il paraît même que, lorsqu'on attaque ses

190

petits... » On avançait en pleine jungle, on transhumait, on migrait par-dessus les mers. Parrain parlait comme un livre (pardi !), Parrain devenait Dieu le père, créateur du monde visible et invisible.

— Oh ! parrain, c'est déjà le soir...

— Tu as froid ?

— Non, mais je le sens, je l'entends. Oh ! parrain, demain c'est lundi...

Demain, c'était lundi, les couloirs sonores, le chuintement des robes épaisses, le cliquetis des rosaires, les « Voyons, Sandrine », les mains en avant... Un lundi sans odeur de nourriture, de vin, de tabac — Oh ! parrain...

En automne, le temps change sans prévenir. On part sans manteau, et puis, quand six heures sonnent... En automne, à six heures, il faudrait être rentrés ; mais « Parrain, dis parrain, je croyais qu'il y avait une pâtisserie par ici ».

— Voyons, nous n'y sommes jamais venus !

Bon, on se met à la recherche d'une pâtisserie par ici ; et puis c'est la description de chacun des gâteaux, l'hésitation — « Ou alors, on en prend chacun un et on partage ? » — Et quand on sort de la boutique, on éternue.

Le médecin diagnostiqua une petite bronchite. Ces journées, les plus courtes de l'année, parurent interminables à M. Thominet. Il passait chaque soir prendre connaissance du bulletin de santé auprès de la sœur portière (il tenait, chez lui, une courbe des températures), et ils engageaient un dialogue bien rassurant, toujours le même.

— A cette saison-ci, on prend vite mal...

— Oui, mais à cet âge-là, on guérit vite.

— Tandis qu'au nôtre, disait la sœur, on est plus prudent parce qu'on ne sait jamais si on en guérira !

Elle avait un rire clair ; pour elle, la mort était un rendez-vous prévu depuis sa jeunesse, et l'Éternité se déroulerait, ponctuée par les cloches, suivant la Règle. Pour elle, les mystères s'étaient usés, au jour le jour, comme les grains de son rosaire. Mais, pour M. Thominet, la Mort avait changé de visage depuis quelque temps parce que la Vie avait dix ans, la bouche entrouverte et les yeux clos.

— Cette fois, votre Sandrine est guérie ! annonça de loin la sœur un jeudi matin. Mais notre médecin désire une radio de contrôle.

— Allons bon ! Mais vous n'avez pas les appareils sur place.

— On l'emmènera à notre dispensaire de Créteil. Juste un aller et retour.

— Je pourrais bien m'en occuper, hasarda M. Thominet.

— Pensez-vous ! Gustave et la voiture s'en chargeront comme d'habitude.

« Gustave et la voiture » formaient le seul couple de la maison. Ils semblaient avoir le même âge, mais elle était plus fatiguée que lui.

— Un de ces quatre, elle va nous lâcher, ma Mère, grondait Gustave.

— Chaque jour est un jour de gagné, répondait la reine des fourmis.

Il repartait en maugréant vers ses travaux *toutes mains*. Hercule désaffecté, docile aux ordres de quinze nonnes et de soixante petites filles, ses copains de bistro l'avaient surnommé « frère Gustave ».

Frère Gustave emmitoufla Sandrine rudement et tendrement et la porta dans la camionnette encore terreuse de ses expéditions aux halles. « S'agit pas que tu reprennes du mal ! » Puis il mit le cap sur Créteil. La vitre de la portière était coincée à mi-chemin, et Sandrine mettait le nez dehors comme le font les chiens ivres de vent.

— Rentre donc ! J'ai pas envie que tu te mettes à tousser : le moteur y suffit.

Il toussait beaucoup, en effet. Frère Gustave l'injuriait affectueusement et fronçait ses sourcils d'automne. Finalement, la voiture cracha ses poumons et tomba en panne devant un terrain vague, bien avant le dispensaire. D'un coup, elle devint une masse de ferrailles mortes.

— Bon Dieu de merde, j'en étais sûr !

— Qu'est-ce que vous avez dit ? Qu'est-ce qui se passe ?

— Rien, répondit-il stupidement. Ne t'inquiète pas. Où est-ce que je vais trouver un mécanicien à présent ? Et la gosse, qu'est-ce que je vais en faire ?

— Je vais avec vous, dit Sandrine vivement.

— C'est ça ! pour attraper froid ? Et qu'est-ce qui expliquera à la mère pourquoi tu es retombée malade, hein ?... Non, tu vas m'attendre ici bien sagement. Ne bouge pas ! (Elle en aurait été bien embarrassée : un bébé emmailloté dans ses couvertures !) Ça ne sera pas long. Tu ne vas pas avoir peur ?

— De quoi ? dit Sandrine.

C'était un mot dont elle ignorait le sens. De quoi aurait-on peur dans une ruche ?

L'homme qui cuvait dans ce terrain vague l'ivresse de la veille, se réveilla, cracha un mégot noir, tendit la main vers la bouteille et en but tout le reste, au goulot. Puis il se leva, tomba, se releva et marcha péniblement jusqu'à la voiture. Il sentit l'enfant avant même de l'apercevoir : une odeur chaude et tendre qui lui rappelait il ne savait

193

qui et réveilla au fond de son ventre il savait bien quoi. Ses mains se mirent à trembler. « S'il y a un bonhomme avec la fille, je lui casse la gueule, vite fait ! »

— C'est vous, M. Gustave ? (Mais non, ce n'était ni son odeur ni son *grondement*.) Qui c'est ? demanda Sandrine d'une voix blanche.

Qui était-ce ? Quel animal inconnu avec cette haleine brûlante, ce halètement, cette toison, ces griffes ?

— Vous me faites mal ! Vous me... Ah !

Il l'avait dépouillée comme un fruit. Une peur à la mesure de ces ténèbres qu'un monstre, deux, trois monstres venaient d'envahir — une peur à hurler...

— Ta gueule ! ordonna la bête. (Son souffle, de plus en plus court...) Et puis, ouvre donc les yeux, sacrée petite garce !

Et soudain la foudre dans la nuit, une douleur de feu, une déchirure sans fin — et le labour immonde. Une douleur à vomir, à mourir...

— Merde ! une aveugle !

Qu'est-ce que cela changeait ? Où passait donc, pour l'homme du terrain vague, la frontière du Mal ou celle du Sacré ?

— Salope ! tu ne pouvais pas le dire ?

Il se redressa, voulut repartir en courant ; son pantalon l'entravait d'une façon grotesque. « Une aveugle, merde ! » répétait-il en s'enfuyant.

La Supérieure ne déposa pas plainte. « Qu'il aille se faire pendre ailleurs ! » est un dicton très lâche. On fit l'achat d'une autre voiture, presque aussi vieille. Désormais, sur le chemin de Créteil, les enfants seraient toujours accompagnées par une sœur. Il fallut répéter vingt fois à Gustave qui reniflait, la tête basse, que ce n'était pas sa faute, que personne n'aurait pu prévoir...

Sandrine guérissait, Sandrine impassible. « Aucune

séquelle grave, assurait le médecin. Un mauvais rêve... » Les sœurs entouraient de petits soins cette enfant qui, à leurs yeux, n'était plus une enfant. Plus une enfant : plus âgée qu'elles... « Merci, ma sœur... Non merci, ma sœur... » Sandrine impassible. Elles la dévisageaient avec curiosité, c'était bien la première fois.

— Vous êtes encore là, ma sœur... Pourquoi me regardez-vous ?

M. Thominet vivait dans la fureur et la honte. Il aurait voulu étrangler de ses mains l'homme du terrain vague. Il s'était rendu plus d'une fois sur les lieux en autobus, trajet interminable, avec l'espoir et la crainte de rencontrer le monstre. « Il aurait le dessus ? Il m'assassinerait ? — Eh bien, tant mieux ! » Il voulait payer lui-même, puisque personne d'autre ne le ferait, la honte d'être un homme. Ses seules consolations étaient sa pipe et un petit restaurant qu'aimait Sandrine.

— Encore un carafon de rouge, Maria.

— Vous noyez vos chagrins d'amour, M. Thominet ! plaisantait la servante.

Et la débitante :

— Encore un paquet de tabac ? Mais vous m'en avez déjà pris un hier...

Laisser-aller, expression tragique ! Loin de sa source, de sa fleur, de son oiseau, M. Thominet se laissait aller. La sœur portière lui en fit la remarque.

— C'est la tristesse, ma sœur.

— Eh bien ! sortez-en : la Mère supérieure m'a chargée de vous dire qu'elle autorisait de nouveau les promenades à partir de mercredi.

— De mercredi ? De mercredi !

Elle crut que M. Thominet allait l'embrasser.

Sandrine est debout dans le parloir, comme le premier jour, au côté de la Supérieure et plus droite encore.

— Sandrine !

Elle a sursauté en entendant cette voix d'homme et sa main vient d'agripper la robe de la Mère ; c'est un réflexe de tout petit enfant.

— Sandrine !

Ce visage lui paraît tellement changé, *vieilli,* que M. Thominet a envie de pleurer. La honte... Il s'avance vers elle ; il va la saisir dans ses mains, l'embrasser. Mais le petit animal vient de froncer ses narines ; il flaire le danger : cette odeur de tabac, d'habit sale, de viande et de vin...

— Au secours !

Une peur à vomir, à hurler, à mourir...

— Au secours !

De ses deux mains elle tire à elle la robe blanche comme une couverture et elle y enfouit son visage. Du fond de ce refuge elle continue d'appeler au secours, mais on n'entend plus que des sons étouffés, mi-cris, mi-larmes.

— Éloignez-vous, commande la Supérieure. (Parrain regarde autour de lui : à qui parle-t-elle donc ?) Allons, éloignez-vous d'elle, voyons ! (Il obéit, à tout hasard.) Sœur Hélène, reconduisez-la au dortoir : au lit avec un petit calmant... C'est sœur Hélène, ma petite chérie, tu la reconnais bien ?... Mais parlez-lui donc, sœur Hélène !

Sœur Hélène sent bon l'encaustique, le cierge, la propreté un peu fade : Sandrine se laisse emmener. Elle trébuche, elle ne parvient pas à reprendre son souffle. La Mère a saisi M. Thominet par le bras — geste insolite, mais quoi ! il ne va pas rester planté ainsi, la bouche ouverte et les yeux brillants, jusqu'à Complies ? Elle le reconduit.

— Mais... je ne comprends pas... Ma Mère... Sandrine... pourquoi ?

— C'est pourtant facile à comprendre, dit sèchement la Supérieure. Et elle pense : « Je n'aurais jamais dû permettre... Même Gustave est de trop ici ! »

M. Thominet remonte de ses abîmes en suffoquant.

— Ma Mère, est-ce que vous pensez qu'un jour... Demain, peut-être...

— Demain ? Sûrement pas.

Les voici qui franchissent la première grille. Le portail s'ouvre.

— Mais je pourrai tout de même...

— Allons, il s'agit d'elle et non de vous. Adieu, M. Thominet.

Les passants regardent un gros homme hébété, qui halète comme un chien devant un portail fermé — non ! qui pleure à présent, et un enfant le montre du doigt.

VII

SOLDATENBERG

AU plus noir de la Forêt-Noire, en Allemagne, se cache une ville oubliée de tous et qui se nommait autrefois... — Mais plus personne ne s'en souvient. Ceux qui la situent encore, et c'est en baissant la voix, disent *Soldatenberg*, « la Ville des Soldats ». Pourtant ce nom-là ne figure sur aucune carte.

A Soldatenberg, ni gare ni poste. Ce n'est pas par courrier qu'on communique avec l'au-delà ; et si vous demandez (je vous le déconseille) à l'un de ses noirs habitants comment il est parvenu jusqu'ici, il vous répondra tout naturellement : « Derrière le corbillard. » Au flanc de la petite ville s'étend, en effet, un cimetière plus vaste qu'elle et dont toutes les tombes sont strictement semblables ; elles n'abritent que des soldats des deux dernières guerres. Je dis bien « guerre » : Soldatenberg est le seul lieu d'Allemagne où l'on n'allie jamais le mot défaite au mot guerre. La ville n'est peuplée que de parents de tués ; ils ont fait transporter ici le corps de leur héros parce qu'ils ne pouvaient plus supporter pour lui la prosmiscuité avec des gens morts dans leur lit, ni pour eux la communauté avec tous ces survivants sans mémoire. Ici, à Soldatenberg, on peut survivre sans

198

honte : on ne pense qu'à ses morts, on ne parle que d'eux. Le cimetière constitue la seule promenade de cette ville austère sans arbres ni fontaines, sans rien qui distrairait l'esprit ou marquerait que le temps passe. Les saisons y paraissent une anomalie ; été comme hiver (mais ces mots ne signifient plus rien), on y porte les mêmes habits de deuil. Une habitante s'était permis d'apporter avec elle des oiseaux qui chantaient. Qui chantaient à Soldatenberg ! La réprobation fut telle qu'elle dut quitter la ville, abandonnant les tombes de ses trois fils. On pensa qu'un deuil aussi accablant lui avait dérangé l'esprit. Des oiseaux... Pourtant, le silence ne règne pas à Soldatenberg ; on y parle beaucoup, mais toujours à mi-voix comme dans une salle d'hôpital — ou plutôt dans quelque immense dortoir dont ces vieillards vêtus de noir seraient les surveillants.

Pas tous des vieillards, cependant. Trois générations se partagent la ville inégalement : les parents des tués de 14-18 (il en meurt chaque jour et on les enterre auprès de leur enfant) ; ceux des morts de la Seconde Guerre mondiale ; et puis leurs veuves ou leurs fiancées qui ne sont plus très jeunes, elles non plus. Mais on vit fort vieux à Soldatenberg ; le temps s'y est arrêté, chaque jour y est composé d'habitudes minuscules et monotones dont la plus tenace est celle de vivre.

La venue de ces épouses et de ces promises à jamais frustrées ne fut pas aisée. Les mères étaient jalouses d'elles ; en fait, elles n'admettaient guère qu'une seule rivale, la Patrie allemande, qu'au secret de leur cœur elles haïssaient. Moins toutefois que ces jeunes femmes vivantes dont la fidélité était plus *méritoire* que la leur. Heureux, pour leur honte, de voir un autre visage que celui de leur vieille compagne, heureux de pouvoir conserver auprès d'eux, même en contrebande, une enfant attentive, les pères exigèrent (toujours à mi-voix) qu'on admît à Soldatenberg ces veuves et ces fiancées pour l'éternité. Il s'élevait bien entre elles contestations et rivalités lorsqu'elles se montraient à la dérobée les photos (de plus en plus démodées, mais comment l'auraient-elles su ?) de leurs morts. Naturellement, jalousie, mépris ou prétention ne s'exprimaient jamais que par des coups d'œil et des soupirs ; mais, à Soldatenberg, on ressent les silences plus vivement que les paroles. On cite le cas d'une habitante encore jeune qui mourut du seul soupçon que son fiancé, mort sur le front de l'Est, eût connu, avant elle, l'une de ses voisines de Soldatenberg. Celle-ci avait tressailli en apercevant la photo et, par la suite, poliment refusé de montrer le portrait de celui qu'elle pleurait. Impossible, n'est-ce pas de lui demander un surcroît d'information ? Davantage encore de lui tendre un piège ? Il ne restait donc qu'à mourir de douleur, de façon à être enterrée la première auprès de son héros. La première et la seule, car l'autre fiancée quitta la ville.

Les parents connaissent, en silence, d'autres conflits. Ce qui les ronge nuit et jour est la hantise que leur enfant soit mort pour rien. Ils voudraient bien recevoir une fois pour toutes l'assurance du contraire, mais les grands stratèges leurs mènent la vie dure. Lorsque ces parents inconsolables se penchent, et c'est à toute heure, sur les cartes du front, ils sont bien obligés de constater que toutes sortes de manœuvres (celles où leurs héros ont trouvé la mort) étaient inutiles, ou irréfléchies, ou prescrites au nom du seul prestige et avec un grand mépris de la vie des autres. Comme cette pensée les rendrait fous, ils se mentent entre eux, suscitent d'improbables témoignages — réinventent la guerre. A les entendre, elle devient brève, utile, victorieuse. Ils feignent de s'en persuader au cours de leurs interminables conciliabules, cartes en mains ; mais les nuits sont plus dures. La plupart portent indûment les décorations de leurs fils. Pour l'anniversaire des grandes batailles, ils organisent des reconstitutions illusoires. « A ce moment-là, j'avance mon corps d'armée... Le soleil se lève, raconte le père de l'artilleur porté disparu durant l'hiver 42, voici déjà six heures que nous pilonnons sans relâche les positions adverses... Je donne l'ordre de ralliement à toutes les escadrilles, il est 3 h 17... » Tous ces vieillards jouent aux soldats de plomb avec leurs morts, cependant que leurs épouses prient dans l'immense église chuchotante, illuminée de cierges et toujours à moitié vide car les hommes refusent d'y mettre les pieds. Jamais ils ne pardonneront à Dieu « la mort de notre fils », disent-ils — en fait, d'avoir conduit à la défaite une armée qui affirmait sur la boucle de ses ceinturons que ce Dieu était avec elle. Cette petite société aux cheveux blancs, aux habits noirs, aux yeux rouges a vécu quelque temps dans l'égalité et la fraternité illusoires des sorties d'enterrement ; mais elle a très vite retrouvé les normes de toutes les petites villes. Toutefois, ce n'est pas l'argent ou le pouvoir qui sous-tendent la hiérarchie sociale à Soldatenberg, mais le grade du mort. Cette population est le reflet de l'armée qu'elle pleure en silence et, dans les rues, les parents des simples soldats saluent les premiers ceux des officiers.

Ainsi vit Soldatenberg, hors du temps, cité stérile aux dépens de laquelle s'agrandit chaque jour son cimetière. Denrée interdite, les nouvelles des vivants n'y parviennent jamais. La seule qu'on attende en secret, la question muette qu'on devine dans le dernier regard des mourants, c'est : *Quand ?* Quand vont-ils enfin déclarer la Troisième Guerre mondiale qui vengera — non ! qui confirmera à jamais la victoire historique de nos héros ?

Mais ce n'était pas ce chemin-là qu'empruntait l'Histoire. Loin de Soldatenberg, les hommes d'État avaient, au contraire, décidé la Réconciliation définitive. Pour la sceller à la face du monde ils cherchaient une date et un lieu mémorable. Ils choisirent l'anniversaire du combat le plus meurtrier et le plus grand cimetière militaire d'Allemagne. C'était Soldatenberg. Ses habitants apprirent donc que les embrassades officielles entre ennemis de toujours auraient lieu sur leur territoire ainsi qu'un banquet en plein air, arrosé de bière et de larmes, où fraterniseraient les compagnons de leurs enfants et leurs meurtriers. La consternation première fit bientôt place à la rage. On se sentit revivre à Soldatenberg. Les pieuses habitudes furent rompues ; il ne s'agissait plus de batailles théoriques, plus de reconstituer l'histoire mais de la faire dérailler. Toutes les décisions prises le furent à l'unanimité (cela signifie : d'une seule âme) dans l'égalité et la fraternité des premiers jours.

Quand le cortège des Présidents, quand les trente-neuf autocars transportant des anciens combattants grisonnants, mutilés de préférence et tout cliquetants de médailles, quand la caravane de la grande Réconciliation arriva en vue de Soldatenberg, ils ne virent qu'un immense brasier qu'on entendait crépiter de très loin. « On dirait Reims », se rappela un très vieil homme qui n'avait plus qu'un bras ; et un autre, plus jeune, dit en allemand : « On dirait Stalingrad... » Le Président français se tourna, en pinçant les lèvres et en levant un sourcil, vers le Chancelier allemand qui aboya quelques ordres. Mais il était trop tard : Soldatenberg s'abîmait dans les flammes et l'incendie gagnait déjà la forêt avoisinante. Seule, la flèche de la cathédrale dépassait encore du désastre, pareille au bras d'un homme qui se noie. Noire et blanche, réfugiée dans l'immense cimetière comme un scorpion au centre d'un cercle de feu, la population de Soldatenberg, fière et terrifiée, éblouie par ces projecteurs d'enfer, apparut aux Officiels comme l'image même de la Fidélité, c'est-à-dire de la Mort.

VIII

VITE, BOURREAU !

C'ÉTAIT exprès que les deux types qui traînaient Alejo jusqu'à sa cellule l'avaient laissé s'affaler *à côté* de sa paillasse. La porte claquée, la lourde clef deux fois tournée, il avait tenter de s'y hisser — impossible ! Son corps entier n'était que plaies ouvertes. Et vidé de toute force : la mystérieuse, la silencieuse machine qui, depuis trente ans, le faisait respirer, agir, marcher sans qu'il eût à y penser, trois heures avaient donc suffi à la casser ? Le cœur y battait encore ; et l'esprit fonctionnait, hélas, presque mieux qu'avant, mais dans un désert de ruines — et cet esprit récapitulait froidement, comme s'il se fût agi d'un autre, les tortures que ce corps démantelé, désaffecté, venait de subir. Et chaque fois qu'il se remémorait tel ou tel supplice, une certaine partie de ce corps se réveillait, se rappelait à Alejo.

Cette impitoyable exploration finit par le ranimer tout entier. A présent, son corps ne ressemblait plus à une machine inerte, abandonnée sur une décharge ; il brasillait comme une ville, la nuit, le long d'une rade. Un scintillement de douleurs, incessant mais jamais le même ; et Alejo s'étonnait non pas de ce qu'on pût souffrir autant, mais de tant de manières. Et surtout

qu'on sût faire souffrir de tant de manières ! Comme ils
s'y entendaient, les hommes de la pièce haute, le
bourreau et ses aides... L'officier n'avait même pas
besoin de donner des ordres : un mouvement de tête, un
clin de paupières, et les types aux avant-bras nus
passaient à la torture suivante. Il existait donc un ordre,
une progression des supplices ? Une école où ils avaient
appris ce métier, suivi des exercices pratiques, reçu un
certificat d'aptitude ? Alejo savait que cela existait dans
d'autres pays — plus de soixante ! affirmaient ses
camarades de la Section. Mais chez lui, « chez nous » ?
Cela, il avait toujours refusé de le croire. Ce gros homme
à la moustache noire, qui le maintenait nu à cheval sur
une barre de fer (c'était au début de la séance), ce gros-là
ressemblait trait pour trait à Alvarez le forgeron ; il aurait
pu être son frère. Et l'autre, qui lui avait enfoncé des
pointes sous les ongles (et ses mains, à ce souvenir, le
brûlèrent de nouveau), une pointe sous chaque ongle,
avec une application de bon écolier, ressemblait justement à l'un de ses camarades d'école. Et leur chef, qui
respirait si court et ne croisait jamais votre regard, on
pouvait sûrement voir dans sa maison ses photos en
premier communiant, en conscrit, en garçon d'honneur.
Chaque soir, il devait monter embrasser ses enfants avant
qu'ils ne s'endorment, s'enquérir s'ils avaient bien dit
leur prière et, le dimanche, auprès du *padre,* en tournant
son képi, s'ils apprenaient bien leur catéchisme. Quel
maléfice les avaient donc jetés, ces hommes et lui, de
part et d'autre d'une frontière qui n'était pas seulement
vie et mort, mais souffrance infligée savamment, patiemment, progressivement ? Alejo avait toujours jugé que
toute guerre était criminelle, inutile, à la fois tragique et
enfantine — et n'était-ce pas cette conviction qui l'avait
conduit au parti socialiste ? Mais à la guerre, du moins,
les hommes d'en face étaient des étrangers, des incon-

nus ; et l'on tirait sur eux de loin, aveuglément, anonymement, avec l'espoir de les tuer d'un coup. A la guerre, le mal et la souffrance n'étaient que des *sous-produits* ! Tandis que faire souffrir un homme de sa race, calmement, un peu plus chaque jour : l'amener au seuil de la mort ou de la folie, mais surtout pas au-delà... Oui, quel maléfice, quelle machine infernale qu'il ne semblait au pouvoir d'aucun de ses servants d'arrêter ?

Le premier jour, ils avaient abruti Alejo tour à tour d'injures et de promesses. Mais, dès le lendemain, un silence beaucoup plus éprouvant que leurs obscénités... « Les noms », réclamait seulement l'officier d'un air las.

— Quels noms ?

Alejo ne reconnaissait même plus sa propre voix.

— Ne faites pas l'imbécile ! (Le premier jour, on le tutoyait ; il préférait cela.) Ne faites pas l'imbécile, *Théophilo* !

— Ce n'est pas mon nom.

— C'est celui que vous portez dans la Section. Nous savons déjà beaucoup de choses. Et ces noms que vous allez me livrer, dites-vous bien que nous les connaissons déjà tous, probablement.

« Il ment », pensait Alejo de toutes ses forces. Ç'aurait été si tentant de le croire, d'en finir avec ces fulgurances de douleur, ces cris de bêtes, ce sang qui l'aveuglait... — « Il ment ! »

— Nous connaissons probablement tous ces noms, reprenait l'autre en allumant une cigarette. (« Mon Dieu, ils vont encore me brûler la poitrine et le sexe ! Et puis ce seront les électrodes. Et puis... ») Si vous me livrez les noms des autres membres de la Section...

— Quelle Section ?... Aïe ! arrêtez !

— Si vous me dites leurs noms, vous ne les aurez pas trahis : ils sont déjà sous surveillance, tous ! Peut-être même empêcherez-vous qu'on emprisonne à leur place des innocents. Y avez-vous réfléchi ?

Le silence. Se taire, serrer les dents à les faire éclater (cela arrivait), regarder ailleurs...

— Eux, leur femme et leurs enfants, insista l'officier en se levant, en faisant quelques pas.

Alejo l'observait de dos : « J'ai toujours détesté l'uniforme, pensa-t-il soudain : leur ceinturon, leurs bottes, la casquette sur leur nuque raide. C'est cela qui les rend si forts à leurs yeux ; c'est pour cela qu'ils ne se montrent jamais tête nue. Un bourreau sans bottes... Les hommes de cuir et les autres : voilà comment se divise l'humanité, pas autrement ! »

Au début de chaque *séance,* son esprit se mettait à galoper de la sorte — et puis il sombrait, d'un seul coup. Alors, il cessait de distinguer le décor, les visages ; plus rien que des demi-ténèbres écarlates, des voix déformées. .

— Hé ! je vous parle !

L'officier s'était retourné ; son regard paraissait de la même couleur que la boucle de son ceinturon.

— Vous êtes marié, Alejo Gomez ?

— Vous le savez.

Mais ce qu'*ils* ne savaient pas, c'était que Josefa attendait un enfant, leur premier, pour la fin du mois. Ni qu'il l'avait placée en sûreté chez son oncle des montagnes, un socialiste lui aussi, mais vieux renard sur lequel aucun policier, qu'il sautât hors d'une jeep en claquant la portière ou qu'il fût déguisé en colporteur, n'aurait jamais prise. Alcido... En songeant à lui et au refuge de Josefa, l'homme torturé se sentit soudain plus fort que ses bourreaux et leurs instruments lui semblèrent dérisoires. Il prit garde que son visage n'en exprimât rien.

— Josefa Gomez, dit l'officier à mi-voix, en ne cessant de l'observer.

Le silence, de nouveau. L'un des hommes, celui qui ressemblait au forgeron, regarda l'heure à son énorme poignet. Ce geste parut tourner une page.

— Vous ne voulez pas me dire ces noms ? reprit l'officier d'une voix brève. ET NE ME DEMANDEZ PAS : « QUELS NOMS ? » (Il venait de hurler.)

Alejo ne bougea pas. Les dents serrées... Mais son cœur se mit à battre la forge.

— Bien. Allez-y, vous autres, et ne me dérangez que s'il change d'avis.

Il se dirigea vers la porte. Il allait retourner dans une pièce humaine, lire, écouter de la musique peut-être. Alejo l'envia comme il n'avait jamais envié personne. Avant de sortir, l'homme de cuir se retourna :

— Josefa Gomez, fit-il encore mais sans élever la voix.

« Il ment, se répéta Alejo. Eh bien, oui, il sait que je suis marié. N'importe qui peut le savoir. Et après ? » Mais il haletait déjà, bien que les autres n'eussent pas encore repris leur besogne.

Cela avait duré... comment savoir ? Depuis trois jours (trois ou quatre ?) Alejo était sorti du temps. Quand, le long des couloirs puants, on ramenait le pantin disloqué, quand on le jetait au pied de sa couche si dure — de ce nid, de ce paradis qu'elle eût été pour Alejo si seulement il avait pu s'y hisser — la petite flamme qui tremblait encore dans sa tête ne formulait aucune autre pensée que celle-ci : « J'ai trop mal, je ne vais pas pouvoir dormir... J'ai trop mal, je ne vais... » — Et il tombait endormi : le néant, l'infini.

Ce n'étaient pas ses blessures qui le réveillaient, mais au contraire l'absence de souffrances. Durant un instant, le seul heureux de sa journée, se produisait ce prodige : « Je devrais avoir mal partout et je suis bien. . » Un instant ! un seul instant, et puis le corps se réveillait, par places : des aigrettes de douleur, le feu ici puis là et, à toutes les jointures, ce sang durci : un mur salpêtré, un insecte sous sa carapace. Alors, il commençait à respirer trop court en répétant, au rythme même de son souffle : « Josefa... Josefa... Josefa... » Ce nom et ce visage étaient son seul remède, sa seule revanche. Le temps passait ainsi. Ou plutôt Alejo tentait de l'arrêter ainsi : car bientôt ce seraient les rumeurs, d'une cellule à l'autre, les cris des gardiens et, là-bas, du côté de la chambre haute, les longues plaintes d'abattoir. « Il boutonne sa vareuse, pensait Alejo, il boucle son ceinturon, il se regarde au miroir. Il enfonce sa casquette sur ses cheveux ras, il ne la quittera plus de la journée... » N'était-ce pas sa voiture dont les portières venaient de claquer dans la cour de la prison, en même temps que les talons des sentinelles ? Et la journée allait reproduire celle d'hier, cri pour cri, supplice par supplice ; avec les mêmes questions, d'un ton de plus en plus las ; et les dents serrées, le corps à la fois plus désarmé qu'hier et secrètement plus cuirassé... Les mêmes chemins rouverts aux mêmes souffrances, jusqu'à quand ? jusqu'à quand ? « Ah ! si seulement je pouvais, comme certains, m'évanouir de douleur... » Alejo se mettait sur son séant puis, en vacillant, sur ses pieds « Ne pas livrer les noms, ne pas livrer les noms... » se répétait-il en étirant ses membres tout doucement, en inventoriant ce corps comme on défait un paquet précieux, avec une patience, une minutie de chirurgien. Ce corps étranger, *ce corps qui leur appartenait.* Ce corps qui soudain frémissait tout entier parce que, là-bas, au fond du couloir, des pas se faisaient entendre.

Dans chacune des dix-sept cellules, un homme au visage tuméfié, au corps violet, un homme descendu de la croix, fermait les yeux pour mieux écouter ces pas. Où allaient-ils s'arrêter, cette fois ? Tandis qu'ils passaient devant sa porte, il retenait son souffle. Non ! ce n'était pas encore pour lui, pas encore pour maintenant...

Les pas s'arrêtèrent trois ou quatre cellules après celle d'Alejo, la clef tourna deux fois, la porte grinça. « Allez, toi !... Plus vite que ça ! » C'est alors que s'éleva la voix de l'inconnu, et le visage d'Alejo se figea car il avait cru reconnaître... — Mais non ! le vieil Alcido restait terré dans ses montagnes, bien à l'abri. Un autre prisonnier de poil gris, à la voix lente, à l'accent paysan comme lui, voilà tout ! Déjà l'esprit d'Alejo avait fait le tour de sa prison et se cognait aux murs.

— C'est impossible, dit-il à voix haute.

Puis comme il ne parvenait pas à s'en persuader, il se mit à crier :

— C'est impossible ! C'est impossible !

— **Ta gueule** ! hurla de loin l'un des gardiens.

La nuit tombe et les pas ne sont pas revenus. Alejo se refuse à espérer, mais comment empêcher son esprit d'escalader les nuages ? « Pas de séance aujourd'hui ? Peut-être laissent-ils le corps reprendre des forces pour mieux le torturer le lendemain ? Ou peut-être veulent-ils que je reprenne espoir afin de tomber de plus haut ? C'est un de leurs pièges... Ou alors, un autre détenu leur aura livré les noms... » Un moment, Alejo l'espère ; puis ce réflexe lui fait honte et horreur. Il souhaite presque qu'on vienne le chercher, là, maintenant, afin d'effacer cette tentation. Le silence descend peu à peu sur la Maison des morts. « Comment dort-on quand on n'a pas eu sa ration de souffrances ? Peut-être ne parvient-on pas à s'endormir, justement... »

Il ne le saura pas. Déjà son oreille a perçu les pas, à des étages, à des couloirs d'ici. Les pas... Dans chaque cellule, un prisonnier se recroqueville, comme font les

bêtes sans défense. Certains se réveillent en sursaut :
« Non, non, deux fois par jour, ce n'est pas possible ! »
Ils ont déjà pris leurs habitudes en enfer. Ils acceptent
leur ration de tortures, d'injustice, d'humiliation — mais
pas une once de plus ! Un code implicite s'est déjà
imposé entre bourreaux et victimes : deux fois par jour,
ça non !...

Les pas s'arrêtent devant la cellule d'Alejo. La porte
de fer s'ouvre devant les gardiens, devant ce couloir de la
même couleur que leurs uniformes, les lucarnes aveugles, les ampoules nues :

— A cette heure-ci ? demande Alejo d'une voix
d'enfant.

Il pénètre dans la chambre haute en frissonnant. Ce
n'est ni le froid, ni la nuit, ni la peur des supplices de la
veille, mais une sorte de terreur inexplicable.

— Alejo Gomez, dit l'officier avec un sourire détestable, tâchez de bien vous tenir aujourd'hui : vous avez du
public... Allons, regardez !

Statue dont le cœur bat, Alejo refuse de tourner le
buste, la tête, le regard ; il faut que, sur un signe de
l'homme au ceinturon, l'un des aides l'empoigne et, de
force... « Tu vas te tourner, nom de Dieu ! » Alors, il se
trouve devant Josefa.

Ils se regardent, la bouche ouverte, le souffle court,
sans un geste. Leur vie, leur âme sont réfugiées tout
entières dans leur regard. Pas une larme. « Ils ne l'ont
pas touchée, constate Alejo. Intacte, elle est intacte » —
et il trouve le courage d'en remercier le Ciel. N'était ce
ventre énorme, elle aurait l'air d'une toute petite fille.
Jamais il ne l'a autant aimée.

— Je pense que, cette fois, vous allez me livrer les
noms des hommes de la Section, reprend doucement

l'officier. Vous ne voudriez pas, dans l'état où elle se trouve, infliger à Josefa Gomez un spectacle répugnant !

— Alejo, dit-elle d'une voix grave et basse qu'il ne lui connaissait pas, ne te soucie absolument pas de moi.

— Vraiment ? fait l'officier en allumant une cigarette. Déshabillez-le !

La honte submerge Alejo.

— Ferme les yeux, Josefa !

— En tout cas, elle ne pourra guère se boucher les oreilles, reprend l'officier. Alors, toujours pas de noms ? Pourtant, l'arrestation de votre oncle Alcido devrait vous éclairer... Nous savons tout ! ajoute-t-il d'une voix aiguë, d'une voix de mégère.

— Vous en savez donc plus que moi.

On dirait que la présence de Josefa soudain le galvanise. L'officier s'approche et le gifle. Comme il porte une lourde bague chevalière, le sang coule ; mais Alejo ne sent rien, il est décidé à ne rien sentir.

— Allez-y, vous autres !

— Comme d'habitude ?

La casquette plate acquiesce. Alejo a fermé les yeux, lui aussi, afin de ne pas voir Josefa. « Pourvu qu'elle ne gémisse pas... Non, elle ne gémira pas, j'en suis sûr. Josefa... »

Elle ne gémira pas. Elle a voulu se tourner contre le mur, mais l'un des aides la maintient devant le corps nu, devant cette table encombrée comme celle d'un chirurgien, devant la baignoire, la barre, la croix, la corde. Mais il ne peut pas lui tenir les yeux ouverts de force, l'homme aux doigts rouges !

— Arrêtez, commande l'officier après la troisième épreuve. (On n'entend que le souffle haletant d'Alejo.) Nous allons intervertir les rôles, à présent. Rhabillez-le... *Et déshabillez-la !*

Les trois brutes hésitent un instant. Josefa a paru ne

pas même frémir, mais elle se demande si tous n'entendent pas, en ce moment, son cœur battre. Celui d'Alejo s'est arrêté.

— Allons, reprend l'officier, dépêchons-nous, il va être minuit !

Avec une sorte de respect, l'un des aides retire le châle des épaules de Josefa, puis dégrafe sa robe près de la nuque, puis...

— Non, hurle Alejo.

— Cela ne fait rien, dit-elle très haut.

— Non, crie-t-il de nouveau, ne la touchez pas !

— Alors, dit l'officier, les noms ?

C'est elle qui crie « Non », cette fois, mais déjà Alejo s'est retourné contre le mur pour ne rencontrer aucun regard et, d'une voix rauque, il énonce :

— Francesco Jacob, Adriano de Sanchez, Martin Rodriguez, Armando-Pedro de la Cruz...

L'officier se fraya un chemin parmi l'assistance. Tout le monde, dans la cathédrale, priait avec un sourire de saint sur le visage et des yeux brillants de bonne volonté. Après une journée de chambre haute, cette odeur de cierges et d'encens, le grand orgue, les chasubles dorées, les enfants de chœur rouge et blanc, tout cela rendait son enfance à l'homme au ceinturon. Il avait retiré sa casquette et, avec elle, ce qu'il appelait sa « mission ». Il se sentait pur et bon ; c'est le danger des pompes religieuses. Il se glissa jusqu'aux fauteuils de velours grenat où siégeaient les dignitaires en grand uniforme et leurs épouses en grand deuil, comme il se doit les jours de fête. Le Général-Ministre de l'Intérieur priait, la tête entre les mains. L'officier attendit qu'il se fût relevé de son prie-Dieu écarlate, se pencha vers ce profil célèbre dans le monde entier :

— Il a parlé, mon général, j'ai tous les noms.

— Les mêmes que sur nos listes de suspects ?

— Aucun, mon général ! C'est... c'est une moisson inespérée.

— Alors, dès cette nuit, Commandant ! je les veux tous dès cette nuit... (L'autre s'éloignait ; il le rappela d'un geste impérieux de la main.) Pas d'arrestations à l'intérieur des églises, souffla-t-il.

— Ils n'y vont guère, mon général !

— Une nuit de Noël, on peut tout craindre...

Ils y étaient tous allés. Cela permit à la police de les cueillir sans risque : au sortir de la messe de minuit, qui songerait à se défendre ?

Ce fut aussi cette nuit-là que Josefa mit au monde un enfant mort.

« VEILLEUR,
OÙ EN EST LA NUIT? »

LE CÈDRE
PARMI LES OLIVIERS

NOTRE destin sera-t-il donc, d'année en année, de répéter tout bas, ce qui est la prière des lâches, le nom de toutes ces communautés égorgées sous nos yeux sans que nous fassions un seul vrai geste pour les sauver : Biafra, Vietnam, Liban chrétien ?

« Une grande puissance comme la France... » m'écrit-on. La France, une grande puissance ? — Allons donc, si le miracle puis le mirage du général de Gaulle avaient réussi à le faire croire au monde, il nous faut en rabattre. Si nous étions vraiment une grande puissance, il suffirait que nous jetions dans l'un des plateaux notre force, notre caution, notre arbitrage, et la balance oscillerait. Mais pas d'une once, elle ne bouge pas d'une once ! Quoi d'étonnant ? Que sommes-nous devenus ? Oui, qu'est-devenu le pays du grand rêve universel Liberté - Égalité - Fraternité ? — Un acheteur de pétrole et un marchand d'armes.

Je ne sais pas s'il est vrai, comme l'affirment les fabricants de slogans nationaux, industrie fort prospère, qu' « *en France nous avons des idées* ». Mais, de toute évidence, nous avons perdu une certaine idée de la

217

Justice, et du Courage, et de la Solidarité — bref, une certaine idée de la France qui en valait bien une autre. Nous avons mis le doigt dans l'engrenage détestable de l'argent. La main y a passé tout entière, celle qui priait ; puis le bras, celui qui protégeait ; à présent, le cœur s'y broie. « Enrichissez-vous ! » C'est la maxime de l'Occident, c'est la nôtre : Enrichissez-vous, par tous les moyens !

Hormis les évêques, assemblée de sages que le pouvoir ménage pour des raisons électorales, hormis celle des évêques, quelle voix officielle s'est élevée dans ce pays pour protester contre le commerce des armes ? — « Ce n'est pas sérieux, leur répondit alors le chef du gouvernement, vous êtes des irresponsables : le commerce des armes est indispensable à leur fabrication, laquelle l'est à notre indépendance nationale... » Voilà prononcée la formule magique : indépendance nationale. Mais que signifie-t-elle au juste à l'époque du nucléaire, des armements atomiques stratégiques et des multinationales ? Est-ce vraiment par des défilés du 14 juillet qu'on peut la garantir ? — « Et puis, poursuivait Matignon, qui oserait mettre au chômage trois cent mille ouvriers ? » — Qui l'oserait ? Mais la Crise qui en met trois fois plus au chômage malgré les marchés mirifiques que nos commis voyageurs ministériels vont en personne traiter au bout du monde avec, en contrepartie, en soulte ou en prime, encore et toujours des armements. Oui, la Crise, dont, pour le coup, il serait « irresponsable et peu sérieux » de croire qu'elle n'était qu'un spectre qui va se dissiper à l'aube de la reprise.

Car elle est au cœur du monde, la Crise, comme elle est au cœur de chacun. Au cœur d'un monde où, depuis 1936, toutes les guerres sont des guerres de religion puisque, bien plus que des puissances, ce sont des idéologies qui s'y affrontent et que celles-ci ont remplacé les religions. D'un monde où, depuis 1945, toutes les guerres sont des guerres civiles, même plus « fratricides » puisque, par la grâce de ces idéologies, les hommes d'un même pays s'y détestent. La Crise est au cœur d'un monde où le contraste entre ceux qui sont trop riches et ceux qui sont trop pauvres, individus ou nations, est devenu insupportable ; où les *exclus* demeurent sans voix ; où le « niveau d'envie » s'élève toujours un peu plus que le niveau de vie. Au cœur d'un monde où la torture est institutionnalisée dans plus de soixante-dix pays ; d'un Occident, d'une France où la violence, le chantage et toutes les formes du terrorisme l'emportent, sous l'œil bienveillant des intellectuels ; où les problèmes ne se traitent plus qu'à coups de banderoles, de « manif », de « casse », de routes barrées, de gens séquestrés — procédés proprement enfantins jusqu'au moment où ils deviennent proprement tragiques.

Face à ce naufrage, qui n'est pas celui du capitalisme mais bien celui du matérialisme, qu'il soit libéral ou marxiste, comment ne pas comprendre que notre seule chance serait de changer de cap, de virer bord sur bord ? Et, au lieu de nous ruer docilement dans l'un des deux grands parcs à moutons, celui de gauche ou celui de droite, vers lesquels nous guident si complaisamment les dirigeants, l'Opposition, les mass media et l'air du temps, de chercher en nous-mêmes une autre voie ? En nous-mêmes et chacun en soi, pour commencer. Nous asseoir en silence au lieu de défiler en braillant, réfléchir au lieu de toujours calculer. Une « reconversion », la vraie, la seule. « La révolution sera spirituelle ou ne sera pas. » Elle sera individuelle, personnelle, intérieure, coûteuse, ou elle ne sera pas.

Combien de Français ont rougi de honte en apprenant que leur gouvernement songeait à vendre des armes à

219

l'Égypte le jour même où le Liban se mourait ? En entendant la radio leur parler d'abord du temps qu'il ferait ce dimanche et de l'encombrement des routes, avant de leur donner des nouvelles du Liban qui se meurt ? Mais rougir de honte, pleurer de compassion, souffrir de remords, qui le fait, qui le sait encore ?

Le jour où les Français comprendront que ce qui ne va pas, ce qui est en danger, ce n'est pas tant l'indice des prix ou celui du commerce extérieur que leur âme même ! Et qu'aucun « Programme », de gauche ou de droite, ne pourra nous donner la Justice si nous ne changeons pas de cœur, vous, moi, lui, tous ! Et qu'avant d'instaurer un « socialisme à visage humain », il faudrait d'abord retrouver, sous la crasse de l'argent, du confort, de l'égoïsme, de l'envie, ce qu'est un visage humain — et alors le socialisme viendra de soi, le vrai ! Le jour où les Français refuseront de n'être plus guère que des spectateurs qu'on flatte, qu'on berne, qu'on sonde comme des malades, qu'on persuade qu'ils sont « *opprimés* » ou « *réprimés* », qu'on divise en « méchants » et en « gentils » comme dans les westerns ; quand ils accepteront cette évidence que leur fameux « malaise » est d'abord fait de peur, de regrets, de lâchetés, et qu'ils en sont responsables, chacun à son niveau et chacun pour sa part, qui n'est certes pas la même. Mais aussi qu'ils sont pareillement responsables tous et chacun, de leur propre réveil, de leur salut, de la résurrection d'une France qu'on puisse enfin aimer, d'une France au visage humain, précisément : capable de donner à nouveau des exemples aux autres peuples, mais incapable de leur vendre des armes pour s'entretuer. Le jour où...

Mais quand et comment arriverait-il, ce jour, tant qu'on flagornera, innocentera, aveuglera ce peuple ? tant que l'élevage national sera celui des boucs émissaires ? tant que le pouvoir maniera alternativement l'anesthésie et l'apocalypse ? tant que le personnel politique et les mass media, à coups de grands discours ou de « petites phrases », entretiendront l'exaspération, l'envie, l'utopie paresseuse ?

Patience ! Encore quelques années et l'argent changera de mains, les banderoles changeront d'inscriptions, la revanche changera de camp. Les Français continueront de s'entre-craindre et de s'entre-détester. On continuera de brandir ces mots sacrés : Liberté - Égalité - Fraternité, mais en refusant encore d'en payer le prix, en cherchant à en refiler l'ardoise au voisin. Et l'on vendra toujours des armes, croyez-moi : à d'autres belligérants, voilà tout ! Ne me dites pas que c'est cela, la « Révolution »...

Après tant d'autres qui demeurent notre remords et notre honte, l'agonie prophétique du Liban ne nous aura-t-elle rien enseigné ? Mais ouvre donc les yeux, vieux pays autrefois chrétien ! Il agonise, le Liban, ton ami, ton frère. Il agonise seul, dans l'angoisse et la sueur de sang, tandis que nous dormons. Regarde, regarde ce grand cèdre qui meurt dans le Jardin des oliviers !

(1976)

NOUS VOTONS POUR CÉSAR

LE régime présidentiel dont la Ve République a doté la France m'effraie de plus en plus. Valéry Giscard d'Estaing n'y est pour rien. Mes craintes sont plus anciennes et elles ont commencé petitement : lorsque Georges Pompidou décida que l'on établirait une voie express sur la rive gauche de la Seine parce que, prétendait-il, les villes doivent se plier à l'automobile et non l'inverse. Je me suis dit alors, je m'en souviens : « Si c'est un avis parmi d'autres, il a du poids. Mais si c'est une décision, de quel droit le président la prend-il seul ? Cela ne concerne-t-il pas premièrement toutes sortes d'experts, ensuite les Parisiens ? En l'espèce, M. Pompidou n'est rien de plus qu'un habitant du faubourg Saint-Honoré ! » Depuis, son successeur a condamné cette voie express — décision qui m'enchante mais me semble tout aussi abusive. Maintenant comme alors, quand les véritables intéressés ont-ils été consultés autrement que sous la forme dérisoire d'une pétition ? Car les procédures qui ne prévoient ni consultation ni dialogue contraignent les opposants à la violence, bénigne ou dangereuse. Concertation ou contestation — il n'y a plus d'autre alternative désormais.

222

« VEILLEUR, OÙ EN EST LA NUIT ? »

La voie express rive gauche était un débat mineur, et le « trou des Halles » l'est également ; et davantage encore le rythme vif ou lent de *la Marseillaise*. Mais s'agissant de l'essentiel, de problèmes de vie ou de mort pour les Français, ce serait, c'est déjà la même procédure. Les marathons parlementaires et les causeries au coin du feu n'y changent rien : finalement le président ne préside pas, il règne. Moins impérieusement qu'un dictateur, certes, mais beaucoup plus que n'importe quel souverain — et cela m'inquiète.

Je vois d'ici les yeux et les bras se lever au ciel, et j'entends déjà les réponses irritées :

— Quoi ! Vous préféreriez un président réduit à inaugurer les expositions de chrysanthèmes ! Seriez-vous un nostalgique de la IIIe ?

— Certes non, mais entre Fallières ou Lebrun et les présidents de la Ve, n'existait-il aucun degré de responsabilité, de pouvoir personnel auquel on eût pu s'arrêter ?

— Mais ce sont les Français eux-mêmes qui l'ont voulu ! Vous oubliez que la Constitution a été soumise à référendum et adoptée.

— Soumise à référendum par le général de Gaulle, père de la Patrie, personnage historique dont le passé, malgré l'exemple du Maréchal, garantissait l'avenir. De Gaulle a hypnotisé les Français : anesthésie générale dont nous ne nous sommes réveillés qu'en 68 et dont nous restons encore un peu chavirés... Et puis, jusqu'ici, le référendum n'a jamais servi qu'à plébisciter, ou plutôt confirmer un chef sous des prétextes divers, habiles et doubles, pour ne pas dire « duplices ». On se garde bien de l'utiliser sur des problèmes capitaux tels que la politique atomique ou la vente d'armements à l'étranger. Il est conçu comme un raz de marée, précédé de vagues de propagande et accompagné d'un chantage explicite ou implicite et, par là même, produisant des effets différents de son objectif avoué. C'est parce qu'ils voulaient conserver leur vieux Sénat que les Français ont dû repousser la Régionalisation. Ils ont gardé le Sénat, perdu la Régionalisation et, de surcroît, perdu de Gaulle. Mauvais marché ! Mais c'est que l'enjeu n'en était pas loyal — et n'en sera-t-il pas toujours plus ou moins ainsi ?

— De toute manière, le président de la République est le seul gouvernant élu par tous les Français et, de ce fait...

— Mais non ! Il est présentement (et, tels que je nous connais, il sera toujours) l'élu de la moitié d'entre eux. Un député, porté à l'Assemblée par les trois quarts de ses électeurs, est, en un sens, plus « représentatif » que lui, et cependant il n'a presque aucun pouvoir.

— Vous n'imaginez pas l'unanimité se formant chez nous autour d'un seul homme !

— Non. C'est justement pourquoi cet homme ne devrait pas posséder autant de pouvoir dans les grandes comme dans les petites affaires. Et c'est pourquoi il devrait non seulement éviter « le fait du prince », même dans les domaines anecdotiques, mais multiplier les débats ouverts au Parlement, les controverses publiques à la télévision et les consultations de tous bords *avant* d'orienter souverainement. Il ne doit être ni l'avant-centre ni le capitaine : seulement l'arbitre.

— Dans ce cas, pour suivre votre image, il n'y aurait plus que des « mêlées » !

— Après tout, sur le terrain, la mêlée est une violence contrôlée — et c'est hélas, un idéal dont nous devons nous contenter, ces temps-ci. Mais l'actuel système, lorsque le titulaire sera trop partisan ou seulement trop impatient, risque de tourner à la guerre civile et à la dictature.

— On n'a jamais rien vu de tel aux États-Unis où la règle est la même et depuis bien longtemps !

— C'est que les oppositions y sont moins tranchées. Quel Français connaît vraiment la différence entre les deux seuls partis en présence là-bas, et est-elle décisive ? Aux États-Unis, presque personne ne désire « casser la baraque » ni même changer vraiment la Société. Le citoyen américain ne transporte pas dans son paquetage, comme nous autres, trois révolutions et une Commune inexpiable : jamais une armée américaine n'a fusillé de sang-froid vingt mille de ses compatriotes en trois jours ! L'idée que les Américains se font de leur pays est beaucoup moins contradictoire que celle que nous nous faisons de la France. Ils s'aiment naïvement en l'Amérique ; les Français ne s'aiment plus guère entre eux — voilà le plus grave. Et puis, convenez que l'exemple du président américain n'est guère probant, ces années-ci. Lequel d'entre eux a pu, sans défaillance, faire face à toutes ses responsabilités ? Et, d'ailleurs, *quel homme le pourrait vraiment ?* La tâche est devenue surhumaine. Le même problème se pose pour le président de la République française.

— Le général de Gaulle...

— ... était un surhomme tranquille : une exception, et non un précédent. Je souhaite longue vie à Valéry Giscard d'Estaing, mais Pompidou est mort à la tâche. Lors de ses obsèques, on a pu dévisager sur le petit écran tous ceux qui, si peu d'années auparavant, assistaient à celles du Général : ils avaient vieilli de dix ans, certains étaient méconnaissables. Les années de présidence comptent double, triple ! Georges Pompidou, sagement, voulait les abréger. Sommes-nous donc destinés, durant la fin du septennat, à être dirigés par un homme épuisé ? Et lui-même est-il condamné à cette usure irréparable pour avoir eu le droit de se mêler de tout et s'en être

225

8

servi, d'abord avec ivresse, ensuite par habitude ? Tout cela est inhumain et périlleux.

Le fait que les Princes de l'Opposition n'élèvent là aucune objection et se proposent de reconduire la Constitution telle qu'elle est, ne m'en effraie que davantage. Désormais, c'est la conquête du *pouvoir absolu* qui est en jeu et, à quelque main qu'il échoie, je crie casse-cou. Car, si sage qu'on puisse être, rien ne nous incline à en user avec modération. Toutes les tares et toutes les drogues de l'époque vont dans le même sens : le fossé qui se creuse aussitôt, quoi qu'il en ait, entre le chef et le peuple, et dont les « bains de foule » ne sont qu'un alibi rassurant ; l'admiration des uns, la flagornerie des autres ; l'inertie, volontaire ou non, des administrations, laquelle finit par justifier à vos yeux de faire l'économie de quelques rouages ; la pesanteur et la solennité dérisoires des rites démocratiques qui incitent à s'en passer le plus possible ; cet exil hors de France que constitue la concentration à Paris des sièges de toutes les décisions, aggravé par ce « club » prétentieux et exclusif qu'est l'intelligentsia politique ; l'impatience irréfléchie des masses, le chantage permanent des fédérations, corporations, groupes d'intérêts, et même, à présent, celui des individus, sur lequel les mass media braquent complaisamment le projecteur ; la pression de sondages incessants et artificiels ; cette bourse des valeurs politiques, cette « vedettisation » des hommes publics qui, d'une semaine sur l'autre, gagnent ou perdent un « point »... Oui, cet environnement odieux, factice, ridicule, *qui n'existait pas quand la Ve République est née*, conditionne dangereusement le président. Il se trouve condamné à jouer « Superman » en toute circonstance, même s'il est mal portant, même si (qu'il me pardonne) il n'a pas d'idée précise sur le problème en

question ou pas le temps d'y réfléchir vraiment. Et
comment l'aurait-il, alors qu'il lui faut visiter tous les
grands de ce monde et parfois vendre lui-même nos
produits à l'étranger, se montrer un peu partout en
France et, comme le disent cruellement les journaux,
« prendre l'initiative » à tout propos ? « Étonne-moi ! »
disait Diaghilev à Cocteau. C'est ce que les Français
disent chaque jour à leur président — et malheur à lui si,
dans les moindres circonstances, il n'émet pas la « petite
phrase » que commenteront avec gourmandise tous les
éditorialistes, en lui prêtant plus d'arrière-pensées que
de pensées et en l'engageant parfois, sous peine de
paraître se dédire, dans des chemins auxquels il n'avait
peut-être pas songé !

Tout cela est constitutionnel, sans doute, mais extrava-
gant. Qui aura le courage, dans l'ivresse du pouvoir et le
harassement des affaires, de s'en aviser, d'en tirer les
conclusions et de proposer aux Français un état de choses
plus humain, moins dangereux pour le pays et pour son
président et (pour employer dans son vrai sens un terme
prostitué) plus *démocratique ?* Il est effrayant de songer
qu'à l'issue d'une campagne de plus en plus confuse et
passionnelle, avec ses duels télévisés dont l'escrime est
si douteuse, avec ses sondages qui, comme l'antre de la
Sibylle, sonnent le creux — à l'issue de ce grand
spectacle dont nous nous moquions de si bon cœur quand
il s'agissait des États-Unis — nous accordons frivolement
les pleins pouvoirs à un homme qui, quelles que soient sa
droiture, son intelligence et sa puissance de travail, ne
peut ni les assumer ni ne pas les assumer. Nous votons
pour César.

(1976)

L'INCONFORT ET L'ESPÉRANCE

FRANCE-MUSIQUE a diffusé, l'autre matin, la Vᵉ Symphonie de Beethoven enregistrée par un orchestre composé pour moitié d'artistes éprouvés, pour moitié de gens n'ayant jamais touché un instrument de musique. Ce sont bien les gageures d'une époque ivre de recherche mais aussi de provocation. Cette audition m'a paru encore plus pathétique que discordante : tout à fait à l'image d'un temps où, dans tous les domaines, des hommes ayant acquis une technique, une logique et un goût qu'ils croyaient assurés doivent collaborer avec des nouveaux venus qui les remettent rudement en question et qu'ils considèrent comme des ignorants ou des provocateurs.

En écoutant cette pauvre cacophonie où errait le fantôme aveugle et sourd de Beethoven, je songeais davantage à l'amertume des vrais exécutants qu'à la jubilation rigolarde des apprentis sorciers. C'est que je suis plutôt du camp des premiers...

Mais il serait frivole de mettre de l'humeur dans un tel sujet. Car la seule question, et elle est capitale, est de savoir si nous assistons, *en tout domaine,* à des caprices d'enfants gâtés ou à une révolution culturelle ; si nous sommes en train de vivre une péripétie burlesque ou la fin d'une civilisation, voire les débuts d'une certaine mutation de l'humanité. C'est précisément ceci que je crois — et, dans ce cas, toute humeur, toute polémique, tout jugement tranchant risquent d'être aussi injustes que naïfs. L'honneur et la fidélité ne commandent pas de s'enterrer vivant ; et, puisqu'il est question d'honneur, il faut rappeler, la mort dans l'âme, que les « barouds d'honneur » ne sont jamais que le fait des vaincus. Dans un pays où, sauf erreur, un habitant sur deux a désormais moins de vingt-cinq ans, les combats d'arrière-garde, pour honorables qu'ils puissent être, ne retarderont rien.

Je ne parle pas ici tellement des beaux-arts : musique, peinture, sculpture, littérature ou théâtre contemporains, ni du malaise qu'ils nous procurent le plus souvent. Si l'Art est « ce qui aide les hommes à vivre », les artistes de ce temps ne nous sont pas d'un grand secours... Mais nous nous souvenons, pour notre humilité, que Wagner et Cézanne ont fait scandale et que nos arrière-grands-parents ont traîné Flaubert et Baudelaire devant les tribunaux. Alors, nous préférons faire confiance, assez aveuglément — ce qui arrange les affaires de plus d'un imposteur ! Mais peu importe : de même qu'il vaut mieux libérer dix coupables que de condamner un seul innocent, mieux vaut acclamer dix tricheurs que de lapider un génie. Et puis, il y a les bibliothèques, les discothèques, les musées : entre le Louvre et le Musée d'Art Contemporain, chacun est toujours libre de choisir. Le divorce entre l'art spécifique d'une époque et la majorité de ses contemporains a toujours existé, du moins chaque fois que la société changeait alentour. Pareil aux enfants, l'art court toujours devant ; et quand il traîne c'est mauvais signe...

Non, ce n'est pas de ce malaise-là que je voudrais parler, mais de celui, autrement grave, qui, certains jours, fait de nous des étrangers dans notre propre pays parce qu'il nous semble qu'on ait changé l'esprit, le cœur et jusqu'à l'âme de nos compatriotes. Et, ce qui est encore plus douloureux, parce qu'il nous arrive de ne pas reconnaître nos propres enfants.

Ceux qui ressentent cette souffrance-là, je voudrais les persuader de ne pas prendre une mentalité d'exilés : de ne pas confondre l'amertume avec la dignité, ni le refus avec la fidélité. De ne pas vivre à reculons, mais plus attentifs que jamais, au contraire. De ne pas s'imaginer qu'ils ont des droits absolus sur l'héritage : celui-ci a déjà changé de mains, car c'est bref, une vie. De se demander honnêtement si notre bilan d'action constitue une telle réussite qu'il nous faille absolument en défendre toutes les conquêtes. Oui, le *bonheur* a-t-il avancé sous notre règne ? Finalement, c'est la seule question valable, la seule vraiment humaine — et la réponse est Non. C'est donc que nos buts, ou nos méthodes, (ou les deux) étaient contestables.

Alors, devant ce qui nous paraît violence, égoïsme, amoralité, abandons inacceptables, demandons-nous si « l'Ordre » que nous défendions n'était pas lui-même bâti sur une oppression et une violence invisibles, des privilèges immérités, une morale hypocrite et de circonstance. Je ne parle pas uniquement d'une classe dirigeante qu'il est de mode de vilipender mais dont certaines qualités compensent bien des défauts. Je parle de la France et de l'Occident tout entier ; je parle de cette partie du monde qui se croit chrétienne, mais qui en a relégué l'essentiel : le désintéressement, la défense des petits et des pauvres et, pour tout dire d'un mot, l'Amour. C'est cet essentiel et lui seul qui mériterait notre fidélité et notre courage : qui mériterait que nous le défendions de toutes nos forces, sans mesurer les risques. Cet essentiel, et non pas notre confort moral ou intellectuel

pour lequel je vois tant de braves gens prêts à se battre.
A se battre non pas contre des moulins, mais contre des
tanks — car, encore une fois, ces combats sont perdus
avant même d'être livrés. Que ne se replient-ils pas
sagement sur une position préparée à l'avance, préparée
depuis vingt siècles et, depuis lors, fortifiée par tant de
saints, de héros et de grands esprits dont aucun ne se
souciait de son confort personnel ni ne maudissait son
époque ?

Ceux qui s'obstinent à défendre l'accessoire et ceux
qui, faute de l'avoir reconnu, refusent de défendre
l'essentiel se retrouveront dans le camp des vaincus. Que
dis-je ? Ils y sont déjà, prisonniers sans horizon, incapables de s'évader sauf dans leurs souvenirs. Lorsqu'on a
l'heur, privilège ou malchance, de vivre une mutation de
l'humanité, à quoi sert de se lamenter sur « la fin de la
civilisation » ? Il ne s'agit jamais que de l'une d'entre
elles, et l'Histoire en a plus d'une dans son sac. Et qu'on
ne parle pas de « la fin de la civilisation chrétienne » ! Il
faudrait pour cela, qu'elle eût réellement commencé : je
veux dire que le monde entier eût déjà la révélation de
l'Amour. On en est loin, et la faute à qui sinon aux
chrétiens ?

L'univers se trompe au sujet de l'Occident. Il y voit
volontiers et non sans envie, la patrie du confort alors
que c'est tout le contraire. Jusqu'à leur dernier souffle,
les gens de ma génération y vivront dans l'inconfort. Mais
il dépend d'eux d'y vivre aussi dans l'espérance.

(1975)

« NOS FILS »

Cette grève des étudiants, la seule qui ne nuise qu'à ceux qui la font, donne une fois de plus la mesure du fossé qui les sépare du reste du pays. Les paysans les considèrent comme des paresseux ; et quelques contacts, le temps d'une vendange ou d'une moisson, ne suffisent pas à amorcer une alliance. Les ouvriers, qu'ils ne cessent d'appeler dans leur camp, se sentent, à tort ou à raison, d'une tout autre race qu'eux. « *Si j'avais leur chance, je commencerais par travailler !* » Trop de vieux ouvriers auraient souhaité voir leurs enfants poursuivre des études, trop de jeunes voulu pouvoir le faire, pour que les uns et les autres ne s'érigent pas en juges exigeants. La soudure n'est pas faite. Les responsables et les cadres d'entreprise ou d'administration se sont forgé des critères de jugement auxquels les étudiants répondent mal. Quant à l'immense peuple des *métro-boulot-dodo,* il considère d'un œil sans indulgence des jeunes qui font beaucoup parler d'eux et dont le travail et les horaires semblent si peu rigoureux à côté des leurs. « *Et, en plus, ils ne sont pas contents !* » Enfin, la France silencieuse, de loin majoritaire, déteste et craint les braillards, la casse, les inscriptions sur les murs. Depuis mai 68, la masse des Français est vaccinée contre les étudiants. De toute manière, n'a-t-on pas, de tout temps, lapidé les prophètes ? Or, en mai 68, les étudiants étaient à la fois Barabbas et Jésus — quelle confusion !

Ils devraient, du moins, avoir pour alliés les partis de l'Opposition et ces syndicats qui, une main sur le cœur, de l'autre organisent volontiers le désordre. Mais ceux-ci n'aiment guère être concurrencés en matière de critique, voire de démagogie, encore moins se trouver débordés tactiquement. Manipulables, les étudiants sont les bienvenus ; libertaires, anarchistes, partisans de la révolution permanente, ils deviennent détestables et dangereux. Des gens qui se dressent contre « le système », contre le pouvoir, mais qui déclarent : « *La gauche ne nous propose rien* », que voulez-vous en faire ?

De cette mise en ghetto les étudiants ne s'avisent guère. D'abord, parce qu'à leur âge on se croit aimé. Ensuite, parce qu'ils sont nombreux, ou plutôt s'imaginent tels du fait qu'ils vivent agglomérés. Nombreux, donc puissants ! Leur a-t-on assez répété que, grâce à leurs générations, la France était redevenue une nation jeune ? — Ce qui est complètement faux sauf en temps de guerre, et encore ! de guerre conventionnelle. Une nation n'est vraiment jeune que lorsque ses esprits le sont, lorsque ses citoyens espèrent, imaginent et entreprennent, au lieu de compter leurs sous. Un pays, le nôtre, dont le quart du revenu national passe en protection sociale de toute espèce est peut-être hautement civilisé, mais risque fort de tourner le dos à la « jeunesse ».

Et puis, pour conforter les étudiants dans leur rôle messianique, il y a eu mai 68 qu'aucun d'eux n'a vécu mais qui est devenu leur « *Parlez-nous de lui, grand-mère !* » Mai 68 leur est ce que la Commune de 1871 est pour les communistes. Ils ne savent pas encore que toute fidélité qui ne demeure pas une blessure béante tourne en banquets, discours et couronnes.

Toutefois, ceux qui consentent à ne pas suivre aveuglément leur peur, leurs calculs ou leur irritation pourraient avancer à petits pas dans ce problème des étudiants.

La première règle serait, comme pour « les jeunes », de ne pas les mettre tous dans le même sac, soit pour les honnir, soit pour les exalter. Il existe, chez eux comme parmi nous, des intelligents et des idiots, des brutes et des subtils, des travailleurs et des profitards. Des étudiants qui s'épuisent à exercer un *job* de nuit pour payer leurs études, et d'autres qui ne se présentent même pas aux examens et se contentent de manger, un ou deux ans durant, aux frais de la nation. Mais, pas plus que les policiers, les médecins ou les journalistes, les étudiants ne mettent d'ordre dans leur propre maison. La confraternité, la solidarité couvrent, là aussi, tous les abus. De même, il y a des étudiants qui veulent « tout foutre en l'air, pour rien, pour voir, parce que merde à la fin ! » Et d'autres qui, s'étant juré plus profondément de changer la société, ont compris qu'il convient d'abord de s'y mêler : qu'on doit placer la dynamite au cœur de l'objet à détruire et non à l'extérieur ; et que, pour dérégler des rouages écrasants, il faut d'abord les connaître. Les vrais révolutionnaires ont été le plus souvent des jeunes gens studieux. Michel Rocard est inspecteur des finances, Charrette, juge d'instruction.

D'abord, ne pas les mettre tous dans le même sac ; ensuite, comprendre leur désarroi qui, études et débouchés mis à part, est aussi celui de leur âge, celui du siècle tout entier. Faut-il répéter que ce sont moins les méfaits de la drogue qui sont angoissants que les raisons qui y conduisent ? Et que ce n'est pas l'érotisme qui est inquiétant, mais le manque d'amour ? Mais, pareils aux aveugles, nous ne savons lire que le relief des événements, alors que leur creux est tragique.

L'Occident se trouve au bord du vide et, là, sa Sécurité sociale ne peut rien pour lui. Les jeunes, et premièrement les étudiants, le ressentent mieux que nous autres qui avons plus ou moins pris racine. Ce vide leur donne le vertige, et ce vertige se traduit en refus, violences et « ny-a-qu'isme ». La tête farcie de doctrines qui, elles aussi, ont fait faillite ailleurs ; vivant dans un perpétuel divorce d'avec l'existence quotidienne et responsable qui est la nôtre, avec ses douleurs, ses joies son petit bonheur ; exaltés par des maîtres dont beaucoup ne sont que des jongleurs, des apprentis sorciers ou des démagogues peureux ; habités par l'inévitable prétention ou présomption propre à leur âge — comment les étudiants pourraient-ils se prêter à une concertation patiente, alors que leur problème est peut-être le plus ardu de ceux que doit, ou plutôt que devrait affronter le pouvoir ?

Car il est temps de parler du pouvoir. Je ne sais pas si la défense nationale ou le système fiscal sont à reconsidérer de fond en comble, mais je connais au moins deux domaines où le courage et l'imagination des sages et des grands Commis devraient se déchaîner : celui de la Justice et celui de l'Enseignement. Et, de même que la réforme pénitentiaire n'est qu'un petit pansement mal appliqué sur une immense plaie gangrenée, et que c'est le système judiciaire et carcéral tout entier qu'il faudra bien repenser ; de même l'enseignement est à réinventer, et ses réformes successives ne font que ravaler un immeuble en ruine.

Malheureusement, ceux qui élaborent des plans pour le rénover habitent dans cet immeuble et, mon Dieu ! ne s'y trouvent pas si mal. Doubles fenêtres, doubles vitres et doubles rideaux... S'ils voulaient bien en sortir quelquefois afin de l'examiner de l'extérieur ; s'ils s'en allaient étudier ce qui se tente ailleurs ; s'ils acceptaient de prendre humblement pour base et but de cette étude l'homme tel qu'il est, avec sa soif de bonheur, et la société telle qu'elle voudrait être, avec sa soif de justice ; s'ils acceptaient la pensée de repartir de zéro, sans respects indus, sans traditions mortes, sans souci des privilèges ni même de ces « droits acquis » dont crève la France — peut-être alors produiraient-ils un plan qui ne serait pas mort-né, et peut-être désarmorceraient-ils cette hargne aveugle et partisane des étudiants, qui n'est que la face visible de leur angoisse.

Mais non ! Enfermés dans leurs châteaux forts à l'écart de nous autres, ils proclament superbement que « l'Université doit être critique ». — Vraiment ? Dans quel but ? De quel droit ? D'où lui viendraient cette compétence et ce privilège ? C'est chacun de nous, c'est le peuple français tout entier qui devrait être attentif et critique. Nous ne reconnaissons aucune supériorité à la forme d'intelligence récapitulatrice ou divaguante qui est celle de l'Université actuelle et qui produit un génie pour cent mille cuistres.

Ceux qui crient le plus fort réclament aussi que « l'Université soit ouverte aux travailleurs ». Démagogie unilatérale et sans issue ; et d'autant plus absurde qu'il existe une loi sur l'éducation permanente et que, à condition de ne pas la faire avorter, elle répondra, bien mieux que l'actuel régime universitaire, à ce droit universel à la culture.

Une nation tout entière en état permanent d'éducation et de culture ; la plupart des Français successivement (et même à la fois) enseignés et enseignants ; le travail manuel, à la terre et en usine, inclus dans les programmes d'études, tant pour les maîtres que pour les étudiants ; la frontière abolie entre les universités et les entreprises, épouvantails mutuels, grâce aux stages d'entreprises mais aussi aux périodes d'enseignement requises de ces cadres et fonctionnaires qui, chaque jour, pratiquent ce dont on n'enseigne en faculté que la théorie ; un service national mixte (dont le militaire ne serait qu'une des branches) en liaison directe avec les études — telles pourraient être quelques-unes des bases d'une révolution de l'Enseignement en France.

Mais prétendre à la fois réclamer un salaire et refuser la sélection (qui demeure, sous n'importe quel régime, la règle de toute société), exiger des débouchés mais repousser toute « *professionnalisation* », vouloir demeurer étudiant à vie, n'apprendre aux frais des autres travailleurs que ce qui vous fait plaisir, sans souci de le rendre à la collectivité — et croire qu'ainsi on refera l'homme et la société, ce sont des nuées. Il est vrai que l'orage naît des nuées, mais à quoi sert l'orage sinon à détruire ?

« *D'un trait biffer un monde et en refaire un autre, maladie singulière, incurable de l'esprit humain* », a écrit Michelet dans un chapitre qui s'intitule « Nos fils »...

(1976)

L'ÉGLISE EST UN ICEBERG

Tout le monde sait que la partie visible d'un iceberg n'est rien en comparaison de sa masse immergée, invisible.

A plus d'un titre, l'Église me paraît comparable à un iceberg. Par exemple, on est tenté de ne voir en elle, surtout si l'on n'en fait pas partie, qu'un ensemble de rites et de formules monotones, de structures vénérables mais arthritiques, de coutumes souvent maniaques — Église vétuste, respectable et célibataire.

Or, ce n'est que la partie émergée de l'Église, et son trésor est le plus souvent invisible. Les chrétiens qui s'en remettent paresseusement à l'Église célébrante et prêchante sans chercher de surcroît un complément de nourriture dans l'Écriture, la méditation et la lecture d'ouvrages spirituels, ignoreront donc jusqu'à leur dernier souffle la fabuleuse richesse de ce trésor tout gratuit. La liturgie et la prédication dominicales ne leur confient déjà qu'un talent sur cinq, et voici que, de plus, ils l'enterrent !

A l'observer sans sympathie, sans mémoire ou sans espérance, l'Église ressemble encore à un iceberg, car on risque de n'y voir — de n'y entendre surtout — que cette petite troupe de parleurs, de politiques, de prophètes inspirés par leur humeur, de pamphlétaires « sans douceur ni respect » — toute cette agitation si visiblement transitoire mais qui en impose aux clercs eux-mêmes. Du moins, à ceux d'entre eux qui croient perdre leurs complexes en les troquant contre d'autres, et racheter les torts passés de l'Église en la fourvoyant dans de nouveaux excès.

Là encore, cette apparence, toute de surface, risque de faire oublier la réalité profonde et mille fois plus imposante des véritables Silencieux de l'Église : ses religieux contemplatifs, en constante progression ; ses actifs (et non ses activistes), gens de sourire et de silence qui, eux, « vont au monde » pour de vrai : non pas dans ses meetings, assises ou congrès, mais là où la douleur et l'injustice des hommes finissent par faire douter du passage de Dieu parmi eux. Partager et militer : certes, à chacun sa mission ; toutefois, celle-là, invisible et souffrante, m'en impose beaucoup plus que l'autre — mais pas aux mass media ni au public, malheureusement.

Pour ce public, s'agissant de l'Église, c'est le passé et le présent qui seuls paraissent compter. Un présent où chacun, selon son parti pris, centre le microscope sur tel événement, tel document. Un passé que la plupart télescopent pour en faire de bonne foi (pour autant que l'ignorance vantarde soit de bonne foi) une histoire continue, une « Tradition » constante, alors que des remous comme ceux que nous traversons n'ont cessé de marquer ses escales essentielles et que les eaux dormantes n'y ont jamais été bon signe. Contestation, lutte des classes, progression dialectique : les termes sont de ce temps-ci ; les faits, de tous les temps.

Mais, pour imposant que soit le passé de l'Église et tumultueux son présent, cette part visible de son existence n'est rien à côté de son avenir. Nous entrons là, non pas dans le domaine de la futurologie, mais dans celui de l'espérance et de la foi. Le chemin de l'Église est tracé d'avance : il a déjà été parcouru en un raccourci fulgurant par vous savez Qui. De chute en chute vers le calvaire et le sépulcre, peut-être ; mais vers la résurrection, sûrement ! A tous ceux qui, dans un sens ou dans l'autre, souffrent vraiment de l'actuel partage et désarroi de l'Église, je suggère de songer plus souvent à son avenir, lequel est tout à fait à l'abri de l'anéantissement, sinon des vicissitudes — parole du Seigneur !

Est-ce à cause de cette image de l'iceberg, symbole de l'Église, que je ne puis m'empêcher, à propos d'espérance, de transcrire ici le mystérieux et magique quatrain de Mallarmé ?

> *Le vierge, le vivace et le bel aujourd'hui*
> *Va-t-il nous déchirer avec un coup d'aile ivre ?*
> *Ce lac dur, oublié, que hante sous le givre*
> *Le transparent glacier des vols qui n'ont pas fui ?*

Tout le monde sait qu'un jour ou l'autre les icebergs basculent d'un coup. Alors, leur base secrète, immergée, devient seule apparente et voici qu'elle était immense. Alors, Dieu merci, l'avenir de l'Église, et sa sainteté obscure, et son véritable trésor apparaîtront aux yeux éblouis de ceux qui palabrent, qui tranchent, qui ignorent ou qui désespèrent.

(1976)

UN MAL FRANÇAIS

L A démagogie est un mal bien français. Ce jeu
sinistre, qui nous avilit et nous ruine, requiert, d'un
côté des menteurs et, de l'autre, des dupes. Meneurs
politiques et syndicaux, historiens, écrivains, gens des
mass media se chargent du premier rôle ; la foule des
Français du second. « Je hais les mensonges qui vous ont
fait tant de mal... » La voix chevrotante qui prononçait
ces mots avait bien raison. Malheureusement, le vieux
Maréchal s'est laissé induire et nous a induits à son tour
dans des mensonges encore plus détestables. Mais il
n'est pas un Français lucide et désintéressé qui ne puisse
reprendre à son compte cette parole. Oui, nous devrions
tous haïr ces mensonges incessants qui nous font tant de
mal — mais qui nous flattent aussi, car Démagogie et
Flagornerie vont de pair.

Il y a un siècle et davantage qu'on n'arrête guère de
nous mentir « de source autorisée ». Dès l'école on nous
ment sur l'Ancien Régime, complaisamment chargé de
tous les vices, et sur la Révolution de 89, parée de toutes
les vertus. Sur Napoléon, sinistre génie qui a ruiné ce
pays, assassiné sa jeunesse reconnaissante et mis en

corset son avenir. Mais nous sommes ainsi faits qu'Épinal nous console de Waterloo.

Plus récemment, on nous a menti sur la Résistance, sur la Libération, sur Mai 68 ; ou plutôt on ne nous a dit, là encore, que la moitié de la vérité, celle qui, par combattants interposés, nous flattait. Une masse d'imbéciles se faufilent, après coup, derrière quelques prophètes ; un troupeau de lâches se cachent, comme toujours, derrière une poignée de héros qui, Dieu merci, sont morts — ce qui les rend définitivement dociles aux historiens — ou réduits au silence, les uns par les honneurs, les autres par le dégoût.

Mais les responsabilités sont partagées : notre prétention, notre vanité alimentent cette démagogie au moins autant que l'ambition ou l'avidité des menteurs officiels. Maurras distinguait le « pays légal » et le « pays réel » ; mais il existe pareillement les Français tels que les mass media, les discours politiques et la publicité les représentent — et puis les vrais Français qui ne savent plus à quel miroir se vouer. Les partis au pouvoir vantent notre bonheur relatif, l'élévation de notre niveau de vie ; l'Opposition notre malheur absolu, notre sourde révolte. « Plein le bol ! » assurent les premiers ; « Ras-le-bol ! » répliquent les seconds. Les chiffres arbitreraient d'eux-mêmes ces querelles électorales si on ne les avait pas tellement manipulés et sollicités de part et d'autre que plus personne ne croit aux statistiques ni aux sondages dès qu'ils le contrarient.

J'accepterais, la mort dans l'âme, que les Français s'imaginent être toujours le peuple le plus spirituel, le plus ingénieux, et le plus courtois de la terre (et, d'ailleurs, le plus aimé) et leur pays celui de la mesure, de la générosité et du bon sens. J'accepterais même que mes compatriotes se prétendent malheureux, injustement traités, et que, par la violence et le chantage, ils entreprennent, région après région, métier après métier, de « rétablir la justice » au mépris des lois. Après tout, on ne récolte là que le fruit pourri de tant de démagogie. Mais ce qui est inexpiable, c'est que cet égoïsme régional, corporatif ou individuel masque les vraies injustices, les vraies pauvretés. C'est que ce tumulte de privilèges, grands ou petits, qui n'appellent à la lutte que pour se maintenir, couvre *les seules voix qui, dans ce pays, ne mentent pas :* celles des gens (mais ont-ils encore une voix ?) que notre violence et notre cupidité condamnent à l'humiliation, à la solitude, à la misère. Travailleurs sous-payés tandis que d'autres cumulent ; chômeurs non indemnisés tandis que d'autres trichent ; immigrés qu'on renvoie parce qu'on n'a plus besoin d'eux ; « quart-monde » que notre ignorance, ou notre peur, ou notre mépris maintient dans son ghetto ; détenus dont la moitié ne sont que présumés coupables, et tous ces prisonniers qui vont de récidive en récidive parce que presque personne n'a le souci de les en préserver — « exclus » de toutes sortes et qui sont *les vrais pauvres* de cette France qui refuse d'admettre qu'elle est riche et pourrait être heureuse. Est-ce de la démagogie que de parler un peu de ceux-là ?

(1977)

« COMMENCER PAR S'ASSEOIR... »

« *Q*UEL *est l'homme qui, voulant bâtir une tour, ne commence par s'asseoir et calculer la dépense ?* »
Ce conseil de l'Évangile paraît de moins en moins suivi, de nos jours. Ou bien, quel que soit le problème, c'est devant la télévision que nous nous asseyons, attendant du petit écran qu'à mi-chemin du sport et du spectacle il nous présente des thèses essentielles sous la forme d'un match-défi entre deux adversaires hargneux. Leurs arguments de tribune, leurs « effets » de comédiens, leurs coups bas, nous tiennent lieu de réflexion personnelle, et, le lendemain, un sondage hâtif interrogera le peuple souverain, c'est-à-dire les téléspectateurs en pantoufles. En votant pour la vedette de la veille, ils résoudront sans s'en douter le problème ou le drame qui faisait l'objet du débat ou plutôt l'enjeu du duel, et les journaux afficheront leur verdict à la une.

Mais « commencer par s'asseoir » pour s'informer à plusieurs sources, réfléchir seul et sans parti pris, tenter de dégager honnêtement la solution du moindre mal, puis la confronter à celle des autres — bref, se comporter en adulte, en citoyen, en démocrate, qui donc le fait encore ? Et quels mass media nous y encouragent et nous le réapprennent ?

Tentons cependant de le faire en termes simples, en vérités de tous les jours et à l'écart de la mode, à propos de l'option essentielle qui, dans les deux ans, va se présenter aux Français : capitalisme ou marxisme ? [1]

Car c'est ainsi qu'il convient de la formuler, et sûrement pas socialisme ou libéralisme, lesquels sont deux concepts également vagues, subjectifs, sympathiques et que l'on voudrait bien pouvoir allier au lieu de les opposer. Et peut-être trouverait-on là, sans trop forcer les termes, une solution française et européenne pour l'avenir : un socialisme libéral... Mais revenons à nos épouvantails.

Il faudrait être de bien mauvaise foi pour nier que le marxisme constitue une analyse indiscutable des anciennes réalités économiques ; mais aussi pour ne pas reconnaître que ses prophéties se révèlent inexactes. Et il faut pareillement bien du parti pris ou de la naïveté pour assimiler capitalisme et civilisation industrielle. Celle-ci est devenue, en fait, l'une des fatalités de l'époque : on la retrouve sous les régimes politiques les plus opposés, et les peuples qui y ont échappé n'aspirent qu'à se ruer en servitude à leur tour, car ils n'en voient qu'une seule face, celle de la prospérité.

Cette civilisation industrielle, la nôtre, pourrait se comparer à un navire. Elle aussi porte dans ses flancs un certain nombre de soutiers dont la peine est indispensable à la progression du bateau et, sur ses ponts-promenade, un grand nombre de passagers.

Il faut reconnaître que le capitalisme ne cesse de réduire le nombre des soutiers et d'accroître celui des passagers — ce qui n'est absolument pas le cas dans les

---

1. Ce texte a été publié en 1976.

pays marxistes. Bien que l'injustice sociale n'en paraisse que plus criante, on pourrait porter le fait à son actif si ces bienfaits découlaient du système lui-même ; mais ils sont généralement obtenus « à l'arraché » par la classe ouvrière et dans un climat de guerre civile, de haine des classes et de chantage. En outre, ce n'est certainement pas par humanité que le capitalisme réduit le nombre des soutiers et accroît celui des passagers : il y gagne.

Parce qu'ils peinent à fond de cale, ces soutiers devraient à tout le moins être favorisés de hauts salaires, de loisirs considérables et de toutes sortes d'assurances et de protections. Par exemple, un mineur ou un ouvrier de fonderie devrait ne travailler que trente heures par semaine, quarante-cinq semaines par an, trente-cinq ans de vie, et gagner, au barème actuel, plus de 5 000 francs par mois. On est loin du compte. De même, une entreprise qui, dans ses ateliers, parviendrait à supprimer le travail à la chaîne devrait recevoir une aide de l'État au même titre que celle qui se décentralise.

Par ailleurs, la civilisation industrielle fabrique des « exclus » ; c'est l'une de ses productions les plus spectaculaires. Ceux-là ne sont même pas des soutiers mais des naufragés. Le navire devrait les recueillir, les ranimer, faire d'eux des passagers clandestins de première classe.

Bref, le capitalisme ne pourrait se survivre, aux temps de la grande contestation et de la « fin du garde-à-vous », qu'en se brimant lui-même ; en faussant volontairement ses règles d'airain, lesquelles finissent par révolter ceux-là même qui en profitent — ce qui est le signe avant-coureur des grands orages historiques.

En revanche, il serait proprement suicidaire — à partir du moment où, à tort ou à raison, une majorité de citoyens entend bien ne pas se voir priver des avantages et commodités que lui distribue cette civilisation industrielle — de détruire les systèmes et recettes qui assurent au capitalisme son évidente supériorité sur le marxisme en matière de production.

Ou alors devenons spartiates, c'est-à-dire non seulement frugaux mais vertueux. Or, nous ne sommes plus ni l'un ni l'autre. La civilisation de consommation (qui, elle, n'était pas une fatalité) a fait de nous, suivant la cruelle expression, des « ventres mous ». Le gâchis et la pollution qu'elle engendre ont gagné le cœur et l'esprit de l'Occident. Nous avons pris toutes sortes de mauvaises habitudes qui, à notre insu (mais certes pas à l'insu des chefs de parti qui, cependant, n'en soufflent mot), détruisent à l'avance les chances de ce socialisme « à visage humain » dont nous rêvons. Comment les médiocres citoyens et, hormis les pauvres et les militants, ces hommes d'argent que nous sommes tous devenus, chacun à son étiage, ne renouvelleraient-ils pas, en les aggravant, les erreurs de 1871, de 1936, de 1968 ? Et quelle est donc cette idolâtrie idéologique, cette démagogie flagorneuse, ou peut-être cet aveuglement, qui pousse les chefs de l'Opposition à croire ou à faire croire que, le moment venu, le peuple de ce pays retrouvera cette honnêteté, ce bon sens, ce désintéressement, cet amour des autres, qui seuls permettront la victoire du vrai socialisme — alors que la tricherie, le mercantilisme, l'automobile, le tiercé, tout notre environnement a fait de nous des « gagneurs », des malins, des profiteurs de l'État ?

Je suis de ceux qui sont persuadés que l'autogestion s'instaurera dans tous les domaines — mais pas demain, Michel Rocard ! pas dans cette génération que, depuis quarante ans, tout divise et tout corrompt. Préparons — ce n'est guère en chemin — les générations de l'autogestion, mais cessons, dans leur intérêt même, de rêver ou de mentir !

Car, après la victoire de la gauche, les difficultés et les déceptions de ses chefs seraient telles qu'il leur faudrait, pour sauver l'acquis, mettre en route, en toute bonne foi, la machine infernale : police et bureaucratie, avec la guerre civile en prime. Chez nous, l'infrastructure est toute prête : ce suréquipement en fonctionnaires, l'irresponsabilité de la plupart d'entre eux, l'impunité de presque tous ; l'accroissement incessant des forces de police et leur ségrégation au sein de la nation... Sans parler de l'informatique, espionne numéro un. Sans parler de cette tendance à la délation, que l'Occupation puis la Libération ont révélée ou réveillée chez nous. Oui, l'enfer sera encore plus facile à instaurer en France qu'en Russie...

Voilà ce qui vient à l'esprit dès qu'on « commence par s'asseoir » pour réfléchir, loin du petit écran, loin des journaux excessifs ou partisans, loin des sondages versatiles.

Est-ce un bilan désespéré ? Et faudrait-il donc en rester à notre hideux capitalisme, au règne effronté de l'argent, à la nausée de la surconsommation ? Certainement pas. D'ailleurs, même si vous le souhaitiez, vos fils n'en veulent plus. Mais il faudrait qu'eux-mêmes cessent de compter sur la potion magique ! Il n'existe aucune formule miracle, et le fait de glisser dans l'urne, en 1978, un bulletin d'une autre couleur ne changera rien dans ce pays si tous ceux qui l'habitent continuent à se complaire dans leur fausse image de marque ; si, adossés à une gloire qui ne fut jamais que celle de quelques-uns, à une culture dont ils se sont contentés d'hériter, à une victoire qui n'était pas la leur, ils continuent de se croire « nés malins », peuple élu, fils aînés de l'Histoire ; s'ils s'imaginent qu'ils sont immunisés contre les virus de l'époque : cette propension à opprimer, que l'on trouve dans toutes les classes et à tous les niveaux, ce perpétuel « pourquoi pas moi ? », le sang à la tête pour un oui ou plus souvent pour un non, cette jalouse avarice des « droits acquis », et cet autre sport national, la fraude. Ajoutez-y cette frivolité, cette imprévoyance, cet optimisme futile dont les gouvernements nous donnent l'exemple ; cet esprit de ricanement et de critique permanente qu'entretient l'Opposition ; la démagogie irréaliste et partisane des syndicats, le terrorisme hargneux de l'intelligentsia, l'entreprise d'anesthésie générale concertée par les mass media et la publicité... Croyez-vous vraiment qu'il suffira de voter « gauche unie » pour que tout cela disparaisse soudain de nos cœurs et de nos coutumes ? Ou encore, croyez-vous qu'il suffira de réformer cette Constitution désastreuse qui coupe la France en deux, met à sa tête un empereur, et oppose tôt ou tard celui-ci aux autres élus ?

Jusqu'à quand les Français continueront-ils à penser que le socialisme consiste à tout attendre de l'État, alors que (je parle du vrai), c'est précisément le contraire ? Et à croire que ce sont toujours « les autres » qui sont responsables ou concernés : les riches, les patrons, les hommes politiques — bref, n'importe qui sauf vous, vous, vous qui me lisez ? Vous dont le niveau de vie a doublé depuis vingt ans et qui, les statistiques en font foi, figurez parmi les hommes les plus privilégiés de l'univers... Mais si je vous demande, « les yeux dans les yeux », si vous êtes heureux, vous me répondrez que non. Alors ?

Alors, ne pensez-vous pas qu'il est grand temps de balayer devant votre porte, la vôtre et pas celle du voisin ? Et, jeune ou pas, de changer votre vie à vous, si vous voulez vraiment « changer la vie » ?

249

HUIT PAROLES POUR L'ÉTERNITÉ

Vous me direz que je rêve. Sans doute, mais moins que ceux qui s'imaginent qu'un changement de scrutin va métamorphoser ce pays.

Vous me direz que je prêche, que je crie dans le désert. J'en conviens, mais il est évident qu'au train où nous allons, quelle que soit la couleur de notre bulletin, quelles que doivent être les étapes à venir, nous marchons vers la tyrannie.

(1976)

LA VINAIGRETTE

Durant l'émigration, un aristocrate français s'acquit une grande renommée et une petite fortune en confectionnant de la sauce vinaigrette « à la française » pour les familles nobles de Londres. Il n'a pas dû leur révéler sa recette car, outre-Manche comme outre-Atlantique, on n'a jamais su assaisonner la salade à notre goût. D'ailleurs, même ici, c'est à sa vinaigrette qu'un restaurant se juge, plus sûrement qu'à la « surprise du chef ».

Savoir faire une bonne vinaigrette est un art, et pas seulement culinaire. Je pense à la Presse, par exemple, et que bien peu de journaux s'y entendent. L'actualité constitue la salade : elle est la même pour tous ; mais « l'objectivité » et la diversité, la perversité aussi, résident dans l'assaisonnement. Chaque ingrédient y joue son rôle, qualité et quantité. *L'huile,* c'est le liant : la bonne foi, la bienveillance, l'ouverture, la largeur d'esprit. C'est ce que les chrétiens appellent d'un nom sublime mais ignoré et bafoué de nos jours, la « miséricorde ». Il en faut beaucoup ; elle constitue le corps d'une bonne vinaigrette.

Pourtant, assez bizarrement, ce n'est pas « huilette »

251

que se nomme cette sauce. C'est donc que le *vinaigre* y est essentiel. Il est la lucidité, l'opiniâtreté, parfois le courage. Pour dérouiller une serrure figée par la routine ou la paresse, le vinaigre fait merveille. Dans l'assaisonnement aussi, mais en quantité convenable ; sinon ses qualités se pervertissent et cela rend la sauce acide et peu assimilable. Avis aux esprits qui confondent la lucidité avec la malveillance et l'opiniâtreté avec le parti pris...

Le *sel* vient ensuite ; il est, comme on le sait, l'intelligence. « C'est une bonne chose que le sel, dit l'Évangile, mais si le sel perd sa saveur, avec quoi la lui rendra-t-on ? » Il existe pourtant un écueil inverse : l'abus du sel ôte pareillement sa saveur à la sauce. Trop d'intelligence tourne en « intelligentsia », ce qui est un travers très parisien. Trop de sel donne soif, soif de pureté, de simplicité, de vérité. C'est aussi l'envie qui nous prend devant certains écrits lorsque l'esprit l'y emporte trop visiblement sur le cœur.

Le *poivre*, lui, c'est l'humour, vertu indispensable mais à manier avec précaution et sans oublier que la marque du véritable humour est de se mettre soi-même en cause. Trop de poivre gâte l'ensemble ; trop peu l'affadit. Préférez toujours le poivre fin du sourire aux gros grains du ricanement, si proche de la hargne.

Enfin, la *moutarde*. C'est peut-être là que réside le secret de la vinaigrette, car elle représente la singularité, la personnalité. Il n'y a guère qu'une sorte usuelle de sel, deux de poivre comme de vinaigre, trois ou quatre d'huile ; mais de moutarde, chez nous du moins, il existe beaucoup d'espèces et chacune possède son goût bien à elle. Les autres ingrédients constituent le « métier » d'un journaliste ; celui-ci lui confère son talent, sa signature.

Parvenir à réussir sa vinaigrette requiert bien de l'application ; mais en maintenir la qualité, plus encore.

« VEILLEUR, OÙ EN EST LA NUIT ? »

La cuisinière a souvent la main lourde ; ou bien elle tombe dans le fade. Qu'il est donc malaisé d'assaisonner les événements avec mesure ! Tel journal, face au pouvoir, passe insensiblement de la vigilance à la défiance et de la défiance à la hargne. Tel autre, à l'inverse, noie tout dans une huile suspecte. Tel hebdomadaire, à force d' « humour », sombre dans un nihilisme funèbre ; tel autre, à force d' « intelligence », dans l'utopie ou le mépris. Le plus fâcheux est que leurs lecteurs se font à ce goût et bientôt n'en acceptent plus d'autre. Ils ne se rendent pas compte que ce poison familier leur gâte le palais et l'estomac — lisez : le cœur et l'esprit — et qu'ils deviennent peu à peu incapables de discerner, sous l'assaisonnement perfide, la vérité des êtres et des événements.

(1974)

UNE CERTAINE GAUCHERIE

Nı la Droite ni la Gauche ne se définissent avec précision. On ne peut guère que les ressentir de l'intérieur et les pressentir de l'extérieur. Mais aucun catalogue de principes, inventaire d'exemples ou galerie de personnages ne saurait épuiser le sujet : ils ne contribueraient finalement, en déplaçant constamment les frontières, qu'à rendre la carte plus confuse.

Pourtant, cela existe bien, la Droite et la Gauche ! Certainement. Et même, à quelques exceptions près, *cela coexiste plus ou moins en chacun de nous.* Je crois vraiment que presque tous les hommes de ce pays — ceux de bonne volonté, du moins, lorsqu'ils ne répètent pas les leçons apprises, ne s'enferrent pas dans leurs tirades de bistrot, ou n'utilisent pas toutes les ressources de leur esprit à justifier quelque conduite ancienne : lorsqu'ils prennent leurs distances avec leur héritage, leur intérêt, leurs calculs, décèlent en eux des tendances, des « traces » qui relèvent des deux hémisphères politiques. Gens d'équateur, presque tous !

L'intérêt, la propagande, le grégarisme familial ou anti-familial, les erreurs ou les excès de l'un des camps (ou parfois seulement quelque antipathie personnelle) nous font basculer un jour d'un côté ou de l'autre.

« VEILLEUR, OÙ EN EST LA NUIT ? »

L'amitié, la passion, le goût de militer font le reste ; les œillères aussi. Ils nous confirment dans notre choix jusqu'à nous y pétrifier, car un outil ou une arme doivent être durs. Nous nous découvrons alors un long passé, voire « des tripes » de gauche ou de droite. Nous y mettons un point d'honneur ; nous affirmons avoir toujours été ainsi faits ; ou encore que nos yeux se sont dessillés devant tel événement. En fait, la fidélité l'emporte sur la vérité et nous fait gommer rétroactivement les partages, les révoltes, les indécisions qui, Dieu merci, furent les nôtres. « Dieu merci », car aucun camp, jamais, n'a eu entièrement raison ou entièrement tort : seul l'embrigadement totalitaire parvient à nous en persuader.

Que, sans le percevoir clairement, une majorité de Français soient *à la fois* « de gauche » et « de droite », comme on dit, voilà qui semble donner sa chance et sa raison d'être au mot d'ordre : « Gouverner au Centre ». Mais la logique postulerait plutôt une alternance du pouvoir entre la Gauche et la Droite. Conclusion modeste, raisonnable, et qui risque de mécontenter à tour de rôle tous les citoyens (mais moins qu'ils ne pouvaient le craindre) après les avoir satisfaits quelque temps (mais moins qu'ils ne l'espéraient). Allons, ce ne serait déjà pas si mal ! Car, quoi qu'en ait l'équipe opposée qui assure la relève, celle qui quitte le pouvoir laisse derrière elle des réformes irréversibles. On l'a bien vu avec le Front populaire ; et même avec Vichy en matière de politique familiale sinon, hélas, de lutte contre l'alcoolisme. Finalement, on ne jette jamais le bébé avec l'eau du bain.

On ne peut écrire ce qui précède (ni même le lire) sans irritation que lorsqu'on a cessé de croire à la réussite et à la vérité absolues en matière politique ; et, passé soixante ans, qui le pourrait encore, hormis les imbéciles et les partisans ? La plus grande réussite, la seule « vérité » seraient précisément que cette alternance puisse fonctionner sans que les partisans et les imbéciles en bloquent les rouages. D'ailleurs, à prendre d'elle une vue cavalière, l'Histoire se charge de faire jouer l'alternance en question, mais à des intervalles beaucoup trop longs et avec des *soudures* dramatiques : crises, guerres, épurations, qui durcissent le mécanisme.

Tout cela n'est pas bon à dire et suffirait à justifier le titre de cet article : il s'agirait alors de la balourdise de son auteur. Pourtant, ce n'est pas de cette « gaucherie » là que je veux parler.

Pour en revenir à une définition de la Gauche (c'est elle qui m'intéresse parce qu'il y a quarante ans et plus que mon partage à moi me fait pencher de ce bord), je crois qu'on ne peut guère qu'en disposer côte à côte un certain nombre d'éléments indiscutables et qui se correspondent et se déduisent l'un de l'autre à la manière des pièces d'un puzzle. En voici un inventaire sans surprises.

D'abord LA HANTISE DES OPPRIMÉS, de ceux que Dostoïevski appelle « Humiliés et offensés » et l'Évangile « les petits et les pauvres ». Les respecter, les défendre, les promouvoir, fût-ce à votre détriment et fussent-ils inintelligents, inconséquents, ingrats. « Car est-ce bien leur faute ? » se demandent avant tout les hommes de gauche ; et l'anarchiste qui sommeille en chacun d'eux lui souffle que non : que, dans tous les cas, c'est la Société qui porte tous les torts. Naturellement, c'est une contre-vérité, mais « généreuse » — terme qui marque, à droite, l'ultime étape de la condescendance envers la Gauche.

C'est ce respect des travailleurs les plus exploités qui, chez tant d'intellectuels de gauche, entraîne un respect assez veule et sans aucune contrepartie à l'égard des défenseurs traditionnels de ces opprimés : les communistes. Respect coûteux, la suite de l'Histoire le montrera sans doute.

Comme second trait (mais il est la source du premier), je citerai LA MAUVAISE CONSCIENCE. C'est elle qui enrôle tant de bourgeois sous la bannière socialiste, ce qui est tout à leur honneur. Car ce qu'on appelle, pour la dénoncer, notre « mauvaise conscience » n'est jamais qu'une conscience plus lucide ou plus exigeante que celle des ricaneurs. A droite, on serait plutôt tenté de comparer de bas en haut, pour envier ; à gauche, de haut en bas, pour compatir.

Une troisième caractéristique de la Gauche serait L'INSTINCT DE SE TOURNER VERS LE FUTUR plutôt que vers le passé, vers le possible plutôt que vers le travail déjà réalisé. Cela ne va pas sans excès ni ingratitude. Mais il est évident que l'impatience est le seul moteur du progrès, et que cette « injustice » débouche finalement sur plus de justice sociale.

Cela va de pair avec LA PROPENSION AU RÊVE, à la prophétie, à l'utopie que les gens d'en face, preuves en main, reprochent sans peine aux intellectuels de gauche. D'où chez ces derniers, il faut en convenir, une approche souvent inexpérimentée, voire naïve des problèmes économiques. En cette matière, les connaissances des chefs de la Gauche sont d'assez fraîche date ; ou tellement théoriques que leur arrivée au pouvoir ouvrira sans doute l'écluse des catastrophes statistiques. Pierre Mendès France était l'exception, et son retour au pouvoir aurait changé le cours de notre Histoire. Les autres, pour justifier leur apprenti-sorcellerie, avancent imprudemment que, de toute manière, les structures économiques sont à bouleverser de fond en comble. L'exemple désolant de la Russie et de ses satellites et celui, plus proche, de notre propre bureaucratie ne les en font pas démordre.

Mais les gens de gauche possèdent une autre excuse : UNE LONGUE TRADITION D'ÉLOIGNEMENT DU POUVOIR les a façonnés dangereusement. Cette irresponsabilité de fait explique aussi, sans les justifier, leur perpétuelle critique, leurs procès d'intention, et cette escrime parlementaire ou journalistique absolument périmée à laquelle leurs chefs se complaisent. Une telle exaspération est le fruit amer de l'éloignement du pouvoir mais prépare bien mal à l'exercer. Il n'y a que dans l'histoire du petit David que la fronde ait suffi à abattre un géant.

D'ailleurs, à quelque niveau ou en quelque domaine qu'il s'y heurte, LA FRONDE CONTRE TOUTE AUTORITÉ est aussi une tendance de l'homme de gauche non communiste. C'est, encore une fois, qu'il y a une graine d'anarchie en chacun d'eux ; et ils sont si jaloux de liberté et d'égalité qu'ils voudraient les voir établies là où l'intérêt général exige la rigueur et la hiérarchie (volontiers baptisées Oppression et Répression). Ils prennent allégrement le risque de remplacer « le désordre établi » par un autre, générateur d'abus de pouvoir d'une autre sorte. La même comédie, la même tragédie, celles de la tyrannie, de l'ambition, de la camarilla — mais on en aura changé la distribution ! L'intellectuel de gauche est, par définition, un « anti » : un anti contre les nantis de toute espèce. C'est sa force et sa faiblesse ; cela nous conduira aussi bien à la justice sociale qu'à la débâcle : tout est affaire de rigueur ou de démagogie — et malheureusement, s'il est une démagogie paternaliste typique de la Droite, il en est une « fraternaliste » à gauche.

Il faudrait encore bien des traits pour cerner la Gauche, et ceux que je viens de recenser sont traditionnels. Cet inventaire si sommaire, je l'ai établi sans complaisance : c'était aussi dans mon propre grenier que je fouillais. Son seul intérêt, le voici : c'est que la plupart de ces traits recoupent deux autres signalements, celui des *Jeunes* et celui des *Chrétiens.*

L'esprit tourné vers l'avenir, une certaine ingratitude envers l'ouvrage accompli, une confiance un peu présomptueuse envers celui qu'on fera, l'instinct de se porter contre (notamment contre l'autorité), la tentation du rêve et de l'utopie, une grande irresponsabilité de fait — tout cela ne se retrouve-t-il pas chez la plupart des Jeunes ?

Quant aux Chrétiens (je parle des véritables), partie liée avec les opprimés, mauvaise conscience, primat du cœur sur l'esprit et de l'homme sur l'argent et, partant, défiance envers l'Économique — tout cela les caractérise.

Mais je vois aussi dans cette façon d'être une inadaptation à des réalités qu'on voudrait nous faire croire immuables, un mélange de timidité face aux roués, de maladresse dans les affaires d'argent, de rêve et de nostalgie — bref une sorte de *gaucherie* assez noble que ne montrent certes ni les communistes, ni les gauchistes à bout filtre qui hantent l'Intelligentsia. Dans le sens où je le dis — et ce n'est pas sans tendresse — « gaucherie » vient de Gauche...

(1976)

« ILS CRIENT TON NOM, LIBERTÉ ! »

CES nouvelles polonaises [1], dont l'action se situe entre 39 et 45, je les ai lues d'un trait : j'étais comme aimanté par la honte et par l'horreur. L'horreur, cela va de soi ; mais aussi la honte. En septembre 39, nous eûmes la vision d'un peuple de chevaliers et de poètes culbutés pêle-mêle, chevaux et cavaliers, par une armée de cuir, de métal et de feu : par les troupes aveugles de Satan. Ceux qui s'étaient engagés à leur porter secours en cas d'agression, engagés à se battre aux côtés de leurs frères, restaient à l'abri de ce rempart illusoire, la « Ligne Maginot », qu'il n'a pas suffi de raser pour en supprimer de l'histoire de France la tache honteuse.

Honteuse et stupide, Dieu merci ! Finalement, les deux vont de pair. Huit mois plus tard, nous allions, à notre tour, nous laisser prendre au piège derrière cette fausse protection que Vauban eût désavouée. Je me

---

1. Ce texte devait servir de préface à leur recueil.

rappelle qu'à l'époque un roman policier faisait fureur :
Double crime sur la Ligne Maginot. « C'est Double crime
DE la Ligne Maginot qu'il faudrait dire ! prophétisa un
lieutenant de mon unité. Premier crime : avoir laissé
écraser la Pologne en dépit de la parole donnée. Et le
second : nous croire à l'abri... Vous allez voir la belle
boucherie de printemps que nous réserve votre Ligne
Maginot ! »

Dès l'instant où, nouveau Christ, la Pologne fut ainsi
reniée, abandonnée, mise à mort, je sus que nous
perdrions cette guerre. Car nous l'avons perdue ; ou du
moins, ce sont d'autres qui l'ont gagnée. En France et
hors de France, un contingent sauva l'honneur de mon
pays, mais pas son âme. Je ne fis pas partie de ceux-là ;
rien ne me désigne donc pour écrire cette préface, si ce
n'est le remords.

En même temps qu'elle nous révélait, par leur manque
soudain, ce qu'étaient « les matières grasses », l'Occupation allemande nous fit vraiment comprendre ce
qu'était la liberté. Le contraire de « l'esprit de Liberté »
— nous le savons à présent — c'est l'esprit de docilité,
de résignation. Et le contraire des Résistants, ce ne
furent pas tant les « Collaborateurs » que les résignés,
c'est-à-dire la majorité des Français. Les Collaborateurs,
on les prit comme bouc émissaire « parce qu'il vaut
mieux qu'un homme meure plutôt que toute la nation ».
Mais c'est une parole de scribe, de pharisien, d'hypocrite. Car si les Collaborateurs avaient commis des
crimes et des délits qui relevaient du droit commun,
l'ensemble des Français s'étaient rendus coupables d'une
faute autrement plus grave puisqu'elle avait été unanime.
Mais le péché, même collectif, n'est justiciable que de la
conscience, pas des tribunaux. Les Dirigeants d'alors,
qui se recrutaient parmi les héros, crurent devoir se

montrer magnanimes. Ils réconcilièrent les Français avec eux-mêmes en leur faisant croire qu'il s'agissait d'une victoire, ce qui constituait déjà un « pieux mensonge », et qu'elle était le fait de tous — ce qui, pour le coup, était une imposture. Peut-être estimaient-ils qu'en son temps le maréchal Pétain nous avait déjà suffisamment *culpabilisés*. Ils eurent tort : il est grave pour une nation de perdre le sens du péché collectif. Il nous fallait passer par ce baptême de honte et de remords pour aborder en hommes debout un avenir qui toujours se nomme Liberté.

Ces nouvelles polonaises m'ont replongé dans cet abîme. L'une d'elles s'intitule superbement « Le paysage qui survécut à la mort ». Ce paysage, c'est la Pologne, sans doute ; mais c'est aussi l'Europe, l'Occident tout entier. Survivre, oui, mais dans quel état !

Il est dit, dans un autre récit, que torturés, exténués, au seuil de l'agonie, ces héros conservaient « une excellente acuité de vision ». J'en dirais autant des treize auteurs. Entre chacun d'eux et le drame qu'il rapporte, je ne pressens aucune distance ; on dirait — et le talent n'explique pas tout — que chacun d'eux a réellement vécu ce drame. C'est, sous tous ses profils, le même sujet que traitent les treize ; et cependant quelle variété dans l'expression et, malgré l'abominable uniformité du thème, quelle sombre richesse ! Réfléchis par tous ces miroirs dont aucun ne ressemble à l'autre, les reflets de l'horrible soleil noir nous éblouissent et nous aveuglent, mais chacun à sa manière. On dirait l'un de ces jouets au nom pédant qui ont enchanté mon enfance, le *kaléidoscope*. Ses combinaisons, jamais semblables et toujours prodigieuses, naissaient, elles aussi, d'un jeu de miroirs et de pauvres éléments : quelques morceaux de verre de couleur — mais aussi du frémissement que chacun savait communiquer à l'appareil. Ici aussi : chacun des treize frémit à sa manière (qui parfois consiste justement à ne pas frémir) et, en même temps qu'il contribue à nous révéler ces temps atroces, il nous révèle à son insu son âme.

J'avais été frappé, lorsque je suis retourné en Pologne après la guerre, d'entendre rapporter de plusieurs côtés que, durant l'Occupation tout entière, aucun Polonais n'en avait dénoncé un autre à l'Occupant. Même si la chose n'est pas rigoureusement vraie, le désir de l'affirmer si haut était un indice révélateur. Tandis qu'en France, la Libération, ses lâchetés, ses abus de pouvoir, devaient creuser un fossé de plus entre les Français après la blessure de Gaulle-Pétain et avant celle de l'Algérie. Elle a marqué de scepticisme et de désenchantement presque tous ceux qui l'ont vécue. C'est que nombre de Français en avaient, au contraire, dénoncé d'autres ; et aussi que, loin de masquer ces faits honteux, on les exaspérait en les exagérant.

Dans l'attitude, tout inverse, des Polonais on pourrait trouver une bonne illustration de ce Patriotisme que tant de peuples confondent avec le Nationalisme, alors qu'ils se ressemblent à peu près comme un ivrogne à un chevalier ! Les Polonais sont sans doute le peuple le plus patriote que j'aie rencontré. Si je me trompe — ou si les choses ont changé depuis — je préfère lâchement ne pas le savoir. Fussent-ils des mirages, il faut garder des repères élevés si l'on ne veut pas rouler à l'abîme.

L'Occupation est la forme la plus voyante de l'oppression, la seule qui puisse mobiliser tout un peuple, engendrer son « unanimité », c'est-à-dire lui conférer une seule âme.

Mais l'oppression insidieuse est plus dangereuse que l'odieuse et, tous comptes faits, la tyrannie plus mortelle que l'Occupation pour l'âme d'un pays, sinon pour son corps.

De même, l'oppression est mille fois plus grave que la pauvreté, que la misère même. C'est une chose que d'être contraint par la maladie, la malchance ou l'extrême pauvreté à ne plus pouvoir se déplacer, s'exprimer, prier ; mais c'en est une autre, et inexpiable, que de l'être par la volonté de quelques-uns, par la faute de ses propres frères. N'importe quel régime, aussi bien le Socialisme que le Capitalisme, peut sortir un peuple de la misère ; mais si c'est au prix d'une oppression, *visible ou non,* quel marché de dupes !

Le contraire de l'oppression, c'est la liberté ; mais malheur à qui oublie la parole de l'évangile : « La vérité vous fera libres ! » Il ne s'agit pas seulement ici d'une allusion au Surnaturel : même au domaine humain, la liberté doit toujours passer par la vérité. C'est-à-dire qu'on ne peut pas user de mensonge ni même de rouerie pour faire triompher la liberté. Pour elle, comme pour la violence, il faut récuser de toutes ses forces l'ignoble adage selon lequel « la fin justifie les moyens ». C'est tout le contraire et, comme l'a affirmé Gandhi, « la fin est contenue dans les moyens comme l'arbre dans la semence ».

Il se peut que la propagande — c'est-à-dire le filtrage et la manipulation de la vérité — ait grandement aidé à gagner une guerre qui a libéré bien des peuples. Mais, pour amener ceux-ci à cette liberté dont la Libération n'était que la première étape, la propagande devient, à mes yeux, l'ennemie. Cela est aussi vrai des peuples de couleur que des nôtres, aussi vrai des classes sociales que des individus. Et puisque j'ai parlé d'étapes, je tiens pour essentiel que tout ce qui tend à les « brûler » — comme prétend le faire la propagande — est contre nature. Dans la nature, rien jamais ne « brûle les étapes », hormis les cataclysmes et les catastrophes. Dans la croissance d'un enfant comme dans celle d'un arbre, toutes les étapes sont indispensables ; il en va de même pour « l'arbre de la Liberté ». C'est, là aussi, affaire de patience — ou plutôt de cette précieuse alliance de patience et d'impatience qui est la marque des véritables hommes d'État comme celle des meilleurs parents.

Si je mentionne « l'arbre de la Liberté », c'est qu'il constitue un symbole à peu près universel. Alors, pourquoi ne pas en tirer les leçons en images ?

La première est que sa croissance est lente et sans cesse menacée. La liberté, pareillement, n'est jamais acquise une fois pour toutes : il lui faut vigilance et protection tant qu'elle n'est pas fermement implantée.

La seconde est que les racines sont innombrables et vont, de toutes parts, se nourrir de tout ce qui peut fortifier l'arbre. En clair : la véritable Liberté ne saurait se montrer sectaire et prétendre ne tirer sa subsistance que d'un seul parti, d'un seul système économique, d'une certaine vision du monde. Une liberté établie sur l'intolérance n'est que tyrannie déguisée.

Mais poursuivons la comparaison avec l'arbre. Celui-ci étend ses branches dans toutes les directions : ce qui signifie qu'il n'existe aucun domaine qui soit interdit à la Liberté ou doive lui demeurer étranger. Et, si difficile et décevante qu'en puisse être l'application par des Gouvernants, ceux-ci doivent faire leur le précepte de Stuart Mill que « Le seul remède aux abus de la Liberté est la Liberté elle-même. » C'est pourquoi il faut, du moins en temps de paix, répudier la Censure. Elle est une arme commode, mais à double tranchant. Dans ce domaine, seul le *Boycott,* que préconisent les non-violents, est digne d'hommes vraiment libres.

Toutefois, dans une forêt, le libre étirement de chaque arbre se trouve limité par la présence de ses voisins. Ainsi, la liberté individuelle doit-elle reconnaître pour limite celle des autres. Ce principe figure dans la plupart des Constitutions, mais de moins en moins dans nos cœurs. Pourtant, cette réserve est aussi impérative pour les peuples que pour les individus. Que de guerres, que de morts indues eussent été épargnées si, tout au long de l'Histoire, les souverains avaient respecté ce principe évident que l'arbre rappelle en silence !

Je ne voudrais pas pousser plus loin l'image de l'arbre : elle nous induirait à penser que la Liberté, elle aussi, a ses saisons, son déclin, son hiver — et, pour vraie qu'elle soit, c'est une pensée débilitante. Je dirai seulement, afin que nous relevions la tête, que rien ne ressemble davantage à un arbre mort qu'un arbre en hiver. Mais que les sinistres bûcherons de l'Histoire ne s'y trompent pas : il y aura toujours un printemps pour la Liberté !

Conquérir sa liberté en se délivrant de toute oppression extérieure n'est, à mes yeux, qu'une seconde étape. La première consiste à se défaire du pire de ses oppresseurs, qui est soi-même : à reléguer sa peur, son orgueil, son égoïsme. Les jeunes de ce temps nous administrent la preuve que cet ennemi-là n'est jamais terrassé. Ils sont prompts à se délivrer de toutes les sujétions, les odieuses comme les utiles : il leur suffit qu'elles soient traditionnelles pour qu'ils veuillent les répudier. Mais ils deviennent, à leur insu, les esclaves de toutes les servitudes qui naissent justement de la suppression des tabous ancestraux. On abat joyeusement la statue de quelque ancienne tyrannie ; mais regardez-y de près : le socle grouille de vermine... Si je gravais une médaille en l'honneur de la Liberté, je représenterais sur le revers la Vigilance et la Rigueur.

Dans l'une des prières eucharistiques de la Messe dite de Paul VI, il est proclamé de Notre-Seigneur cette parole qui me bouleverse : « Au moment d'entrer *librement* dans sa Passion... »

Ainsi, cet homme comme il n'en fut et n'en existera jamais aucun autre, ce Dieu qui habita parmi nous, au moment même où, trahi par l'un des siens, abandonné par les autres, il s'avance fermement vers l'injustice, l'humiliation, l'abjection, l'agonie, *il est suprêmement libre.* Seul ce mystérieux esprit de Pauvreté que prescrit la Ire Béatitude peut conférer une telle liberté — et c'est vers la Passion qu'elle l'achemine. Être passionné de liberté, c'est aussi — sans quoi cela ne représente rien — être prêt à souffrir pour elle mort et passion. La Pologne en a donné la preuve et l'exemple à la face du monde. Elle s'est toujours battue passionnément pour sa liberté, surtout durant ces années terribles dont les treize nouvelles que voici offrent un mémorial pathétique.

Les morts polonais des camps d'extermination, ceux des combats de rues, ceux des champs de bataille gardaient leurs yeux et leur bouche grands ouverts. Que hurlait-elle donc en silence, cette bouche immense, cette bouche d'ombre ? — Elle criait ton nom : Liberté !

(1976)

LES HÉROS DU « RAS-LE-BOL »

MALGRÉ sa solennité si conventionnelle, ou peut-être même à cause d'elle, la politique ouvre parfois des perspectives comiques. Par exemple, on va fêter, l'an prochain, le dixième anniversaire de mai 68. Mais avez-vous songé que cette célébration changera tout à fait de couleur selon la « demi-France » qui, deux mois plus tôt, aura remporté sur l'autre une fallacieuse victoire ? Et même (à supposer que la gauche l'emporte), selon que ce seront les socialistes ou les communistes qui traiteront de l'événement ?

Mieux vaut en rire. Pourtant, je doute que les hommes de trente ans dont mai 68 aura marqué la plus haute flamme aient le cœur à rire. S'ils considèrent un peu froidement le fruit de ces journées, pour eux inoubliables mais que tant d'autres voudraient oublier, ils ont lieu de se sentir tout ensemble heureux et amers.

Amers, parce que, sans trop savoir lesquels, ils avaient espéré des changements immédiats, radicaux, et que tout semble se traîner et se dissoudre. Mais heureux, s'ils sont lucides et s'ils ont entre-temps découvert la patience, parce que certaines des graines qu'ils ont semées, souvent sans le vouloir, sont en train de germer et que rien ne pourra entraver leur croissance, pas même l'argent, pas même quelque dictature passagère de gauche ou de droite. Malheureusement, l'ivraie pousse toujours en même temps, sinon plus vite, que le bon grain, si bien qu'on est parfois tenté de croire qu'elle l'étouffera.

Le bon grain, c'est l'esprit de justice et de vérité. Voilà des termes imposants, presque religieux, mais je ne les trouve pas déplacés ici. C'était déjà, à l'aube de la Libération, la maxime des hommes de *Témoignage chrétien* : « Justice et Vérité, quoi qu'il en coûte... ». C'est ce « Quoi qu'il en coûte » qui fait problème ; car, sans vouloir généraliser, je me demande si les jeunes de mai 68 (et davantage encore ceux d'aujourd'hui) sont décidés à en payer le prix. C'est une génération élevée dans la *gratuité*, au sens dangereux du terme : elle a tout à portée de main.

Elle croit que « Tout se paye » est la règle d'un ignoble mercantilisme, celle du fameux Grand capital — alors que c'est seulement l'une des tragiques composantes de la condition humaine. Tout se paye, sauf l'amour ; et c'est pourquoi c'est l'amour seul qui compte — mais je crains que, de nos jours, une telle formule ne prête à rire.

Au fond, le bon grain de mai 68 c'est la vieille semence de 89 qu'on croyait un peu pourrie : Liberté, Égalité, Fraternité — mais en remplaçant le second terme, si décevant, par celui de Justice. Oui, les jeunes hommes qui vont nous relever seront moins dociles que nous le fûmes. Ils refuseront l'humiliation, pour eux et pour les autres. Plus exigeants, plus sincères, moins faciles à duper, ils devraient engendrer une génération vraiment nouvelle d'hommes politiques et susciter, comme on dit à présent, « un nouveau discours ».

Ils récusent les hiérarchies issues de la seule tradition

269

ou des privilèges. On ne pourra plus, d'ici peu, leur faire accepter une justice de classe, un système pénitentiaire basé sur la peur et la prédestination, une médecine discriminatoire. Ils chasseront définitivement Courteline de l'armée, Ubu et peut-être même Kafka de l'administration. Tel sera — s'il est permis de rêver de moissons miraculeuses — le bon grain de mai 68.

Quant à l'ivraie, nous sommes plongés dedans et elle entrave nos pas. Elle est le produit de la présomption et de la violence propres aux êtres jeunes. Elle s'exprime, chez beaucoup d'entre eux, par une contestation systématique, des exigences sans contrepartie et, il faut bien le dire, une extraordinaire paresse. Bien qu'elle s'attife des bleus oripeaux de la pauvreté, la jeunesse de nos pays est riche. Elle se vautre dans les privilèges de l'Occident et serait bien surprise d'apprendre qu'elle se montre ainsi plus « colonialiste » à l'égard du Tiers monde que ne le furent ses parents.

Une partie d'entre elle se prétend socialiste et même collectiviste ; mais elle « casse » et souille les biens de l'État, triche avec les services publics et « pique » (nous disions autrefois : voler) dans les grands magasins. Mauvais apprentissage d'un socialisme à visage humain ! Ce comportement lui vaudrait la prison dans n'importe quelle démocratie populaire et, en Chine, une « rééducation » tragiquement souriante.

En fait, comme les jeunes de tous les temps, elle est souvent anarchiste et irresponsable. Cela ne date certes pas de mai 68 ; mais ce qui a fourni à cette ivraie immémoriale un engrais inespéré, c'est l'invraisemblable démagogie et la lâcheté de tant de responsables. Les événements leur proposaient, il y a dix ans, un salutaire examen de conscience ; beaucoup en firent une capitulation en rase campagne. Et plus ils s'étaient hissés au

« mandarinat », plus ils rampèrent dans une contrition de mauvais aloi. Ce fut surtout visible dans l'Enseignement secondaire et supérieur où l'on est traditionnellement porté à l'irréalisme, à la critique, à la logorrhée. Que de bons jardiniers pour l'ivraie de 68 !

Ce sont moins les garçons des barricades que les adultes apeurés qui nous valent aujourd'hui la maladie du « ras-le-bol ». L'expression est devenue contagieuse : loin de se cantonner au frivole vocabulaire parisien voici que, la radio aidant, on l'entend d'un bout à l'autre de la France, reprise avec l'accent du terroir, et même sous des moustaches blanches.

Tout le monde, dans ce pays, « en a ras-le-bol » pour peu que les circonstances économiques ou les pouvoirs publics contrarient nos fameux droits acquis, nos mini-privilèges, ou même ce que nos démagogues officiels appellent nos « légitimes aspirations » — c'est-à-dire l'élévation automatique de notre pouvoir d'achat (ce qui n'a jamais existé dans aucun pays) et cette « croissance continue » qui ne peut se faire qu'au détriment des deux tiers de l'humanité.

Que des travailleurs, des adultes, anesthésiés par les mass media et que trop d'événements, plus subis que vécus, ont démantelés, s'abandonnent à ce « ras-le-bol » ; qu'ils n'hésitent plus à employer la violence et le chantage pour faire pression sur un gouvernement que les échéances électorales affaiblissent — cela se déplore mais peut se concevoir. Mais que des lycéens et des étudiants, enhardis par la veulerie des adultes, soûlés par la flagornerie intéressée des dirigeants politiques et syndicaux, gavés de *Charlie-Hebdo*, croient se montrer les héritiers de mai 68 en refusant, non sans vantardise, tout effort et toute contrainte — voilà l'ivraie envahissante que l'on se garde bien d'arracher et que plus d'un osera sans doute célébrer en mai prochain.

271

HUIT PAROLES POUR L'ÉTERNITÉ

Alors, pourquoi se gêneraient-ils, ces jeunes-là, par ailleurs si seuls, si mal aimés, si « pauvres », puisque leurs aînés font d'eux des héros ? Chaque époque a ceux qu'elle mérite : nous aurons eu les héros du « ras-le-bol »...

(1977)

« LE SOLEIL SUR LA TERRE »

J'AI reçu la mort du peintre Fontanarosa comme une blessure, une douleur, une injustice. Comme un contresens aussi : pour des milliers d'entre nous il incarnait le bonheur ; le bonheur ne devrait pas mourir. Il me semblait que le monde entier, les fleurs, les fleuves auraient dû prendre le deuil. Un soleil s'éteignait ; nous avions froid soudain.

Je ne parle pas peinture ici, pas seulement peinture. « On est de son enfance comme d'un pays », a écrit Saint-Exupéry. Nous étions de Fontanarosa comme d'un pays. C'est tout un continent qui vient de disparaître ; ou plutôt une saison : un été perpétuel, mais tout imprégné de la farouche liberté du printemps et déjà teinté par le pathétique de l'automne. C'était cela, la saison Fontanarosa. Jusqu'à la fin de nos jours elle manquera à notre calendrier.

Dans les trois chambres où je vis le plus souvent, sur les rives du Cher ou sur celles du boulevard Saint-Germain, un enfant de Fontanarosa veille sur moi de haut et me rappelle à l'ordre, le seul, le vrai : l'esprit d'Enfance. Ici il joue du violoncelle, ici de la flûte, et là (c'est le présent que Dominique et moi nous sommes offert pour le trentième anniversaire de notre mariage), l'admirable « Enfant aux poivrons » éclaire mystérieuse-

273

ment la pièce entière. A demi-nu, pauvre superbement, il se détourne de son étal éblouissant et nous montre un visage rêveur et secrètement navré. « Heureux et triste comme un enfant », disait Rilke. Les enfants de Fontanarosa sont heureux et tristes : remplis de grâce et de gravité, pathétiques. Ils se tiennent, à leur insu, aux confins du siècle et du Royaume. Ils nous livrent leur petit visage de fruit à peine mûr, de bohémien, de musicien de passage, mais leurs yeux regardent ailleurs. Les miens aussi, quand je songe à leur père.

Mes livres eux-mêmes sont en deuil de Fontanarosa. Je parle de ceux qui touchent le plus d'inconnus, d'esprits neufs, de cœurs purs : les éditions de poche. A deux reprises leur éditeur a demandé à un autre artiste (et des plus remarquables) d'en illustrer la couverture. Chaque fois il lui a fallu, de toute évidence, revenir à Fontanarosa. Lui seul savait habiller de chair et douer de la vie mes personnages, *pour la raison toute simple qu'ils lui appartenaient autant qu'à moi.*

Je viens de perdre un frère, un frère que je n'ai jamais rencontré face à face, jamais rencontré « ici-bas », comme l'on disait autrefois. Mais, au-delà de notre bref passage sur la terre, Lucien Fontanarosa et moi, je le sens, je le sais, sommes jumeaux pour l'éternité.

(1975)

RÊVER D'UNE ÉGLISE

JE TE PRENDS PAR LA MAIN, MON ENFANT...

Je le prends par la main, ce petit enfant qui, peut-être,
est moi-même. Ou plutôt il tient ma main serrée, car il a
un peu peur. Nous sommes entrés dans l'église : passés
du soleil à la pénombre, et du tumulte de la rue à ce
chuchotis caverneux. Un peu peur et un peu froid. Et
d'abord, il ne distingue que des colonnes, ce qu'il n'a vu
nulle part ailleurs. Un « plafond » inaccessible. Rien ici
n'est à hauteur d'enfant ; et pourtant, tout est à son
échelle, comme on va le voir. Mais déjà il faut se hausser
sur la pointe des pieds pour tremper de confiance le bout
de ses doigts dans un grand coquillage rempli d'eau —
d'eau de mer ?

D'immenses personnages vous suivent des yeux, prisonniers d'une verrière éblouissante ou d'un étroit piédestal. Et c'est justement par eux qu'il faut apprivoiser
un enfant à cette vaste maison si sombre, si froide ; car
elle est la leur, et ils sont des nôtres. Un enfant cherche
et trouve des ressemblances entre les saints d'une église
et les grandes personnes de sa famille. S'il se hasarde à

les exprimer, on le fait taire. Pourquoi ? Ne sont-ils pas, à travers les siècles, de la même race, gens des villes et des champs ? « Tu aurais pu les connaître... *Tu en connais peut-être !* »

Ainsi, l'enfant pénétre-t-il de plain-pied dans le Royaume, et c'est bien. « Laissez-les venir à moi... » — On les en empêchait donc déjà ? D'eux-mêmes ils y courent ; ils sont ici chez eux, pareils à ces gamins italiens qui poursuivent leurs jeux dans les églises sonores et fraîches. Pareils aux pauvres qui y installent leur camp volant — et c'est une grande responsabilité, M. le Sacristain, que de leur enjoindre de décamper...

Conduisez votre enfant de statue en statue, lui racontant les faits et gestes de chacun — et tant pis s'il confond saint Louis avec les rois des contes de Perrault ! Il risque seulement de vous poser des questions qu'à tort vous ne vous posez pas. Par exemple : « Pourquoi tant de jeunes filles ? » (Et c'est l'instant de prononcer le mot Pureté). « Pourquoi tant d'évêques et de papes, de rois et de reines ? » — Mais là l'Église ne trouve guère de réponse honorable...

Quand vous aurez fait votre tour de saints, achevé la tournée des amis, il faudra, la main dans la main, suivre le chemin de Jésus depuis la cour du palais de Pilate jusqu'au tombeau de Joseph d'Arimathie. — « Non, mon chéri, ce n'est pas le même Joseph... Il y a, de même, plusieurs Marie, deux Jean, deux Jacques... » Son monde se peuple peu à peu. Suivre avec lui ce Chemin de croix qui se clôt si désespérément, si arbitrairement surtout. Ah ! racontez-lui vite la Résurrection, les apparitions merveilleuses, l'Ascension ! — « Mais pourquoi ne les a-t-on pas représentées ici ? » demandera-t-il. Répondez, l'Église ! Répondez, églises de pierres froides et de larmes, qui ressemblez à des tombeaux et faites peur aux enfants et aux cœurs simples ! Que n'êtes-vous, mi-ténébres et mi-soleil, à l'image des jours du Christ ? à l'image de ses mises en garde, mais aussi de ses promesses ? de notre indignité, mais aussi de notre espérance ?

A présent, ce petit garçon que vous guidez et qui vous guide, montrez-lui le lieu où il a été baptisé, triste comme une source thermale hors saison. Pourtant, cette Eau-là coule toujours. Lieu privilégié où plane l'Esprit invisible. Racontez-lui son baptême et celui de Jésus, inséparablement. Que, plus tard, il revienne ici de lui-même chaque fois que le désir fou de « tout recommencer », qui est la seule forme décisive du remords, le brûlera. « Mon Dieu, ici même, un jour, tu es descendu pour m'accueillir. Tu as agité l'eau, comme l'ange à la piscine de Siloé. Guéris-moi, cette fois encore ! »

C'est ici que tu as été baptisé. Mais, auparavant, c'est ici que papa et maman se sont mariés. Il y avait deux fauteuils dorés côte à côte, comme dans les palais... Il vous en réclamera le récit, mais ne l'avez-vous pas oublié vous-même ? Il n'est pas encore temps de lui apprendre que c'est ici que son père et sa mère, parmi les fleurs et les lumières, ce jour-là aussi, recevront l'adieu de leurs amis du monde. Oui, exactement au même endroit, parce que tout, joie ou déchirement, doit prendre place au pied de la croix, devant la table de la Cène, sous le regard des saints, dans la chaleur des amis assemblés. L'Église est aussi cela (et il faut l'apprendre très tôt) : tout ensemble capitale de la Douleur et de la Joie

Maintenant, le moment est venu de conduire cet enfant devant l'autel et de lui raconter la nuit la plus importante de l'histoire du monde. Pourquoi « comprendrait-il » Noël et pas le Jeudi Saint ? Ni anges, ni bergers, ni rois sans doute ; rien que onze hommes déconcertés et tombant de sommeil, et l'autre qui se hâte dans la nuit et va s'en retourner à la tête d'une horde : « Vous êtes venus avec des torches et des armes... » — Pourtant le Mystère est tout aussi vaste : que Dieu, que le Dieu des galaxies et des siècles de siècles, se trouve tout entier dans un nouveau-né transi ou dans un morceau de pain blanc, quelle différence ? Mais ce petit enfant, tu aurais rêvé de le voir, de le toucher — et la crèche naïve vient, chaque hiver, ranimer cette nostalgie ; tandis que ce pain, lui, t'est donné chaque jour. Il y a, de génération en génération, des hommes qui ont risqué leur vie pour le protéger et le transmettre. En ce moment même, il y a des saints qui ne vivent que de cette nourriture. Cette église tout entière n'a été construite que pour l'abriter ; et elle n'est aussi vaste que parce que nous sommes nombreux à le partager. La multiplication des pains n'était qu'un épisode prodigieux ; le vrai miracle est ici, dans le silence et l'obscurité. *Domine, non sum dignus...*

C'est à moi que je parle et non à cet enfant imaginaire, car je ne suis pas sûr qu'il ait besoin de paroles. Pourtant, il est bon pour lui que les abords du Mystère soient imagés. Il était bon pour les enfants que ces statues fussent ressemblantes et coloriées et que chacune des stations du Chemin de croix ressemblât à un petit théâtre. Je ne défends pas, en faveur de l'enfance, la laideur dans les églises ; mais leur nudité ne fait guère son affaire. Est-ce qu'une école est nue ? Chaque édifice était une « leçon de choses », comme on le disait si bien autrefois. Bientôt, les seules églises qui parleront aux tout-petits et à ceux qui leur ressemblent, seront ces cathédrales où l'Histoire sainte se lit dans la pierre, le bois, l'or, le verre flamboyant. Ceux qui les ont bâties avaient l'esprit d'Enfance.

RÊVER D'UNE ÉGLISE

À TOUTES LES ÉGLISES DE LA TERRE, MERCI !

Alors, il me prend, là, maintenant, l'envie de crier ma gratitude à toutes les églises. Au moment où tant de « fidèles » s'en détournent, où l'on en désaffecte plus qu'on n'en construit ; au moment où, parfois, leurs desservants vendent à l'encan leurs ornements ou leur trésor — oui, c'est à ce moment-là que je veux crier ma tendresse et ma reconnaissance aux églises de pierre qui auront jalonné mon voyage : depuis celle où je suis devenu chrétien par l'eau et par l'Esprit, jusqu'à celle où les miens rendront de tristes honneurs à ce corps avant de l'enfouir comme une graine. ICI REPOSENT, peut-on lire sur une dalle, à Brangues, LA DÉPOUILLE ET LA SEMENCE DE PAUL CLAUDEL...

Mais peut-être faudrait-il se trouver à mi-ciel pour les observer vraiment, ces églises placées au milieu de chaque village comme le cœur l'est au centre du corps : de sorte qu'il semble qu'elles aient été bâties en premier et que tout se soit organisé autour d'elles. Mère heureuse entourée de ses petits, troupeau que l'approche de la nuit ou la crainte du Mal font se presser autour du berger immobile. Clocher, clocher qui, des siècles durant, dominait les demeures des hommes et celles des princes. Jusqu'au jour où, dans les grandes villes, l'église devint au contraire la plus basse de toutes les bâtisses, car chaque métropole se nomme aussi Babel...

Église des grandes cités, lieu hors du temps, le seul sous-éclairé, sous-chauffé, sous-peuplé, réserve d'espace et de silence, de splendeur et de rusticité : où trouverait-on ailleurs des bancs de bois et des chaises de paille ? Un pauvre y dort ; c'est tout ce qu'il reste du droit d'asile. Un pauvre y dort, gardé par un peuple de statues débonnaires. Son instinct ne l'a pas trompé : il ne fait pas ici seulement provision de sommeil. Ce soir, il descendra dormir dans l'enfer du métro ; pour l'instant, il est au Ciel. Une vieille vient d'entrer, son cabas à la main. Elle va de statue en statue, baisant un pied de cuivre usé, effleurant une robe de plâtre, redressant un bouquet, rallumant un cierge, ménagère qui fait son marché de saints...

Église fraîche où l'on pénètre au premier jour de l'été ; église encore tiède où l'on entre au premier jour de l'hiver. Car, pareille au vieil océan, elle prend son temps et ne suit les saisons qu'à regret...

Église en contrebas, dans une île que je connais ; et, les marches descendues, on a l'impression de reprendre pied...

Église della Minerva à Rome : une chaîne basse vous retient seule de piétiner la dalle simple sous laquelle Fra Angelico repose, les yeux ouverts...

Saint-Paul où, ce mai-là, le parfum des lys formait une telle prière que les larmes m'en vinrent aux yeux. Jamais depuis, jamais je ne respire cette fleur, sans te revoir, haute basilique hors-les-murs !

Église basse à Salamanque où, devant l'autel doré, priait une nonne au long voile blanc, et si parfaitement immobile que j'ai cru, l'Espagne aidant, que c'était une statue. Je vous demande pardon, ma petite soeur, de m'être placé un instant entre Dieu et vous pour voir votre visage — et c'était celui de l'Amour.

Heures de nuit passées à Chartres, agenouillé devant une croisée ouverte sur la cathédrale, l'Unique, illuminée...

Chapelle de l'avenue de Friedland, à Paris, où trônait, dans un décor de velours rouge et de plantes vertes, le plus grand ostensoir du monde. Et puis, au lendemain de Vatican II, je l'ai retrouvée splendide et pauvre, dépouillée de son théâtre dérisoire, nue et noble, figure de l'Église de demain.

Églises, églises... Mais chaque chrétien, s'il prenait le temps de fermer les yeux, s'aviserait qu'il en possède une collection incomparable. Mendiants ingrats, comment pouvez-vous les renier aujourd'hui ? Pour moi, je célébrerai les églises de pierre ; et même, à l'heure où votre désaffection les désaffecte, JE VAIS EN CONSTRUIRE UNE DE PLUS !

Chacun de nous a bâti en esprit la maison de ses rêves ; n'est-il pas permis d'en faire autant pour celle de Dieu ? Malraux a composé son « Musée imaginaire » ; ne puis-je humblement dresser ici les plans de ma Basilique imaginaire ?

Je sais bien qu'ainsi je me livre : que décrire l'église dont on rêve n'est pas seulement affaire de goût ou d'imagination ; que chaque parti que je vais prendre en dira long sur mes options, sur mes lacunes aussi. Tant pis ! Il y a trop longtemps que je me la figure, cette église-là, trop longtemps que je suis seul à y prier. Je ne veux pas qu'elle demeure vide : venez avec moi !

RONDE COMME LE SOLEIL, COMME L'HOSTIE...

Le célèbre Christ crucifié de Salvador Dali est signé « d'après Jean de la Croix ». Car cette toile immense, célèbre dans le monde entier, est née d'un minuscule crayonnage en marge des « Écrits spirituels » : le Golgotha, vendredi 3 heures, le lieu, l'instant où l'histoire du monde vire de bord — mais le Golgotha vu de haut, *vu du Père...*

Intuition géniale et naïve ; mais les saints ont sans

doute le droit et le pouvoir de passer sur l'autre rive. Déjà, les premiers bâtisseurs de la chrétienté avaient eu la même pensée et, durant des siècles, les églises furent construites en forme de croix, le chef orienté vers Jérusalem. Flotte innombrable, éparse sur toute l'étendue de la terre ; nefs, grandes et petites, que le vent drosse à la rive mais qui tirent sur l'ancre vers le large. C'est un symbole imposant : chaque église, semblable à un grand corps crucifié dont le cœur correspond à l'endroit même où se célèbre le Mémorial. En forme de croix — *mais qui peut les voir telles, sinon le Père ?*

Et pourtant, mon église à moi, je la vois toute ronde. Ronde comme le soleil, comme l'hostie. Symbole de l'égalité parfaite, le cercle ; symbole du fini et de l'infini, le cercle qui n'a ni début ni fin. Ronde comme la terre, mon église, ronde et close sur soi comme une graine.

Mais ce n'est pas la peine d'appeler à la rescousse toutes sortes de raisons et de comparaisons. Je la vois ronde depuis le jour où je suis entré, à Lourdes, dans la chapelle à demi souterraine des infirmières et des brancardiers, gens du petit matin, gens du cœur de la nuit (tout le reste du temps est donné aux malades), fidèles furtifs. La nouvelle église Saint-Joseph... Le bois clair de ses bancs exhalait un âcre parfum de forêt ; et sans doute ne ressentaient-ils plus les saisons qu'à la manière des exilés, puisqu'ils fleuraient encore le printemps alors que les grands arbres de l'Esplanade avaient pris le deuil de l'été. « Simplicité, modestie, pauvreté, vérité, pureté... » C'est l'architecte qui parle des nouveaux sanctuaires de Lourdes — mais chacun de ces mots s'appliquerait à Bernadette, et aussi à l'âme qu'on voudrait avoir en pénétrant ici. Des rampes inclinées vous conduisent d'elles-mêmes aux vastes degrés de l'autel ; c'est la plage descendant à la rencontre des vaguelettes successives. Je me retrouvai agenouillé au bord de cet océan. J'étais seul. *J'étais arrivé.* Toute église devrait nous procurer cette sensation : but ou halte du pèlerin, toute église !

Je ne pense pas que cette chapelle (où le silence, lui aussi, était à demi souterrain) soit tout à fait circulaire, mais je la vois telle. Et le temps m'y parut ce qu'il est : désespérément, merveilleusement rond. Chaque journée, chaque saison, et leur retour annuel : un cercle bien clos. Et parce que, pareil aux grands arbres, j'aborde mon automne tout en me sentant un enfant, je sais bien désormais que ma vie, que chacune de nos vies est ronde — ronde comme mon église

TU ES PIERRE... TU ES PAUL...
TU ES JEAN...

L'église dont je rêve, sa construction est déjà engagée puisque j'en possède, comme disent les architectes, « le parti pris » : elle sera ronde [1]. Elle s'ouvre à vous par deux portes qu'encadrent trois personnages : Pierre, Paul et Jean. Des statues ? — Non, plutôt des cariatides, issues de l'édifice et qui le soutiennent, tels ces « Esclaves » de Michel-Ange qu'on peut voir au musée du Louvre. Nées de la pierre elle-même, comme la figure de proue naît du navire. Si l'une des trois faiblissait, l'édifice entier s'affaisserait. Si Pierre, Paul ou Jean avait manqué à l'Église...

PIERRE, s'il est vrai, comme l'assurent les historiettes, que tu es le premier que l'on rencontre en franchissant la frontière de marbre, alors nous voici un peu rassurés... Le plus âgé des Douze, pensons-nous de toi

---

1. Voir page 323 le « plan » de cette église imaginaire.

sans autre raison que celle-ci : nous voulons t'avoir comme frère aîné. Un frère à qui nous ressemblons. Ce n'est pourtant pas nous qui aurions tout quitté sur-le-champ pour suivre cet inconnu ! Mais c'est dans le bonhomme réaliste, spontané, un peu vantard que nous nous reconnaissons. Et aussi dans la tête dure, si lente à comprendre — mais n'était-ce pas leur lot à tous jusqu'à ce que la tempête de la Pentecôte balayât leur esprit ?

Hélas, c'est surtout dans ton reniement que nous nous retrouvons, nous dont l'existence n'est qu'un tissu de reniements mesquins. « Alors, sortant dehors, il pleura amèrement. » *Il éclata en larmes,* dit Marc sous ta dictée — et c'est la seule fois que cette expression se lit dans les évangiles. Oh ! je te vois pleurant : laid, barbouillé, inconsolable comme les enfants. Et je sais bien qu'elles ont été fidèles au rendez-vous du crépuscule et à celui du réveil, ces larmes — jusqu'au jour où, sur la plage, il t'a demandé par trois fois : « M'aimes-tu ? », effaçant rituellement tes trois reniements. C'est pour cet instant-là, qui allait te faire passer du fond de la honte à la charge suprême : « Pais mes brebis », pour cet instant que tu t'es jeté à l'eau afin d'arriver plus vite jusqu'à lui. Car c'est Jean qui, depuis la barque, l'a reconnu ; mais c'est toi qui as sauté par-dessus bord, prenant à peine le temps de te vêtir. Pourtant, tu étais pardonné et promu d'avance dès l'instant où, devant Césarée de Philippe, tu avais déclaré, et toi seul : « Tu es le Christ, le fils du Dieu vivant ! » Et encore : « Seigneur, à qui irions-nous ? Tu as les paroles de la vie éternelle... »

Pierre, je veux que tu figures à l'entrée de mon église : d'abord parce qu'elle relève de toi, comme toutes les autres ; mais aussi parce que tu es la preuve définitive que Dieu pardonne, à la seule condition qu'on l'aime. « Seigneur, toi qui sais toute chose, tu sais bien que je t'aime... » Si seulement Judas avait, comme toi, prononcé ces paroles, nous saurions à présent que Dieu pardonne *tout*. Ce coq, au sommet de nos clochers, n'est pas un emblème cruel : ce n'est pas ta faiblesse qu'il perpétue ; c'est la miséricorde de Dieu qu'il célèbre.

PAUL, je te vois trapu, chauve, barbu. Est-ce à force d'images ? Ou bien ne faisons-nous que doter ton âme brûlante, ton esprit rigoureux, de l'enveloppe qui leur sied ? Ton visage, nous ne le connaissons pas ; mais ta personne vive, ta démarche, ta voix, il nous semble les voir, l'entendre. « Saül, pourquoi me persécutes-tu ? » C'est la parole adressée en secret à chacun d'entre nous toutes les fois qu'il prend ses distances avec son âme. « Saül, pourquoi me persécutes-tu ? » Cela se passe sur le chemin torride et poudreux qui conduit à Damas, dans la torpeur de midi ; et tu aurais pu dire, à ton tour : « Je voyais l'Ange de Dieu tomber du ciel comme l'éclair... » Nous savons maintenant qu'il faut traverser la foudre et la nuit de la cécité pour passer du vieil homme à l'homme nouveau.

Saül devenu Paul, je pense à toi hagard et humble durant ces quelques journées à Damas pendant lesquelles Dieu efface le tableau noir. On te conduit par la main, et tu refuses toute nourriture. La route de Damas débouchait sur le chemin d'Emmaüs : Jésus est venu à ta rencontre ; mais un homme de ta trempe, il fallait d'abord le terrasser. A présent, Jésus ne quittera plus le petit Juif têtu jusqu'au jour où, serviteur inutile, celui-ci abandonnera cette carcasse tant éprouvée aux mains des bourreaux qui, les pauvres ! croient lui donner la mort. Mais il n'y a que Satan qui puisse « donner la mort » à un chrétien. C'est la tête qu'ils t'ont coupée, comme on tranche la main du parricide : ta tête, instrument redoutable ; ta tête qui contenait toute la doctrine — et pourtant, tu n'avais jamais entendu le Maître et, le matin de la Pentecôte, tu n'étais pas là. Ils ont tranché trop tard ta tête géniale. Elle a, dit-on, rebondi trois fois sur le sol et trois fontaines ont jailli là. Quel symbole ! Ton chef tranché n'a pas fini d'abreuver nos esprits jusqu'à la fin des temps... Paul, témoin de la bienheureuse faiblesse de Dieu : car il avait besoin de toi, de ta tête dure et bien faite, de ta logique, de ta rigueur — besoin de tes qualités *et de tes défauts*. Tu nous enseignes, à ton insu, qu'il a besoin de chacun de nous, qualités et défauts ; et qu'à son image chacun de nous a besoin des autres *tels qu'ils sont*. Le petit homme entêté exorcise tous ces racismes dont l'Occident et le monde entier se meurent.

Cette « écharde dans ton corps », je me prends à me demander à mon tour ce qu'elle pouvait bien être. Peut-être — pardonne-moi — une certaine jalousie envers les Apôtres, ces rustres : « Ah ! que ne m'a-t-il choisi dès le début ? J'aurais tout compris à temps, moi ! » Tandis qu'il t'a fallu courir pour les rattraper et rattraper le temps perdu, courir à perdre haleine, parcourir quatre mille lieues sur les mers et dans les sables : agrandir le lac de Tibériade à la dimension de la Méditerranée... « Sept fois chargé de chaînes, chassé, lapidé, héraut de la Bonne Nouvelle en Orient et en Occident... » Passager sur la terre, tel que je te vois à l'entrée de mon église, tu n'as pas l'épée à la main, Paul, mais le bâton du pèlerin. Le véritable Juif errant, c'est toi !

JEAN, je te vois très mince, très jeune, adolescent jusqu'au dernier jour, flamme haute, peuplier dans le vent. Il a fallu attendre seize siècles pour trouver ton vrai peintre et c'est le Greco. Mais il y a deux Jean ; celui qui, le Jeudi soir, pose sa tête contre le cœur de celui qui déjà vit sa mort ; et puis, à des années de là, le vieillard, seul sur son rocher, qui regarde de haut l'océan du temps et cette ligne au loin, frontière de Dieu, où le ciel immense rejoint la petite planète. Poète et prophète, visionnaire et voyant, tu énonces l'Apocalypse. Ce grand retour de flamme par quoi se clôt la Révélation, ces paroles terribles, celui qui les profère est-il bien le même homme qui ne s'adressait aux siens, qui ne s'adresse à nous qu'en nous appelant « mes petits enfants » ? C'est qu'entre-temps, entre les jours de Jésus et ceux de Patmos, Jean n'a pas passé une heure sans le fantôme blanc, pas une heure sans se remémorer ses paroles. Il les connaît *par cœur* — quelle juste expression ! — et nous, grâce à Jean, nous entendons parler le Seigneur une heure durant, ce Jeudi soir. Mais c'est peu dire que nous l'entendons : nous le vivons. Ces onze convives, dans la nuit, deviennent silencieusement des millions, des milliards. C'est la Messe, la première, l'éternelle, et Jean, Jean seul, nous la rapporte — et c'est pourquoi il a sa place à l'entrée de mon église.

Je ne te quitterai pas d'une semelle, Jean ! C'est le plus sûr moyen de suivre sa trace. Car toi-même ne l'as jamais quitté : sur le Thabor, à Gethsémani, et le seul au pied de la croix, le lendemain — le seul ! Les femmes s'y trouvaient, bien sûr, avec ce courage à la fois indomptable et résigné qui est le sel de la Non-violence — mais les autres disciples, où se cachaient-ils ?

Parmi les hommes de cuir qui, leurs lances en faisceau, bâillent et jouent aux dés tandis que les condamnés agonisent ; parmi l'infernale trinité des Grands-prêtres, des Anciens et des Scribes ; parmi les badauds qui injurient les hommes en croix, quel homme de chair et de larmes sauve ici l'honneur masculin ? — Un seul et c'est toi. Et c'est toi qui, le premier, pénètres dans le tombeau vide et comprends aussitôt. « Il vit et il crut. » C'est toi qu'il préférait — du moins vous l'avez cru, pauvres enfants jaloux ! Mais le mystère de l'amour maternel de Dieu, *c'est qu'il préfère chacun.*

Mais surtout, si je veux ton image au seuil même de mon église, c'est à cause de trois petits mots, simples et fulgurants, transparents et cependant insondables. Trois petits mots qui définissent la Création et ouvrent tout grand les portes de l'Éternité. Ces trois mots, je les répète aux incroyants, car ils constituent l'unique réponse, l'unique preuve, le seul mot de passe. Ces trois mots sous-tendent l'Église et la chrétienté — et je veux que, par ta présence, ils soutiennent aussi ma petite église. Oui, te voici à ta place ici, cariatide éternelle, puisque tu nous as livré le grand secret : DIEU EST AMOUR.

TOMBER À GENOUX EN ENTRANT !

Vous venez de passer entre Pierre et Paul, ou entre Paul et Jean. Ils étaient l'*avenue* naturelle à mon église, et vous voici transportés du jour à la pénombre, des rumeurs de la vie au silence essentiel. Mais vous n'avez pas encore eu le temps de vous accoutumer à l'une et à l'autre que déjà vous tombez à genoux...

Comment faire autrement ? Car, avant de détailler quoi que ce soit, avant que l'œil ne s'attarde le long des parois semi-circulaires qui conduisent au fond de mon église, voici que, là-bas, ce qu'on appelle si bien — mais y prenons-nous garde encore ? — LA SEMAINE SAINTE se trouve présente devant vous *d'un seul coup*.

Oui, les trois nuits et la matinée les plus importantes de l'histoire du monde vous attendaient ici. C'était un piège pour votre âme, et comment ne pas y tomber, enfants de Dieu ? Car voici, dans l'enfilade de votre regard comme elles se sont succédé dans le temps, la Cène, la Croix, la Sainte Face et la Résurrection...

Commençons par la Sainte Face, puisque c'est elle qui *aimante* toute cette église et devrait lui donner son nom,

et puisqu'elle est l'image qui m'a conduit à ce rêve de
bâtisseur que je partage ici avec vous. Immense, noire et
grise mais de tous les noirs et de tous les gris, une
verrière qui reproduit le visage du Saint Suaire de Turin.
Oh ! visage du Seigneur Jésus, tuméfié, couvert de sang
séché, avec la marque des coups reçus et le labour
visible de la couronne d'épines. Visage supplicié et
vainqueur, que tu es beau ! Saint, trois fois saint par le
sang, les crachats et les coups ! Vainqueur de ce combat
où tu ne te défends pas. Majesté du silence. Une
domination absolue émane de toi, Sainte Face : jamais
davantage « le Seigneur », roi de l'univers, maître de
toute créature ! Tu rayonnes déjà la résurrection.

Comment n'a-t-on pas encore songé (du moins, je le
crois) à réaliser ainsi une immense verrière de la Sainte
Face ? Est-ce pour nous épargner ce face-à-face ténébreux, aveuglant ? Pourtant, quel meilleur moyen d'apprivoiser la mort ? quelle meilleure préparation au face-
à-Face éternel ? Tes yeux sont fermés, heureusement :
comment supporterions-nous ce regard sans mourir de
honte, sans mourir d'amour ? La mort, pour moi, ce sera
quand la Sainte Face ouvrira ses yeux. Qu'il existe donc
un lieu où l'on puisse humblement s'y préparer en
silence ! « Je l'avise et il m'avise... » Eh bien, c'est
ici.

Mais peut-être pensez-vous que c'est folie de dresser
ce vitrail comme un gigantesque agrandissement photographique d'une relique « dont rien ne nous prouve, au
fond, qu'elle soit authentique »... — Si ! beaucoup de
faits, au contraire. Étudiez-les. Mais, plus probant
encore peut-être, le tremblement qui nous saisit devant
cette effigie. Nous, qu'on appelle « les croyants », avons
pris l'habitude de croire sans preuves. Il y a longtemps
que nous préférons le témoignage d'une gardeuse de
moutons aux raisonnements de Descartes et les visions du

Père Teilhard aux arguties du Saint-Office. Croire, c'est enjamber les Mystères, faire confiance dans la nuit. Et pour ceux qui ne croient pas à l'authenticité de la Sainte Face de Turin, que cette effigie leur fasse penser à *la vraie,* lorsqu'ils entreront dans mon église...

La Sainte Face, donc, tout au fond — et c'est le Sépulcre, le Samedi, jour de terreur et d'hébétude où les Apôtres, claquemurés, ont oublié la Promesse. Mais, autour de cette verrière grise et noire, tous les soleils du monde, tous les feux de la Joie se sont rejoints ! C'est l'aube et l'aurore, c'est midi le Juste, c'est l'or et le cuivre, fanfare de lumière ! Quel Manessier, quel maître-verrier débordant de foi, d'espérance et d'amour, saura encadrer de flammes la Sainte Face obscure afin d'exprimer le matin de Pâques ? Car, de toutes parts, le tombeau scellé est déjà investi par la résurrection — et déjà c'est dimanche matin après la longue nuit de samedi. Cependant que la Croix toute nue, qui se dresse devant cette verrière mi-funèbre et mi-flamboyante, suffit à représenter le Vendredi Saint ; et que l'autel tout simple qui nous sépare d'elle résume la soirée du Jeudi Saint. Table du sacrifice et table du repas : du dernier sacrifice sanglant de l'Histoire sainte, du premier repas communautaire de la chrétienté. Devant la Croix, la table est prête, tout au fond de mon église, pour le mémorial quotidien de cette nuit de feu.

« Personne n'a de plus grand amour que celui qui livre sa vie pour ses amis... Mais, courage ! j'ai vaincu le monde ! » — Voilà ce que crie la verrière de gloire, et nous, *d'un seul regard,* nous les voyons en entrant, l'autel, la Croix, la Sainte Face, la résurrection : de la nuit des oliviers au soleil de Pâques, du désespoir à la victoire — et nous tombons à deux genoux sur ce seuil qui conduit à Dieu.

RÊVER D'UNE ÉGLISE

À MA GAUCHE, L'EAU PURE...

Nous voici donc entrés dans cette église que, page après page, vous imaginez avec moi. D'instinct, notre main cherche un bénitier. Elle n'en trouvera pas ; ou plutôt si : à votre gauche dans une excavation semi-circulaire, le baptistère en fera office. Gravée à même le sol, une inscription l'expliquera : PRENDS ICI, POUR TE SIGNER AU NOM DU PÈRE, DU FILS ET DU SAINT-ESPRIT, L'EAU SACRÉE DE TON BAPTÊME. Car, ici, elle est offerte et libre, cette eau pure ! A ciel ouvert, et non avarement gardée sous un couvercle, ou apportée à l'instant du baptême. Cette économie ménagère n'a pas sa place dans la maison de Dieu. L'idéal serait même qu'une source jaillît en ce lieu et que l'édifice eût été bâti autour de cette source... Mais assez rêvé ! A défaut de source et de Jourdain, cette flaque fraîche et vivante reposera dans une vasque rude, dans un fragment de roche creusé, posé à même le sol, de sorte qu'il faille se pencher un peu, comme sur une fontaine, pour y puiser de l'eau ou y plonger la main. La grâce infinie du baptême, la petite grâce quotidienne du signe de croix coulent ici à hauteur de fleuve. Plus d'un voudra s'y agenouiller, mirant son visage d'homme dans l'eau qui l'a fait chrétien. Au fond de celle-ci, il distinguera alors, gravé dans le roc, le signe auquel se reconnaissaient ses frères de l'Église primitive : le poisson, ΙΧΘΥΣ en grec, car chaque lettre de ce mot est l'initiale de « Jésus Christ Sauveur des Hommes ».

Présence vivante de l'eau, puissance mystérieuse, clarté dans la pénombre, regard qui ne cille jamais... L'eau et le rocher, comme à Lourdes. Au-dessus de ce baptistère où l'art n'a point de part (mais le plus grand art consiste parfois à se passer de lui), en lettres simples, gravées dans le mur, on pourra lire la seule prière que le Seigneur lui-même a apprise aux siens : « Lorsque vous priez, dites : « Notre Père... » Car si l'enfant que l'on baptisera dans cette eau ne devait connaître qu'une seule prière, n'est-ce pas celle-ci ? Et jamais les chrétiens ne devraient se réunir sans prononcer *d'abord,* d'une même voix, ces paroles dont les premières font d'eux des frères pour l'éternité.

Combien je souhaiterais que tous les baptêmes qui se célébreront ici fussent collectifs et publics : tous les enfants à la fois et devant le plus grand nombre de fidèles, et non jalousement famille par famille — car s'il est un lieu où nous n'en formons qu'une seule, c'est bien celui-ci. Et, dans cette perspective, pourquoi ce baptême multiple ne prendrait-il pas place le dimanche, juste avant la messe la plus fréquentée et qui, seule, mérite le nom de « grand-messe » ? Avant de la célébrer, le prêtre présenterait un à un, par son nom de saint, chacun de ces nouveaux petits chrétiens à l'Assemblée qui, debout, chanterait sa joie. Quel préambule plus fraternel au Mémorial du Christ ?

Et, puisque nous sommes en chemin d'innover (bien raisonnablement), je voudrais qu'avant cette messe se présentent également, s'il s'en trouve ce dimanche-là, tous les fiancés qui, dans la semaine à venir, vont échanger devant Dieu leur consentement. Que leur famille d'Église connaisse leurs visages, au moins une fois, et prie unanimement pour eux dans la joie du dimanche ! De quel cœur entendra-t-elle ensuite l'admirable formule par laquelle s'ouvre désormais la messe : « Que la grâce de Jésus notre Seigneur, l'amour de Dieu le Père et la communion de l'Esprit-Saint soient toujours avec vous ! »

RÊVER D'UNE ÉGLISE

À MA DROITE, L'EAU VIVE..

Le sacrement de pénitence n'est plus à la mode. Il y a cent ans, lorsque la Vierge apparut à la plus pure, la plus pauvre, la plus aimante et lui parla, son mot de passe fut « pénitence » et trois fois répété. Mais nous avons changé tout cela! Nous sommes évidemment meilleurs théologiens que la Vierge. Il est vrai qu'en matière de péché, nous nous y connaissons mieux qu'elle... « Plus jeune que le péché », disait, de Marie, Bernanos.

Si nos contemporains récusent le seul tribunal où l'on entre, sûr d'être acquitté ; s'ils préfèrent le divan du psychanalyste au confessionnal ; s'ils relégueraient volontiers au grenier ce meuble biscornu, c'est que le « progrès » leur a fait la nuque raide. On n'accepte plus volontiers de courber le front, de s'agenouiller ; on place sa dignité dans la jointure de ses genoux. Ce n'est pas qu'on fasse preuve de davantage de droiture : de raideur seulement ! Accepter des directives, voire de simples conseils semble au-dessus de nos forces. L'humilité n'est pas le fort des chrétiens de ce temps : chacun en remontre à son curé, à son évêque au pape ; chacun désormais se nomme Grosjean.

Mais cette désaffection envers la Pénitence, certains prêtres n'en sont-ils pas tout autant responsables ? Pourquoi chercherions-nous recours auprès d'un homme qui désire si fort nous ressembler ? — Allons! comment pourrait-il être tout à fait comme les autres, l'homme qui a choisi la pauvreté, la pureté, la non-violence (sans parler de l'obéissance), au cœur d'un siècle qui les bafoue ? l'homme sans ambition, sans calculs, sans esprit de concurrence ? Comment le pourrait-il, celui qui, chaque jour, privilège inouï, engagement écrasant, renouvelle les gestes et répète les paroles du Christ ? Être *parmi* les autres sans devenir *comme* eux... Comme toujours, c'est affaire d'Amour : seul l'Amour nous permet, en toute circonstance, de « faire ceci sans négliger cela ».

Enfin, pour se confesser vraiment, il faut avoir conservé le sens du péché ; et, dans son remords inconscient de nous avoir si longtemps imposé un code mesquin et tendancieux, on dirait parfois que le clergé lui-même cherche à minimiser la notion de péché. J'en serais bien d'accord s'il s'agissait de la remplacer par une autre, moins légaliste et plus vraie — celle-ci, par exemple : *se sentir ou non dans l'amitié de Dieu.* Malheureusement, comme tout instrument de précision, la conscience se rouille si l'on ne s'en sert pas assez souvent ; et il faut y porter une attention bien vigilante quand on s'en remet à elle plutôt qu'à un code. En sommes-nous encore capables, nous qui sommes devenus si égalitaires, si démagogues et si complaisants dans nos rapports avec Dieu ?

C'est pourquoi, au-dessus du confessionnal de mon église (il est temps d'y revenir), face aux paroles du NOTRE PÈRE qui dominent, à gauche le baptistère, je demanderai que soient gravées, dans les mêmes caractères, les huit BÉATITUDES.

— Quoi ! me dira le chrétien qui se passe de la Pénitence, retrouver l'amitié de Dieu, hors de laquelle nous respirons mal, dépendrait de cette boîte fétide, de ces chuchotements, de cet oiseau de nuit enfermé dans sa cage de bois ? — Eh bien, oui ! *essayez seulement...* Je crois que notre religion est, pour partie, « expérimentale » et, par là, plus appropriée que jamais à ce siècle *scientifique.* « Venez et voyez... » Les sceptiques se placent volontiers sous le patronage de saint Thomas ; ils oublient seulement, le moment venu, de baisser la tête et de murmurer avec lui : « Mon Seigneur et mon Dieu... »

Simplement, dans cette église dont je rêve, on

essaierait d'éviter les petits ridicules qui contribuent aussi à nous éloigner du confessionnal. Par exemple, quoique invisible, l'alvéole creusée dans le mur serait aussi vaste que le baptistère qui lui fait face. Pourquoi le corps devrait-il étouffer tandis que l'âme se dilate ? Et pourquoi ce lieu où l'on retrouve la Joie se vêt-il d'oripeaux aussi tristes ? Ce seront donc des étoffes claires (et non le traditionnel rideau demi-deuil ou vert-notaire) qui abriteront le dialogue. Dialogue à mi-voix et non à voix basse, car personne « n'attend son tour » de l'autre côté. Un seul pénitent à la fois ! et pourtant deux prie-Dieu, l'un à gauche, l'autre à droite, afin qu'il puisse choisir, soit de s'agenouiller derrière la fameuse grille, soit de se confesser à visage découvert si le prêtre est son familier. Et puis (qu'on me pardonne ces détails triviaux), les places des bancs les plus proches du confessionnal seront marquées, afin que personne ne « vole le tour » de quiconque, volontairement ou non, et que le guet et l'irritation nous soient épargnés au moment même où, les yeux fixés sur ces Béatitudes où le Christ nous a livré l'essentiel, nous ne devons être attentifs qu'à nos propres infidélités.

Je ne veux pas quitter ce confessionnal sans dire ici ma gratitude à tous ces prêtres inconnus qui, à leur insu et si délicatement, m'ont cent fois remis dans l'amitié du Seigneur. « Et moi je vous pardonne au nom du Père, du Fils et du Saint-Esprit... » Quelle stature prend soudain l'homme qui, l'instant d'avant, pour me ménager, n'employait que le « nous », se trempait avec moi dans l'eau sale du péché comme nous acceptons, à Lourdes, de nous plonger dans celle des malades ! Et qui, l'instant d'après, avec une humilité qu'aucun juge n'a jamais montrée, ajoute : « Et priez pour moi ! » Le prêtre orthodoxe, lui, vient s'agenouiller à côté du pénitent... Oui, en face de l'eau pure du baptistère, c'est bien l'eau vive de l'Esprit qui coule ici. « Si quelqu'un a soif, qu'il vienne à moi et qu'il boive ! »

CHEMIN DE CROIX — CHEMIN DE JOIE !

Tout au long du mur circulaire de mon église court un « Chemin de croix » — mais pas celui auquel nous sommes habitués. Il comporte vingt et une *stations* et non quatorze. Ce n'est pas le désir d'innover qui me dicte cette entorse à la tradition, mais la volonté de m'en tenir à la vérité. Car enfin, dans aucun des quatre évangiles, rien n'atteste que Jésus ait rencontré sa mère ; ni que Véronique (dont le nom mi-grec mi-latin signifie « image authentique ») ait pris l'empreinte de son visage ensanglanté ; ni qu'il soit tombé trois fois. Par contre, ne croyez-vous pas que le calvaire du Christ ait commencé bien avant Golgotha ? Que la trahison de Judas, le reniement de Pierre, la solitude à Gethsémani, l'ont davantage meurtri que les coups des soldats de Pilate ?

A l'inverse, je n'ai jamais compris, jamais accepté que nos églises, dont tant ressemblent elles-mêmes à un sépulcre, semblent vouloir ignorer ce qui constitue l'essentiel de notre foi, de notre joie : le tombeau vide, Jésus guéri, rayonnant, victorieux, apparaissant à Marie-Madeleine, aux voyageurs d'Emmaüs, aux Onze tremblant de peur puis intimidés de bonheur, Jésus remontant vers son Père... Non, l'histoire du Christ ne s'achève pas le Samedi Saint dans le désespoir et la terreur ; elle ressuscite avec lui pour l'éternité, le matin de Pâques. C'est pourquoi mon « Chemin de croix » se poursuit par un « Chemin de joie » : en tout, vingt et une stations dont les thèmes s'inscrivent dans la pierre, *sans aucune image,* surmontant seulement un bref extrait des textes qui les justifient et se trouvent gravés là, eux aussi, en caractères moindres.

Ainsi, rien ne se lira sur les murs de mon église qui ne soit absolument authentique, transcrit de l'évangile. Chacun peut ajouter ses *fioretti*, chérir telle légende, révéler telle tradition séculaire ; mais je ne crois pas qu'il ait le droit de l'imposer à quiconque ni d'en encombrer l'église où tous doivent communier dans la Parole et la prière universelles. Le « juste milieu » entre une prolifération d'images ou de dévotions et une sobriété qui nous glace, chacun le situera à sa convenance. Pour moi, je le vois dans une fidélité scrupuleuse à l'Écriture et c'est ce qui m'a conduit à ce Chemin de croix-Chemin de joie dont les stations X, XI, et XII viennent s'inscrire *à leur place* : entre la Croix et la Sainte Face qui précisément les illustrent, sous la verrière de ténèbre et de feu, à la même hauteur que sur le reste des murs. Et voici que ce sont les paroles mêmes du *credo* de notre enfance : X. EST MORT — XI. A ÉTÉ ENSEVELI — XII. EST RESSUSCITÉ LE TROISIÈME JOUR.

Mais remontons à la source et suivons le cours de ce fleuve de larmes :

I. JÉSUS EST TRAHI PAR JUDAS

« *Que voulez-vous me donner, et moi je vous le livrerai* » (Mt 26, 15).

II. JÉSUS SOUFFRE SEUL SON AGONIE AU JARDIN DES OLIVIERS

« *Mon âme est triste à en mourir. Demeurez ici et veillez avec moi* » (Mt 26, 38).

III. JÉSUS EST RENIÉ PAR PIERRE

« *En vérité, je te dis que toi, aujourd'hui, cette nuit-ci, avant que le coq ait chanté deux fois tu m'auras renié trois fois » (Mc 14).*

IV. JÉSUS EST OUTRAGÉ ET BATTU PAR LES SOLDATS

« Puis ils le bafouaient : Salut, roi des Juifs ! Et après avoir craché sur lui, ils prirent le roseau et ils l'en frappaient à la tête » (Mt 27, 26).

V. PILATE RELÂCHE BARABBAS ET LIVRE JÉSUS POUR ÊTRE CRUCIFIÉ

« Mais ils se mirent à pousser des cris tous ensemble : A mort cet homme, et relâche-nous Barabbas ! » (Lc 23, 18).

VI. SIMON DE CYRÈNE EST REQUIS POUR AIDER JÉSUS À PORTER SA CROIX

« Et, quand ils l'emmenèrent, ayant mis la main sur un certain Simon de Cyrène qui revenait des champs, ils le chargèrent de la croix pour la porter derrière Jésus » (Lc 23, 26).

VII. JÉSUS PARLE À LA FOULE POUR LA DERNIÈRE FOIS

« Filles de Jérusalem, ne pleurez pas sur moi. Pleurez plutôt sur vous-mêmes et sur vos enfants... Car, si l'on traite ainsi le bois vert, qu'adviendra-t-il du bois sec ? » (Lc 23, 27).

VIII. JÉSUS DEMANDE À SON PÈRE DE PARDONNER À CEUX QUI LE CLOUENT SUR LA CROIX

« Et Jésus disait : Père, pardonne-leur : ils ne savent pas ce qu'ils font » (Lc 23, 34).

RÊVER D'UNE ÉGLISE

IX. AU CALVAIRE S'ACCOMPLISSENT UNE À UNE LES PROPHÉTIES DE L'ÉCRITURE

« *Ils partagent entre eux mes habits et tirent au sort mon vêtement* » *(Ps 22).*

« *Tous ceux qui me voient me bafouent, leur bouche ricane, ils hochent la tête : il s'est remis à Yahvé, qu'il le libère ! qu'il le délivre, puisqu'il est son ami !* » *(Ps 22).*

« *Mon Dieu, mon Dieu, pourquoi m'as-tu abandonné ?* » *(Ps 22).*

« *En tes mains je remets mon esprit !* » *(Ps 31).*

X. EST MORT

XI. A ÉTÉ ENSEVELI

XII. EST RESSUSCITÉ LE TROISIÈME JOUR

XIII. PIERRE ET JEAN TROUVENT LE TOMBEAU VIDE

« *Arrivé le premier au tombeau, se penchant, il vit les bandelettes posées là... Il vit et il crut* » *(Jn 20, 3).*

XIV. JÉSUS APPARAÎT À MARIE-MADELEINE

« *Jésus lui dit : Ne me touche pas, car je ne suis pas encore monté vers le Père, mais va trouver mes frères* » *(Jn 20, 11).*

XV. JÉSUS FAIT ROUTE AVEC DEUX DISCIPLES SUR LE CHEMIN D'EMMAÜS

« *Et, commençant par Moïse et parcourant tous les prophètes, il leur interpréta, dans toutes les Ecritures, ce qui le concernait* » *(Lc 24, 15).*

HUIT PAROLES POUR L'ÉTERNITÉ

XVI. TOUTES PORTES CLOSES, JÉSUS ENTRE CHEZ LES ONZE ET LEUR DONNE LE POUVOIR DE REMETTRE LES PÉCHÉS

« Il souffla sur eux et il leur dit : Recevez l'Esprit-Saint ; les péchés seront remis à qui vous les remettrez, ils seront retenus à qui vous les retiendrez » (Jn 20, 21).

XVII. DEVANT THOMAS, JÉSUS DÉFINIT LA FOI

« Parce que tu m'as vu, tu as cru, Thomas. Heureux ceux qui croient sans voir ! » (Jn 20, 24-30).

XVIII. JÉSUS ASSIGNE AUX APÔTRES UNE MISSION UNIVERSELLE

« Allez donc, de toutes les nations faites des disciples, les baptisant au nom du Père, du Fils et du Saint-Esprit. Et voici que moi, je vais être avec vous toujours jusqu'à la fin du monde » (Mt 28, 16-20).

XIX. JÉSUS PARDONNE À PIERRE SON RENIEMENT

« Seigneur, tu sais toutes choses ; tu sais bien, toi, que je t'aime tendrement. » Jésus lui dit alors : « Pais mes brebis » (Jn 21, 15-18).

XX. JÉSUS ANNONCE AUX ONZE LA VENUE DE L'ESPRIT-SAINT

« Et voici que moi je vais envoyer sur vous ce que mon Père a promis. Vous, donc, demeurez dans la ville jusqu'à ce que vous soyez revêtus de la force d'en haut » (Lc 24, 49).

XXI. JÉSUS EST EMPORTÉ AU CIEL

« Or, comme il les bénissait, il se sépara d'eux et fut emporté au ciel »(Lc 24, 50).

RÊVER D'UNE ÉGLISE

C'est à contrecœur que j'inscris au terme de ce « Chemin de Joie » l'Ascension de Notre-Seigneur. Enfant gâté, enfant perdu, je ne puis comprendre que les Apôtres « s'en retournent à Jérusalem en grande joie ». Il me semble que, moi, je serais resté là, en larmes, attendant son retour. Il me semble, que naïvement, égoïstement, j'aurais pris à la lettre ses paroles : « Je ne vous laisserai pas orphelins... Je vous reverrai et votre cœur se réjouira, et votre joie, nul ne vous l'enlèvera... » Il me semble que, dans ce lieu proche de Béthanie encore toute chaude de sa présence, Béthanie-du-soir, capitale du petit bonheur, il me semble que je serais resté jusqu'à la nuit, répétant ce cri pathétique par lequel s'achèvera l'Apocalypse et se clôt L'Écriture : « Oh oui, viens, Seigneur Jésus ! »

FRÈRES D'OÙ NOUS VIENT LA LUMIÈRE...

J'ai trop parlé de pénombre jusqu'ici. En fait, l'église dont je rêve est investie, transpercée, traversée de lumières. Tous les bleus de l'océan, de la surface aux abysses ; tous les moments du ciel, « du crépuscule de l'aube au crépuscule du soir » et de l'orage d'août aux prémisses de la neige ; tous les visages du soleil, de l'or et du sang... Une lumière grave, profonde comme celle des signaux le long des rails ou des digues, et qui sont devenus les symboles du Large et de l'Aventure... Une lumière venue de haut et qui dessine sur le sol, en été, des continents de couleur dont on enjambe les frontières... Bref, répartis le long du mur circulaire, six vitraux dont chacun sera dédié à un saint. Un saint de mon choix — mais c'est affaire de prédilection, non d'exclusive ! et les bâtisseurs de cathédrales n'agissaient pas autrement. J'annonce mes couleurs : Vincent, Thérèse, Charles,

Jeanne, Jean-Marie, Bernadette. Mais déjà il faut préciser : une petite fille d'Alençon, baptisée Thérèse par dévotion à la fondatrice du Carmel, y entre à son tour et devient l'une des patronnes de l'Eglise universelle. Elle engendrera d'autres saintes Thérèse, soyez-en sûrs ! Donc, ici : Monsieur Vincent, sainte Thérèse de l'enfant Jésus et de la Sainte Face, Charles de Foucauld, Jeanne d'Arc, le curé d'Ars et Bernadette de Lourdes et de Nevers.

Ces six vitraux ne les représentent pas ; mais ils leurs ressemblent, on ne peut s'y tromper. Abstraits ou figuratifs ? — Je n'en sais rien. Cela dépendra du génie du maître-verrier ; et puis la frontière est souvent indécise et je souhaiterais qu'ici elle le fût. En tout cas, qu'on ne montre pas leur visage ! Franchi le seuil, nulle autre effigie humaine que la Sainte Face, qui est déjà divine. « Qui m'a vu a vu le Père... »

Chacun des six vitraux aura sa teinte dominante : pour le Père de Foucauld, ce sera le jaune des sables et des soleils ; pour Jeanne d'Arc, un rouge à feu et à sang ; pour Jean-Marie Vianney, le violet de toutes les pénitences ; pour Thérèse Martin, n'importe quelle teinte sauf le rose et le bleu ciel : assez de malentendus !

Ainsi, la lumière de Dieu nous parvient filtrée par ses saints, et c'est justice. Chacun d'eux (je l'ai déjà dit) est transparent à sa manière ; et, quant à l'essentiel, chacun est un miroir du Christ, mais où ne se reflète qu'une partie de la sainteté de Jésus, celle qui, parfois dès l'enfance, fascinait ce saint. Ils nous transmettent l'éblouissement de son Amour, mais atténué, réfracté. Sans eux, nous « tomberions sur notre face », comme les Trois le jour de la Transfiguration. Les saints nous apprivoisent à la lumière éternelle. Compagnons de route, avec leurs imperfections où nous nous retrouvons, et leurs fulgurances où nous retrouvons Jésus, compagnons de route et d'éternité. Qui de nous ne rêve que ses saints de prédilection feront la haie pour l'accueillir sur le chemin qui commence de l'autre côté de la nuit ? La haie, de part et d'autre : *comme sur les murs de mon église !*

VITRAIL DE VINCENT

Mon frère Vincent, mon père Vincent, je cours après toi à travers les siècles sans espoir de te rejoindre jamais. Il y a longtemps que tu es mon héros, mon modèle. Homme d'action et de prière, de commandement et d'humilité, d'organisation et d'imagination, tout ensemble homme de l'instant et des siècles à venir. Infatigable géant de la charité, tu n'as pas d'âge : je ne t'imagine pas jeune, mais pas davantage mort. Tes méthodes, tes maximes, n'ont pas pris une ride. Dans l'Occident, dans le monde entier, ton nom recrute, chaque année, des jeunes par milliers. Homme de plain-pied, commandant avec la même simplicité aux femmes comme aux soldats, aux Grands comme aux pauvres. Paysan à la cour du roi de France, mais ce sont tous les autres qui y semblent des parvenus. Poursuivant ton chemin avec l'obstination tranquille des vieux navires qui en ont essuyé bien d'autres ! Sans illusion sur la condition humaine : « Il y aura toujours des pauvres parmi vous », a dit le Seigneur ? — Raison de plus pour se mettre au travail sans débotter ! Très exigeant envers les autres ; un petit peu moins qu'envers toi-même, cependant, ce qui est le secret des vrais chefs. Homme de douleur, marié très tôt à celle des autres, avec ces deux rides précoces que je devine sur ton front d'enfant. Te colletant, toute ta vie, avec la souffrance, avec toutes les sortes de souffrances ; inventant chaque fois la parade convenable, mais sachant bien que, de cette hydre-là, personne jamais ne pourra trancher toutes les têtes à la fois. Apportant ton accent de rocaille, de soleil, dans les cales ténébreuses des galères, dans l'obscurité fétide des hôpitaux, dans les replis du Louvre. Un oiseau de nuit, avec ta grande cape qui vole au vent de novembre : c'est ainsi que je te vois, Monsieur Vincent, « père de la Patrie », comme le dit une vieille gravure. Moissonneur nocturne d'enfants abandonnés ; et je pense à leurs milliers de descendants qui, sans toi, n'auraient pas vu le jour mais qui l'ignorent. Vieil homme vierge, père de famille nombreuse ; maître posthume de mille colombiers, de mille fourmilières bleues : « Mes filles... » — Tu disais bien, puisque ce sont les *Filles de la charité* et que la Charité, jusqu'à la consommation des siècles, c'est toi. Toi et ceux qui te ressembleront, jamais en repos, comptant pour rien ce qui a été fait la veille, affrontant chaque matin un monde nouveau. Monde de douleur, monde inguérissable, ils le savent bien ; et c'est pourquoi ce sont aussi des hommes de silence, tournant vers le ciel leur face désolée et leurs mains vides. « Ainsi de vous : lorsque vous aurez fait tout ce qui vous a été prescrit, dites : Nous sommes des serviteurs inutiles, nous avons fait ce que nous devions faire... »

Je te rends visite quelques fois l'an, rue de Sèvres, là où tu te reposes enfin dans une châsse haut placée. On y accède par un double escalier garni de statuettes et qui ressemble, en pire, à la maquette de celui qui, à Lourdes, conduit d'une basilique à l'autre. Dans cette chapelle, il n'y a que toi, Vincent, qui sois grandeur nature. Notre ferveur traite bien mal les saints ! Elle joue à la poupée avec eux, une fois morts : habille d'or ceux qu'on n'a jamais vus que vêtus de bure, les mignote, les maquille... Peu importe ! Nous voici devant ton visage qui n'est qu'un masque, mais ressemblant. Paysan de

RÊVER D'UNE ÉGLISE

Dieu, mets-nous la main à la charrue pour le seul labour qui compte et fais que, comme toi, nous ne nous retournions plus jamais — amen !

VITRAIL DE THÉRÈSE

« Ouvrez toutes les portes ! » ordonna la Supérieure du Carmel de Lisieux au moment où Sœur Thérèse de l'enfant Jésus et de la Sainte Face allait passer de ce monde vers le Père. C'était aussi des portes de nos maisons qu'il s'agissait. 30 septembre 1897 — une jeune morte de 24 ans, cloîtrée depuis neuf années, allait y pénétrer et y demeurer désormais. Ce n'est pas seulement vrai pour notre pays, mais bien pour la terre entière où elle est, sans contredit, la Française la plus célèbre. Cependant, d'inconnue qu'elle était, elle allait devenir méconnue. D'une martyre, d'un Docteur de l'Église, des centaines de milliers de chrétiens allaient, durant un quart de siècle, faire une petite sainte de plâtre et de guimauve, sans comprendre qu'avec un rosier on peut aussi tresser une couronne d'épines. Il fallut attendre les livres de Ghéon et de Van der Meersch pour comprendre que ce que nous prenions pour du sirop était du sang. Ses écrits, qui se répandaient (avec des illustrations à l'eau de rose, des phrases raturées, des photos retouchées), perpétuaient la confusion. Car si la lame était nue et tranchante, le fourreau mièvre et surchargé qui la dissimulait retenait seul le regard. Comment l'Esprit a-t-il pu laisser se prolonger un pareil malentendu ? Et si Thérèse a obtenu (« Il faudra bien que Dieu fasse toutes mes volontés... ») de revenir sur la terre, n'en a-t-elle pas souffert ? — Mais elle avait répondu d'avance : « Tout est grâce ! » Si les chrétiens de ce temps se sont d'abord fait d'elle cette image, *c'est qu'ils en avaient besoin* : c'est qu'il fallait qu'elle ressemblât à la « petite voie » qu'elle nous ouvrait, qu'elle parût à l'échelle de notre médiocrité. Nous aussi, nous habitions encore aux Buissonnets, dans un décor de peluche rouge et de doubles rideaux. Nous n'avions pas encore la force d'entrer dans ce carmel où Thérèse est proprement morte de froid. Chasseur avisé, elle avait dissimulé son piège sous des fleurs. Mais, sur une certaine photographie, regardez son véritable regard, et qu'il oblitère à jamais pour vous la statue aux joues roses !

Que celle-ci demeure pourtant dans les églises, afin de rendre courage aux petites âmes (nous tous, à nos heures !) qui se trompent encore de définition quant à l'esprit d'Enfance et pour qui « mourir d'amour » est affaire de faits divers. Pour les autres, qu'ils relisent les écrits de Thérèse en se rappelant qu'elle a vécu, des années durant et sans jamais cesser de sourire, une double agonie, corps et âme. « On ne sait pas ce que c'est que de souffrir comme cela. Non, il faut le sentir... » — Mais aussi : « Le voile de la foi s'est presque déchiré... ce n'est plus un voile pour moi : c'est un mur qui s'élève jusqu'aux cieux. » Pour les autres, dont la petite barque est prise dans les remous de ce temps, qu'ils relisent Thérèse afin de reprendre souffle. « Il vaut mieux parler à Dieu que de parler de Dieu... Plus on s'approche de Dieu, plus on se simplifie... Pour moi, je ne trouve plus rien dans les livres, si ce n'est dans l'Évangile. Ce livre-là me suffit... »

« Mon Ciel se passera à faire du bien sur la terre jusqu'à la fin du monde. » Ainsi s'avance *parmi nous* la jeune fille Thérèse. Ne la perdez pas des yeux ! Elle nous montre deux profils, l'un pour nos heures de faiblesse, l'autre pour nos minutes de vérité. Recevez ses dernières paroles : « J'ai tout dit... tout est consommé... c'est l'Amour seul qui compte ! »

RÊVER D'UNE ÉGLISE

VITRAIL DE CHARLES

Un saint est toujours adapté à son époque ; il lui ressemble à la manière d'un *négatif* photographique. Mais quand cette époque est « la Belle Époque », c'est-à-dire hideuse : celle des rentiers, des gommeuses et du « french cancan », comment y correspondre ? — M. le vicomte Charles de Foucauld nous donne la réponse. Ou plutôt, car la donner ne serait rien, il l'incarne. Religion sans tricherie où, à l'exemple de son Maître, on doit payer de sa personne... « On fait du bien dans la mesure de ce qu'on est, non de ce qu'on fait. » Charles de Foucauld, ce Parisien, cet officier, ce dandy s'enfuit au désert. Il passe de la foule à la solitude, du commandement au service des plus pauvres, et du pâté de foie gras arrosé de Chambertin à ce qu'il nomme lui-même avec délice « l'abjection ». C'est, au sens propre du mot, une conversion totale. Au temps de l'Affaire Dreyfus et des expéditions coloniales, il se fait l'égal et le serviteur des Arabes ; à une époque où les courtisanes elles-mêmes s'octroient une particule, le vicomte de Foucauld devient frère Charles, le *frère universel*. « Je les apprivoise, je fraternise. Je ne leur enseigne pas, je leur *prouve* que nous sommes tous frères en Dieu... »

C'est pourtant de la main de ces « frères » qu'il mourra ligoté, à genoux, le front touchant la terre, d'une balle tirée à bout portant. Défiguré ? — Non, souriant. Sur le sol, son carnet ouvert à la page où il vient d'écrire : « Vivre comme si tu devais mourir martyr aujourd'hui... » S'ils avaient assassiné le religieux, celui-ci serait aujourd'hui saint Charles de Foucauld ; mais c'était le 1er décembre 1916, et l'Allemagne intriguait parmi les tribus du sud. C'est donc le lieutenant qu'ils ont supprimé, et notre prière ne peut s'adresser qu'au « Bienheureux Charles de Foucauld ». Différence dérisoire au regard de Dieu, mais l'Église tient avec grand soin son tableau d'avancement... Que n'éprouvait-elle les mêmes scrupules lorsqu'il s'agissait de papes ou de souverains !

Fidèle à sa tactique du « jet d'eau » (plus on le contraint à la base, plus il s'élève haut), l'Église a refusé à Foucauld l'orgueil, ou plutôt la joie d'être un fondateur d'Ordre. De son vivant, du moins ! Car, à présent, à l'enseigne du Cœur et de la Croix, petits frères et petites sœurs de Jésus se comptent par milliers. C'est même, sauf erreur, l'un des seuls Ordres religieux dont le recrutement ne cesse de progresser — et les prêtres de la Mission de France ont eux-mêmes calqué leurs « fraternités » d'Outre-Mer sur le modèle dont rêvait l'homme de Tamanrasset. Ainsi, la grande leçon du Père de Foucauld et la parole d'évangile qu'il illustre (car chaque saint en incarne une), c'est : « Si le grain de blé tombé en terre ne meurt, il reste seul ; mais s'il meurt, il porte beaucoup de fruits. » Leçon salubre, en un temps où « s'engager » consiste le plus souvent à signer des manifestes, et où l'arme favorite des militants est le pistolet à peinture. L'invention de la photographie, qui nous a livré l'effigie du Christ, nous aide aussi à comprendre ici l'essentiel — à savoir que les saints sont, tout ensemble, nos semblables et nullement nos semblables, comme Jésus lui-même. Considérez cet homme en blanc qui a maladroitement cousu un cœur rouge sur sa robe, comme Leclerc de Hauteclocque, un jour, dans ces mêmes sables, coudra hâtivement ses étoiles. En uniforme, il serait démodé ; mais l'habit blanc le sauve du temps. Et puis, dévisagez-le d'un peu plus près ; puis, ses yeux seulement... C'est le regard d'un homme qui se réveille, d'un homme qui voit débarquer des étrangers sur son île. C'est qu'il sort d'un tête-à-tête avec un soleil plus aveuglant que celui du désert, mais d'un soleil qui se peut regarder en face : le naïf ostensoir qui contient le pain consacré. C'est le même soleil qui se lève pour chaque malade, quand la pluie oblique de Lourdes raye l'esplanade.

Le jour où le Père de Foucauld fut assassiné, l'ostensoir gisait par terre à côté de lui et l'hostie s'en était échappée. Alors, l'un des sous-officiers du détachement alla chercher une paire de gants neufs, aussi blancs qu'elle ; il ramassa l'hostie et s'éloigna dans les sables. Parvenu là où aucun regard d'homme ne pouvait l'atteindre, il s'agenouilla et, les yeux levés au ciel vers vous, Dieu, son père tout-puissant, il communia avec cette hostie.

VITRAIL DE JEANNE

Il existe entre les hommes de mon âge et Jeanne d'Arc une tendre complicité que je ne me chargerai pas d'expliquer aux jeunes. Elle est « l'anti-Madelon ». Le guerrier-malgré-lui ne rêve pas tant du « repos du guerrier » que d'avoir les mains propres. Faire la guerre avec les mains propres, c'est-à-dire sans haine, est un vieux rêve irréalisable ; or, c'est Jeanne d'Arc. Et puis, tout ce que l'ignoble guerre développe en nous de noblesse (sans quoi elle aurait disparu) : fraternité, détachement de tout, oubli de soi — pouvoir partager tout cela *avec une femme* est à peu près unique dans l'histoire de France. Ni la belle espionne, ni la « marraine de guerre », ni l'infirmière maternelle, mais le compagnon de veille et de risques — voilà Jeanne, pour nous autres. Mais, pour les jeunes, que peut-elle être ? Une sorte d'Antigone, pure et obstinée ?

Au procès de Jeanne, ces juges imposteurs et renégats

ne savaient pas trop sur quoi la condamner. Vous savez, c'est plus résistant qu'on ne croit, le cristal ! « Finalement, il se présenta devant les Grands-prêtres deux faux témoins qui dirent... » — Jeanne leur facilite encore plus le travail que ne le fait Jésus : elle prétend conserver ses habits d'homme tant qu'on la maintiendra parmi des geôliers. Crime impardonnable, inculpation décisive ! Mais, *relapse* ou non, ils auraient bien trouvé le moyen de faire taire cette voix en qui s'alliaient la transparence du ciel et la solidité de la terre, le moyen d'éteindre ce regard qui les traversait en silence. C'est ce que Satan supporte le moins bien, un regard pur. Ce dialogue unique et cependant immémorial entre la vierge et ses bourreaux, entre la liberté et les valets du pouvoir, si nous le lisons le cœur serré, c'est qu'il y a, en chacun de nous, du Jeanne d'Arc et de l'évêque Cauchon ; c'est qu'à huis clos, chaque jour de notre vie, nous plaidons et replaidons cette instance capitale. Mais combien de procès devraient se conclure par la condamnation du juge !

« Tant que nous n'avons pas extirpé la violence de notre civilisation, le Christ n'est pas né », écrivait Gandhi. Lorsque les chrétiens seront enfin devenus des non-violents (mais ils ne savent même pas encore, pour la plupart d'entre eux, ce que cela signifie), le cas de sainte Jeanne d'Arc risquera d'embarrasser l'Église. Elle aura bien tort ; et il faut répondre par avance qu'on ne peut être que le saint de son temps. Seul, le Christ... De nos jours, le curé d'Ars paraîtrait un prêtre bien intolérant — mais surtout il agirait tout autrement. Et si Charles de Foucauld avait vécu au XVᵉ siècle, on ne lui aurait pas reproché sa double appartenance à Dieu et à la France, et il serait un saint « à part entière ». Quant à Jeanne, si les chrétiens parviennent quelque jour à la Non-violence, elle aura constitué une étape décisive en prouvant, bien des siècles plus tôt, qu'on peut combattre sans haïr, en priant pour son adversaire, et l'emporter. « Eh bien, moi, je vous dis : aimez vos ennemis et priez pour ceux qui vous persécutent... »

Les cendres légères de Jeanne ont été dispersées dans le fleuve ; mais le vent ne les a-t-il pas dérobées au passage ? Et celles de Gandhi, mis à mort et brûlé au bord d'un autre fleuve, ne les ont-elles pas rejointes ? Au premier soir de chaque printemps, il suffit de respirer profondément pour que des larmes vous montent aux yeux, parce que c'est là trop de douceur pour un cœur d'homme, et trop menacée... Et parce qu'en ce moment même, quelque part, des enfants meurent de toutes nos violences invisibles... Des larmes plein les yeux, à seulement respirer ce vent — mais n'est-ce pas alors l'âme éparse de Jeanne qui vient de rejoindre la nôtre ?

VITRAIL DE JEAN-MARIE

Le séminariste Jean-Marie, sa grosse tête était si dure, elle était si faible en latin, qu'on hésita à l'ordonner prêtre. Du moins lui confia-t-on la paroisse la moins « intéressante » qui se trouvât disponible : Ars. On connaît la suite... Peut-être comprenait-il mal le latin et les finesses de la théologie, mais ses évangiles, il les connaissait comme Jésus lui-même connaissait les Écritures ; et la seule façon de savoir par cœur l'Évangile, c'est de le vivre. « Je te bénis, Père, Seigneur du Ciel et de la terre d'avoir caché cela loin des sages et des intelligents et de l'avoir révélé aux tout-petits. » — Cette parole-ci, l'évêque de Jean-Marie a failli l'oublier. Et celui de Nevers, lorsque, de connivence avec la Supérieure, il demanda à Bernadette : « Vous n'êtes donc bonne à rien ? », s'entendit répondre, lui aussi : « C'est bien vrai. » Qui se rappelle aujourd'hui le nom de ces deux prélats ?

Une autre parole que Jean-Marie n'a pas oubliée, c'est la réponse aux Pharisiens : « Ce qui est élevé devant les hommes est objet de dégoût devant Dieu. » Quand l'ancien réfractaire des armées de l'Empereur reçoit la légion d'honneur de la part du neveu Napoléon III, il remercie beaucoup et s'empresse de la vendre pour en donner l'argent aux pauvres. Ce n'est pas cette croix-là qui lui convient. Il en fait autant du beau camail brodé que Monseigneur lui fait porter. Mais ce n'est pas devant le porche de la cathédrale que gens et voitures venus de loin font la queue, sur des milles et des milles, attendant parfois un jour et une nuit leur tour de confessionnal : c'est sur la route d'Ars. Sur cette même route où, plus d'une fois, Jean-Marie Vianney s'enfuit seul, de nuit, pour échapper à cette foule et se retirer en quelque ermitage où il pourra enfin n'appartenir qu'à Dieu. Voilà le moyen qu'après mille singeries, le « grappin » a trouvé pour tenter le vieil homme. C'est quand le diable se déguise en Dieu qu'il est le plus redoutable... Mais, chaque fois, le curé d'Ars s'en retourne tout penaud, tombe à genoux devant le tabernacle : « Pardonne-moi, mon Dieu, *j'ai fait l'enfant...* » — Oui, l'enfant, Jean-Marie ! Et tu l'as fait toute ta vie. Dieu merci ! Car c'est à tes pareils qu'appartient le Royaume des cieux, et quiconque ne l'accueille pas comme un petit enfant n'y entrera pas.

C'est pour tout cela, c'est parce que ton « cadavre » (ainsi désignais-tu ton corps) demeura prisonnier, seize heures par jour et durant des années, dans cet étroit confessionnal qu'on aurait bien dû te laisser pour cercueil, que désormais, comme l'on prétend que « tout homme a deux patries, la sienne et puis la France », il est plus vrai de dire que toute paroisse a deux curés, le sien et Jean-Marie Vianney.

VITRAIL DE BERNADETTE

Je ne devrais plus parler de Bernadette Soubirous, pour le même motif qui interdit de témoigner dans un procès où l'un de vos parents se trouve impliqué. Car Bernadette est désormais de ma famille : à la fois ma petite sœur et ma petite fille. C'est un peu facile, il est vrai, quand on est un écrivain de soixante ans, né bourgeois dans la Plaine Monceau, de prétendre se faire adopter par une famille de meuniers de Lourdes et la plus pauvre. Un peu trop facile, ou trop difficile, comme l'on voudra ; mais je marche — nous marchons tous — vers cette Égalité que seul engendre l'Amour véritable, vers l'Égalité éternelle où Bernadette m'attend.

En fait, il existe deux Bernadette : celle de Lourdes et celle de Nevers ; et c'est cette dernière, l'inconnue, qui m'a conduit à l'autre, celle que l'on croit connaître. Suivant son propre vœu, Bernadette est la grande oubliée de Lourdes. On a beau lui avoir élevé là-bas cinq statues, elle s'y trouve seulement perdue dans la foule — et c'est très bien ainsi. « Oh ! revoir la Grotte, une seule nuit, sans que personne me voie... » Vingt ans avant Thérèse Martin, elle a subi très exactement les mêmes épreuves, plus celles qu'inflige à un chrétien la « célébrité ». (« Monseigneur de Nevers ne vient pas me voir : il vient me faire voir ! ») Ne parlons pas des crachements de sang ; mais il peut paraître inconcevable, voire suspect, qu'ayant vu, de ses yeux vu la Vierge, Bernadette, comme Thérèse, puisse demeurer dans l'obscurité totale. « Ma mère, c'est la nuit... Et toutes ces petites sœurs qui, chaque jour, viennent me demander la lumière... »

315

— Ah ! Mère Marie Vauzou, si la jalousie vous a effleurée (« Vraiment, je ne comprends pas que la Vierge se soit montrée à Bernadette. Il y en a tant d'autres, si délicates, si distinguées... ») — oui, si la jalousie vous a aigrie, convenez que cette petite Soubirous a payé cher son privilège ! Et cependant, lequel d'entre nous n'aurait, sur-le-champ, consenti à le payer de sa vie ?

« Délicate, distinguée... » — Je voudrais bien savoir quel sens gardent ces termes-là de l'autre côté de la frontière. Mais Bernadette était, en tout cas, la plus pauvre et, peut-être, la plus pure. Ces deux clefs n'auraient pourtant pas suffi à ouvrir la porte interdite ; il y fallait la troisième : à savoir que dans Lourdes, dans la France entière, dans toute la chrétienté, personne, sans doute, n'aimait Marie autant qu'elle et n'avait à ce point envie, non ! besoin de la voir. C'est le secret des apparitions, sinon celui des conversions : *le fer rejoint l'aimant.*

Lourdes est comme Venise : proprement inimaginable ; et, comme le christianisme, impossible à juger « de l'extérieur ». Vous prenez toutes les souffrances du monde et vous en faites de la Joie. Vous ne choisissez que des cas « désespérés » et, parce qu'ils s'y rassemblent, ce lieu devient la capitale de l'Espérance. Vous prenez toutes les laideurs, toutes les vulgarités, et vous obtenez de la grandeur ; la foule la plus disparate, et voici qu'elle devient unanime. Lourdes est désormais, au creux de la montagne, l'une des *réserves naturelles* de l'humanité. Une sorte de citerne : il s'y est accumulé, depuis un siècle, tant de prière et d'espérance que, même au cœur de l'hiver, au cœur de la nuit, elles vivent ici, pareilles à ces cierges, offerts en mai de l'autre année et qui brûlent devant la Grotte un matin de Noël. En novembre, tous les hôtels fermés (et ne parlons pas des boutiques), seul sur l'esplanade déserte, vous vous retournez malgré vous : vous vous sentez *environné*. Il vous semble aussi — et, le cœur battant, vous pressez le pas — qu'au détour des arcades, après les platanes que le vent dénude, vous allez trouver une petite fille portant un capulet blanc, agenouillée devant le rocher noir sur ce losange étroit, incrusté dans le sol, et qui est le terme du pèlerinage : ICI PRIAIT BERNADETTE.

Tout est donc né de cette petite fille chétive qui respire si mal et devra, sa vie durant, se battre seule contre tous. Son histoire commence comme *Cendrillon* mais s'achève comme *Blanche-Neige*. Regardez-la dormir dans sa châsse de cristal, tout en haut de Nevers. Là, je t'ai veillée longtemps, ma petite fille, ma petite sœur Bernadette. Ce n'est, bien sûr, prodigieusement intact, qu'un corps sans vie ; mais ton âme exquise n'est pas bien loin — et c'est cela qui, chaque fois, me ravit et m'intimide. Si je t'aimais assez, si je t'aimais comme tu aimais Marie, tu ouvrirais les yeux, Bernadette...

STATUE DE LA DOULEUR, À TA PLACE ÉTERNELLE...

Je ne t'ai jamais assez aimée, Marie. J'aimais trop ma mère de la terre : je n'ai pas voulu la remplacer quand je l'ai perdue ; et, auparavant, je ne voulais pas partager. Et peut-être t'ai-je gardé rigueur d'être la maman éternelle, tandis que l'autre est si fragile, à la merci d'une clinique blanche et d'une nuit de février. Je ne voulais pas te donner de visage : mort ou vivant, le sien me suffisait. C'est pourquoi j'ai longtemps détesté le culte dont ils t'entouraient tous, orphelins volontaires, et pourquoi je me suis si longtemps détourné pareillement de Bernadette. Ton silence, tout au long de la vie de Jésus, faisait

bien mon affaire : tu n'étais donc qu'une « figurante »
dont Dieu avait besoin pour sa divine tragédie. « Et puis,
parfaite avant de naître, quel *mérite* avais-tu ? » pensais-
je aussi. Et encore : quelles étaient donc ces « sept
douleurs » ? Toujours leurs chiffres magiques ! Les
mamans de la terre n'en souffraient-elles pas autant et
davantage ? Elles m'humiliaient à la fin, ces vieilles
rongeuses de chapelets, avec leurs quinze « mystères »
dont la moitié n'en étaient pas. Les chiffres, toujours !
D'où venait ce catalogue laborieux, à la fois symétrique
et disparate ? Une religion de vieilles femmes et de
comptables — voilà ce qu'était devenu le christianisme,
à cause de toi et des tiens, Marie !

Quand ai-je commencé à virer de bord ? Peut-être dans
cette chapelle des Médicis, à Florence, repaire de géants
immobiles où la Beauté vous terrasse. Oui, devant cette
madone insolite dont je porte, depuis, l'effigie sur moi :
une jeune femme navrée. La seule « ressemblante », à
mes yeux. Je te regarde enfin, grâce à Michel-Ange :
portant cet enfant que tu nourris en te détournant de lui,
mère désolée qui sais déjà que tu seras, un soir, cette
femme au teint d'ivoire tenant sur ses genoux, en place
du petit gaillard remuant, le long corps vide et roide.
Sept douleurs ? Non pas ! une seule et continue, dès le
premier instant : celle que peut engendrer la vision de
l'injustice, du mal et de la mort chez un être absolument
pur. Déjà, un enfant en est bouleversé et c'est ce
navrement qui le rend adulte ; et pourtant il n'est qu'un
petit d'homme et pétri de la même pâte. Tandis qu'un
être absolument pur... Bien sûr, il y a eu le petit bonheur
de Nazareth (celui dont Thérèse s'enchantait à l'infirme-
rie : « Je joue à la sainte famille ») ; il y a eu la fierté de
voir l'enfant grandir en grâce et en sagesse ; mais le
pressentiment du sang t'a-t-il jamais quittée depuis le
Massacre des Innocents ?

RÊVER D'UNE ÉGLISE

Tout cela, je l'ai compris devant une statue de marbre. Enfin je m'agenouillais devant ta douleur, ton silence et cette angoisse solitaire durant la longue quête de ton fils Jésus. Vos rapports, apparemment si abrupts de sa part et si résignés de la tienne, sont un secret dont l'Évangile rend bien mal compte. Mais celui dont le cœur se trouble en voyant que l'on porte en terre le fils unique d'une veuve (« et Jésus le rendit à sa mère »), celui-là n'a-t-il jamais pleuré en songeant à la sienne ? Et n'a-t-il pas été tenté de ressusciter Joseph, celui qui retournera dans cette Judée ennemie pour y « réveiller » son ami Lazare ? « Il est encore beaucoup de choses que Jésus a faites : si on les écrivait une à une, le monde lui-même, je crois, ne saurait contenir les livres qu'on écrirait » — telle est la conclusion de Jean. Y pensons-nous assez, nous à qui l'Évangile semble déjà inépuisable ? Quels manques, quels silences en ce qui concerne Jésus et sa mère ! Quelles découvertes à venir ! Mais s'ils se sont vraiment croisés sur le chemin du Calvaire, tout ne s'est-il pas dit en un seul regard échangé ?

Je songe à tout cela, Marie, et je tombe à genoux. Pardon ! pardon pour tout ce temps perdu, tout cet amour perdu... A présent, je marche à étapes redoublées, mais je sais bien que je n'arriverai pas à temps. Je sais bien que jamais je n'imaginerai ton visage parce que je ne le mérite pas. Alors, je m'en remets à Catherine Labouré, à Bernadette Soubirous et à quelques autres. Il faut un bien profond amour et bien constant pour obtenir cette récompense incroyable : voir ton visage avant le temps marqué... Encore n'ont-elles sans doute pas vu le même. A chacune selon son rêve ! Je ne m'étonne pas qu'aucune statue n'ait satisfait Bernadette. Et même, parvenait-elle encore à revoir ton visage en fermant les yeux ?

Et c'est pourquoi la statue que je vais placer là, dans

mon église, *n'aura pas de visage.* A ta place exacte dans mon Chemin de croix, à quelques pas du gibet, comment serais-tu différente des mères que j'ai vues aux funérailles de leur fils : le visage dissimulé derrière un voile ? *Stabat Mater Dolorosa...* Et que chacun, derrière ce voile, te prête le visage que son cœur lui suggère — et ce sera, comme pour les peintres au long des siècles, celui de leur plus grand amour. Oui, toi, debout à ta place éternelle : non pas « couronnée », glorifiée, mais statue de la Douleur puisque Jésus est en agonie jusqu'à la fin du monde. Debout, mais tournée vers nous autres qu'il t'a confiés — seconde parole sur la croix — et tes mains ouvertes. Et, derrière toi, gravées dans la pierre, les paroles du *Magnificat,* jaillies de ta joie au temps de la Visitation. Et à tes pieds, dans une vasque, les fleurs que renouvelleront sans cesse, dans mon église nue, notre gratitude et notre confiance : « Comment nous est-il donné que vienne jusqu'à nous la mère de notre Seigneur ? »

OÙ BRÛLE, NUIT ET JOUR, UNE FLAMME COULEUR DE SANG...

La voici à peu près achevée, mon église. Il ne lui manque plus que l'essentiel, sa raison d'être, ce pour quoi et autour de quoi elle a été bâtie : le tabernacle.

On rêverait d'une Église universelle qui ne posséderait d'autres coffres-forts que les tabernacles de ses sanctuaires. « Car où est ton trésor, là sera aussi ton cœur... » Le nôtre, il se trouve encastré dans le mur (et symétrique de la statue de la Vierge, comme le confessionnal l'est du baptistère), si bien qu'il n'en apparaît, à fleur de paroi, qu'une plaque de cuivre, ronde comme cette église qu'elle résume, et nue comme elle. Mais un projecteur invisible en fait, nuit et jour, un soleil.

RÊVER D'UNE ÉGLISE

Tout autour de ce cercle d'or, on a gravé les noms des onze témoins de la Cène, qui demeurent là comme des gardiens attentifs, veillant leur Seigneur invisible ; ou plutôt comme des invités assis autour d'une table ronde. Les Onze, car Judas manque, hélas ! Mais pas dans nos prières et, sous la couronne des noms, on aura gravé ceci : SEIGNEUR JÉSUS, PRENDS PITIÉ DE NOTRE FRÈRE JUDAS.

A côté du tabernacle, veille, comme toujours, la petite flamme sentinelle. Ils dormaient au Jardin des Oliviers ; devant l'agonie des Biafrais, des Vietnamiens, des Cambodgiens, des Sud-Africains, nous dormons aussi, la plupart du temps ; mais elle veille toujours, cette flamme, fragile et obstinée comme l'amour lui-même. Dans nos maisons, il suffit d'une veilleuse pour rassurer l'enfant qui fait un mauvais rêve. Dans la maison de Dieu, cette veilleuse rassurera l'humanité jusqu'à la fin des temps. Les tempêtes de l'Histoire ne l'ont jamais soufflée, et elle veille encore dans la nuit des tyrans. Tremblante, il est vrai ; mais parce qu'elle est vivante et que vivre c'est trembler : pour soi, tant qu'on n'a pas découvert le grand secret qui est l'amour ; ensuite, pour ceux qu'on aime. Une flamme de la couleur même du manteau écarlate dont les soldats du Gouverneur revêtirent Jésus par dérision. De la couleur de ce chapeau que l'on « impose » aux cardinaux et qui signifie seulement : « Souviens-toi que le seul véritable honneur serait le martyre ! » Ce que nous rappelle, à temps et à contretemps, cette petite flamme couleur de sang, c'est que jamais, fût-elle vide, aucune église n'est déserte.

Cette fois, la voici achevée, mon église. Allumez toutes les lumières ! Cueillez des fleurs, versez l'eau pure, et que le grand soleil de Dieu inonde les bancs de bois clair à travers les saints transparents !

Regardons-la ensemble une dernière fois, avec plus

d'inquiétude que de fierté, à la manière des architectes. Et puis, en silence parce que la veilleuse écarlate vacille sous le souffle d'un vent mystérieux, sortons d'ici — à grand regret, quant à moi. Avant de franchir le seuil vous trouverez, entre les deux portes, une fente discrète dans la paroi. Cette parole-ci, gravée dans le mur, vous en dira l'usage : IL Y AURA TOUJOURS DES PAUVRES PARMI VOUS.

Nous sortons, nous fermons les yeux, éblouis par le jour retrouvé — et voici que, sur l'écran de nos paupières closes, se reforme peu à peu, la seule image qu'il convient de retenir, celle qui donne son nom à l'église dont j'ai rêvé : la Sainte Face...

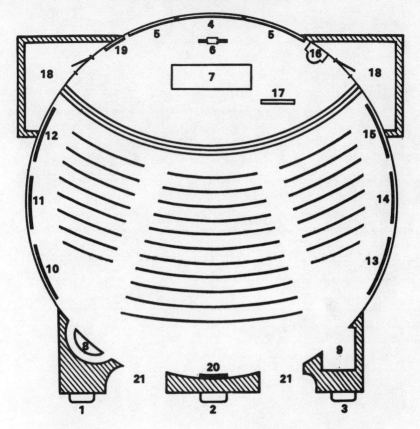

1. Statue-cariatide de Jean (p. 288).
2. Statue-cariatide de Pierre (p. 285).
3. Statue-cariatide de Paul (p. 287).
4. Verrière de la Sainte Face (p. 290).
5. Verrière de Pâques (p. 292).
6. Croix (p. 292).
7. Autel (p. 292).
8. Baptistère-bénitier (p. 293).
9. Confessionnal (p. 295).

10. Vitrail de Vincent (p. 305).
11. Vitrail de Thérèse (p. 307).
12. Vitrail de Charles (p. 309).
13. Vitrail de Jeanne (p. 311).
14. Vitrail de Jean-Marie (p. 313).
15. Vitrail de Bernadette (p. 315).
16. Statue de la Vierge (p. 317).
17. Ambon.
18. Sacristies surbaissées.
19. Tabernacle (p. 320).
20. Offrande (p. 322).
21. Portes.

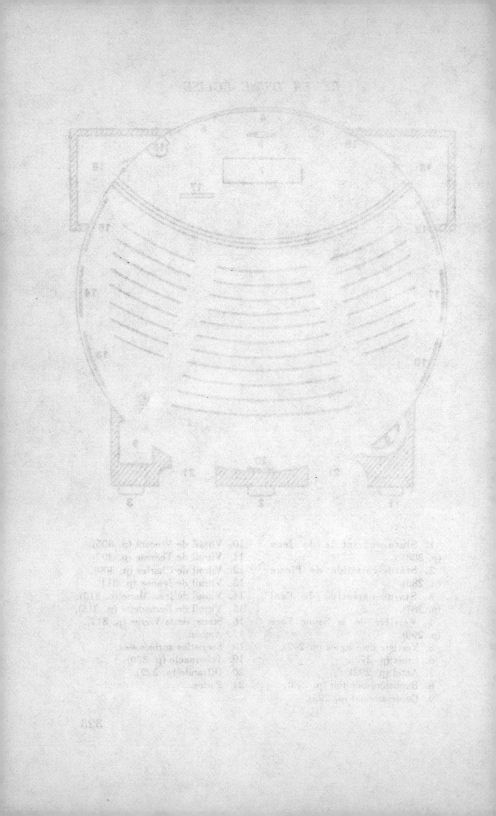

J'AVAIS PEUR

J'AI vécu plus d'un demi-siècle dans la peur. Voilà un aveu réputé humiliant, surtout pour un homme. Je l'avance ici sans forfanterie, et tout à l'opposé de cette provocation que le siècle a mise à la mode. Mais cet aveu, qui me coûte (car je suis de la vieille école), je le publie pour deux raisons : *la première est que j'ose l'exprimer à l'imparfait ;* l'autre, qu'une telle déclaration risque de délivrer bien des consciences.

L'Occident tout entier vit dans la peur ; il se pourrait même qu'il finît par en mourir. Un fagot, une forêt, une jungle de peurs, l'Occident ! Une pyramide aussi, car rien n'est plus hiérarchisé que l'Empire de la Peur. Au sommet, on y voit les grandes puissances s'effrayer l'une l'autre et terrifier les peuples qu'elles dominent. On voit en tout pays, l'îlot des riches craindre le raz de marée des pauvres dans la mesure même où ceux-ci les redoutent ; et les masses se méfier des solitaires, lesquels tremblent devant elles. Partout le malentendu, partout aussi la contamination avec, en pointillé, la « légitime défense », c'est-à-dire le droit de tuer le premier : une main sur le cœur, l'autre sur la gâchette... « C'était lui ou moi ! » est devenu la maxime d'un Occident que

Gandhi n'est pas parvenu à convertir au christianisme. Le moindre galon sur une manche, un demi-échelon de plus au tableau d'avancement, ou déjà un point de plus à l'école communale — et voici, chez l'autre, le regard étroit et la bouche tombante : la machine de la peur est en marche.

Tel est donc le bilan de la « saine concurrence » et de la « noble émulation », bref de l'image d'Épinal selon laquelle nous avons été si bien élevés. A son dessin, rien à redire, mais quel dommage que, de toutes parts, des couleurs violentes en débordent le tracé ! Autorité, Concurrence, Hiérarchie constituent un mécanisme irréprochable, et sans doute irremplaçable ; mais le grain de sable qui l'enraye et parvient à le bloquer ou à le faire tourner à l'envers était prévisible : *c'est l'homme.* L'homme, son orgueil, son égoïsme, sa violence ; sa confiance paresseuse et partisane dans les idéologies miracles ; ses fausses définitions (toutes masculines) de l'Honneur, de la Tradition et du Courage ; et ce mélange de docilité et de présomption qui l'agenouille devant le Progrès, notion purement occidentale. Le Progrès qui, passé un certain cap, s'épuise à éponger ses propres débordements. Le serpent de la Genèse se mord la queue. Chez nous, le Progrès court après le Progrès sans jamais le rattraper tout à fait : un petit écart de rien du tout, mais où s'engloutissent tous les gens sans défense. Révérence parler, l'histoire de l'Occident ressemble de plus en plus au jeu d'enfants *Marabout-bout de ficelle-selle de cheval,* etc. Jugez-en ! Contre la solitude et le labeur excessif des campagnes, voici l'urbanisation — c'est-à-dire le travail déshumanisé, les transports concentrationnaires et la solitude en conserve. Mais le Progrès veille ! A l'équation Métro-boulot-dodo, il combine cette autre : Télé-tiercé-bagnole, et cela donne : Dépression-drogue-suicide. Le Progrès engendre les maladies mentales, puis il invente les petites pilules de toutes les couleurs. Telle est la démarche de l'Occident : un pas en avant, deux pas en arrière. Et le sous-produit de cette fameuse productivité que lui envie le reste du monde, la prime gratuite, c'est la peur. Cause ou conséquence, on ne sait plus ! La peur et sa petite sœur la hargne...

Mais qu'a-t-il à faire de l'Occident avec un grand O, ce petit vieux qui, à travers des terrains vagues, rejoint son clapier de béton au 14ᵉ étage d'un immeuble conçu inachevé ? Ou l'enfant handicapé qui pourrit (lit 127) dans un Centre spécialisé — spécialisé en quoi ? Ou le travailleur immigré qui, au seuil d'une cave, attend son tour de dormir : trois fois huit heures — la paillasse, elle, ne chôme pas... Dites-moi, qu'a-t-elle à faire de l'Occident, la veuve que terrorise placidement (« Vous n'avez qu'à lire le formulaire ! ») le bonhomme à lunettes qui se tient, lui, du bon côté du guichet ? Ou la mère de famille qui, son petit dans les bras, attend depuis ce matin parmi les courants d'air d'un service d'enfants à l'hôpital ? Ou simplement, ouais, le jeune chômeur aux cheveux longs qui dévore ses ongles et les petites annonces de *France-soir* sur un banc du métro, qu'est-ce qu'il en a à foutre de l'Occident, lui ? — ET MOI ?

C'est fini. Voilà trente ans et plus que je les écoute docilement, ces grandes voix de l'Occident, leurs inlassables redites, leurs discours dont un mot suffit à faire vaciller les cours de la Bourse dans cinq capitales. Trente ans et plus que je scrute leurs « petites phrases » ; que j'en discute, le lendemain, avec d'autres jobards, ou qu'à l'occasion je lève le doigt comme l'écolier qui croit connaître la réponse — trente ans et plus, mais c'est bien fini. Je les connais par cœur, les maîtres de l'Occident, visibles ou invisibles, les chamarrés et les éminences grises, eux, leurs valets et leurs chiens ! Par cœur, les idéologies dont ils essaient de tirer un restant de vie quand ils battent l'estrade ! Par cœur, chacun de leurs registres : le prophétique, le menaçant, le doucereux — par cœur et j'en ai la nausée. La seule chose qui m'intéresse à présent c'est le petit vieux que j'ai dit, et le gosse handicapé, et la mère trop patiente, et le jeune *paumé*. Leur douleur, leur solitude, et ce petit bonheur qu'ils parviennent ou non à préserver au fond de leur malheur innocent — voilà ce qui m'intéresse, tandis que l'Occident roule à l'abîme des civilisations trop sûres d'elles, tandis que l'Occident se meurt de peur.

Oui, je donnerais tout pour préserver de la peur, ces petites gens, ces enfants de Dieu, ces créatures d'amour et de sourire dont le siècle a fait des trembleurs. Pour les préserver de cette peur de chaque matin que j'aurai connue, comme eux, durant plus d'un demi-siècle : le cœur serré, le ventre serré dès le réveil à la perspective de cette longue journée de vigilance animale, de concurrence et de docilité. Malgré ce soleil de nativité, malgré l'oiseau (mais lui aussi ne vole-t-il pas de peur en peur ?), malgré l'enfant qui court, ivre de grâce, et se prend dans vos jambes — nous voici le cœur serré, le ventre serré à cause des « gens », à cause des autres. Cependant, la plupart des autres, au même instant, ressentent cette même peur viscérale : c'est donc que la machine est détraquée, vous ne croyez pas ?

Travailleurs du petit matin, la peur embusquée en nous comme une bête, à la merci du moindre rappel du mal ou du malheur : de la sirène des policiers ou de celle d'une ambulance dans cette rue où des inconnus se hâtent déjà... Le masque clos, le regard tendu, s'évitant sans se regarder comme le font les fourmis, ils courent dans des directions opposées vers une destination unique. Vers ce travail qui, pour beaucoup, n'est que présence, ancienneté, droits acquis ; pour tant d'autres, la crainte écolière, sinon de mal faire, du moins d'être mal notés ; pour tous, objet de vantardise ou de jérémiades, d'histoires médiocres et monotones qui, ce soir, feront bâiller leur famille. Pourtant, les mêmes, mis à la retraite avec ou sans cadeau de la direction (autrefois une montre en or, aujourd'hui une télé en couleurs), deviennent au mieux des momies, s'ils ne meurent pas dans les deux ans. On peut donc s'ennuyer de l'ennui, mourir de ne plus s'ennuyer ?

Mais ce cauchemar, la retraite, n'est encore qu'un rêve pour les passants du petit matin, pour ces fantômes d'eux-mêmes, au visage salpêtré de sommeil, qui hantent les premiers métros — pour vous et moi qui vérifions machinalement que rien ne manque à notre petite panoplie d'Occidental : papiers, clefs, argent, mouchoir... Vous et moi, vaguement écœurés d'avance par cette journée sans visage, et calculant déjà que dans trois jours c'est samedi, dans cinq mois les vacances, dans dix-sept ans la retraite... Voilà donc notre seul rempart contre la nausée du petit matin : tuer le temps qui nous tue ?

Alors, si l'on s'arrêtait un petit moment, comme le fait l'acrobate avant d'entrer en piste ? Si l'on reprenait souffle avant de décrocher cette houppelande de peur dont nous revêtent la ville, l'hiver et le métier sans joie, et qui nous fait le dos si rond ? Dites, mes compagnons, si l'on démontait un peu ce maudit mécanisme ? — Toutes sortes de rouages étalés sur une table, quoi de plus inoffensif ? C'est quand ils s'entraînent l'un l'autre qu'ils parviennent à nous broyer ; et alors, le moindre n'est pas le moins redoutable... Observons-les donc séparément, ces petites peurs de rien du tout, qui nous empêchent de vivre. Exorcisons-les une à une : *peur des autres ? peur de soi ? peur de Dieu ?* — Les trois, peut-être.

Et d'abord, comme aux temps de l'école, la peur des « grands ». On est toujours le cadet de quelqu'un. Peur de ceux qui sont plus forts que nous et dont nous pensons que nous ne les rattraperons jamais, qu'ils grandissent plus vite que nous. Et pas seulement le juge, le policier, le percepteur ; mais notre chef de bureau ; et pour lui, son directeur ; et pour lui, son directeur-général ; et pour lui, l'infarctus. La pyramide, toujours... Et encore, la peur de tous ceux qui nous en imposent : le médecin, le notaire, ou même le type qui parle à la radio. Pas seulement des « grands » mais des « profs », et notre vie en demeure jalonnée. Pour les adultes, la vie reste une école où l'on n'apprend guère que ce qui est utile aux maîtres, une école dont la cour de récréation elle-même n'est pas très sûre...

Pauvres écoliers au poil gris, demeurés si dociles, gardant toujours bouche bée devant les cuistres (ceux des mass media, de l'administration, de la politique), comment vaincre cette peur-là ? — Un seul moyen, même à notre âge : *faire l'école buissonnière.*

De ceux qu'il n'aime pas nul n'apprend rien de bon. Alors, essayez donc de suivre vos chemins à vous, même si ce n'est ni le jour ni l'heure, même si ce n'est pas « dans le programme ». Remontez le fleuve à pied plutôt que son tracé, du doigt, sur la carte. Mieux vaut observer, une heure durant, un insecte vivant que de visiter une collection d'insectes « naturalisés », c'est-à-dire exclus de la nature. Passionnez-vous pour ce que vous découvrez en vous-mêmes. Fuyez l'érudition : un enfant joue mieux dans un jardin que dans un cimetière ! Défendez votre imagination contre votre mémoire, sinon celle-ci la tuera tôt ou tard.

C'est cela (notamment), faire l'école buissonnière et, de l'enfance aux cheveux gris, c'est devenu le seul moyen de vivre en Occident. Pas de « gagner sa vie », j'en conviens, mais de vivre. Car cette vie, avant de la gagner si anxieusement, ne faudrait-il pas se montrer soucieux de ne pas la perdre ?

Voilà, penseront certains, de singuliers conseils et bien peu chrétiens... — Au contraire ! Je ne fais ici que vous inviter à préférer à temps la Création de Dieu à celle des hommes. Cette permanente, humiliante docilité qui nous dégrade n'a rien de chrétien, rien de commun avec l'humilité ou l'esprit de Pauvreté. Cette confusion entre l'abandon à Dieu et la docilité aux puissants a longtemps fait l'affaire de ceux-ci et fourvoyé l'Église. Elle se meurt aujourd'hui, cette docilité. Dans des convulsions assez répugnantes, il faut en convenir ; mais enfin, un accouchement, ce n'est jamais bien propre non plus...

Le danger de la studieuse indocilité que je préconise est de se pervertir à son tour en révolte permanente, ce qui est la maladie infantile de l'époque. Faire, moralement et intellectuellement, l'école buissonnière, ce n'est pas mettre le feu à l'école ! Si Rimbaud n'avait été génial, il serait devenu l'un de ces petits voyous qui assassinent des antiquaires homosexuels. Beaucoup trop de voyous, d'irresponsables et de casseurs se dissimulent derrière son frêle fantôme pour exercer leur terrorisme de banlieue. Ce n'est pourtant pas un motif suffisant pour brûler les œuvres de Rimbaud, n'est-ce pas ? On ne va pas davantage brûler l'Évangile à cause des milliards de mauvais chrétiens qui le bafouent chaque jour depuis des siècles. — On ne va pas non plus condamner l'indocilité que je prône parce qu'elle peut mal tourner. Il s'agit de délivrer de leur peur ces petites gens, sans défense et sans voix, qui seul m'intéressent.

Peur des « grands », peur des « profs » ; peur de ces

nuages sur nos têtes qui nous dispensent ombre, soleil ou orages, à leur convenance : peur des Princes qui nous informent, nous gouvernent et nous jugent. Peur des gens qui « font l'événement », comme disent les journalistes — mais qu'est-ce que *l'événement ?* Ce n'est pas la poignée de mains spectaculaire de deux chefs d'État ; c'est bien plutôt, comprenez-le à temps, un petit garçon qui pleure tout seul dans son lit...

Cessez donc, une bonne fois, de confondre le détonateur avec la bombe. Le véritable événement n'est pas la déclaration de guerre entre deux pays, mais le gigantesque barrage de souffrances, de séparation, de temps perdu qui, à cette nouvelle, va se rompre et ravager notre vallée heureuse. Eu égard à cette charge immense de douleur, toutes les guerres sont déclarées « d'un cœur léger », toutes sont inexpiables et ne sont rendues possibles que par les fausses définitions de l'Honneur, du Courage et de la Tradition que j'ai déjà dénoncées. Affaires d'hommes, toutes les guerres ! donc irréfléchies et enfantines, à la fois « conventionnelles » et « sophistiquées », comme on le dit à présent des armements. Le jour où les femmes, gardiennes de la Vie, s'en mêleront autrement que comme infirmières, marraines ou Madelons, elles n'auront plus à s'en mêler, précisément, car il n'y aura plus de guerres. Le jour où l'on ne confondra plus l'océan avec son écume : où l'on jaugera chaque événement à son poids de douleur humaine et non à son « importance historique » (ce qui est une dérision, car l'Histoire, telle qu'on l'écrit, n'est qu'une gomme à effacer), ce jour-là, compagnons du petit matin, vous lirez le journal d'un autre œil. Votre peur instinctive changera de visage, deviendra une alliance singulière de compassion et d'indocilité. Vous aurez changé de respects, vous serez sauvés de la peur des autres. Si vous ne cherchiez plus en tremblant, dans cette feuille imprimée, tout ce qui ébranle votre petit édifice de la veille ; si vous la lisiez d'un œil aigu et non dépourvu d'humour, en dépistant les fausses nouvelles, celles qui sont sans lendemain, les contradictions, les démentis sournois, les commentaires des faux prophètes, etc. — cette écume une fois soufflée, que demeurerait-il de ce fatras de calculs, d'ambitions et de violences dont la noirceur vous colle aux doigts ? — Un océan de douleur et un océan d'espoir dont les eaux se mêlent : l'éternel combat du Bien et du Mal — ou plutôt de l'Amour et de la Peur. Il faut choisir son camp chaque matin, et ne pas laisser vos entrailles inquiètes choisir à votre place... Le jour où vous n'aurez plus peur des événements, des gens, des autres, quelle démarche de géant ! Ce sont les bottes de sept lieues que vous venez de chausser... — Et pourtant, vous n'aurez fait que le premier pas.

Le second consistera à vous défaire de la peur de vous-même. Car, écoliers consciencieux mes compagnons, lorsque, tout au long de chaque jour de votre vie, vous craignez de ne pas bien remplir votre tâche, de ne pas tenir le rôle qui vous est assigné, ce n'est pas tant des autres que vous avez peur mais de vous-même. De cet étranger vêtu de gris qui vous ressemble comme un frère. De ce personnage dont vous êtes à la fois le gardien, le spectateur, le procureur et l'avocat. De ce personnage (vous-même) dont vous voudriez tant qu'il ressemblât à tout instant à ce que les autres attendent de lui. Personnage inévitable et décevant, dont vous seul savez que, contre toute apparence, il ne vieillit pas, il ne change guère et qu'il mourra jeune, quel que soit son âge.

Cette « peur de ne pas tenir sa place » est la plus honorable, sans doute, mais aussi la moins guérissable. Car elle est de tous les instants et, si vous avez le cœur honnête, rien ne peut vous en rassurer vraiment. L'amour des vôtres ne suffira pas à vous persuader que vous avez convenablement rempli votre mission familiale ; ni la « réussite », votre devoir professionnel. « Pourrait faire mieux »... La petite annotation à l'encre rouge reste gravée dans toute conscience loyale. — « Mais qu'auriez-vous pu faire de plus, monsieur Vincent ? — *Davantage* », répond le saint, et il meurt. Cette inquiétante, cette insatisfaction qui est notre honneur d'homme, il faudrait parvenir à la conserver mais en chassant la peur qui est son ombre.

Je sais ce dont je parle. Moi qui ai joui, presque en tout domaine, d'une chance indue, je n'ai jamais cessé, un demi-siècle durant, de trembler à la pensée de mon incapacité. « Non, je ne saurai jamais gagner ma vie, me choisir une épouse, élever des enfants, écrire ce livre, etc. » De combien d'entre vous n'est-ce pas aussi le tourment secret, surtout s'il lui faut jouer les hommes forts ? Cette peur-là, quoi qu'on dise pour s'en consoler, fait plus souvent office d'entrave que d'aiguillon.

Tout ce que j'exprime ici est incompréhensible aux insouciants ou aux ambitieux ; mais je m'adresse aux vrais adultes. A vous autres, pères et mères de famille, qui êtes entrés, sans trop savoir comment, dans le piège immémorial. « Deux ou trois coupes de mousseux, et l'on croit qu'on est amoureux... » Et aussi : « Un amour comme le nôtre, il n'en existe pas deux ! » Dans ce domaine, les chansonnettes sont nos maîtres à penser... L'ivresse passée, on change de peur : hier on tremblait de s'engager ; demain, on tremblera de ne pas tenir sa place, de ne pas tenir le coup.

C'est alors qu'intervient le grand secret, le seul remède — écoutez bien : *au lieu d'avoir peur des autres, ayez peur pour les autres.* Peut-être est-ce aussi le grand tournant, l'entrée définitive dans l'âge adulte. Peur pour les autres : pour ce petit troupeau dont le Ciel, le hasard et le temps vous ont promu le berger. Le berger plutôt que le chien, si possible ! Bienheureuse anxiété, bienheureuse vigilance : quand on a enfin peur pour ceux qu'on aime, on n'a plus peur pour soi, on n'a plus peur de soi.

Victoire jamais définitive ! La Peur nous guette ailleurs ; elle a ses décors et ses itinéraires : prisons, hôpitaux, hospices, asiles... Capitales de la douleur où nous attendent ces étrangers taciturnes dont nous voudrions lâchement qu'ils fussent d'une autre race que nous. Hauts lieux de la Peur, justement, *car ce qui nous y effraie n'est jamais que nous-même.* Nous-même ruiné, abandonné, détenu, torturé, grabataire, agonisant — nous-même seul. Chaque fois que nous pénétrons entre ces murs saturés de jurons et de plaintes, et qu'il nous faut respirer ce remugle (que seule peut bannir l'âcre senteur chimique qui est devenue l'odeur même de la mort) ; chaque fois que nous entrons dans cet univers d'un blanc sale qui prétend camoufler tous les gris : celui de la crasse, de la vieillesse, de la ruine — oui, chaque fois que nous franchissons le seuil d'un hôpital, d'une prison, d'un hospice, d'un asile, nous provoquons notre destin et nous exorcisons notre peur.

Ce sont des lieux que j'ai fréquentés très tôt et décrits trop souvent, je le sais. Mais ils me fascinent, comme la peur elle-même ; ils me provoquent. J'ai, presque dès l'enfance, senti qu'ils constituaient d'inévitables « épreuves » : comme les buissons de ronces, les étangs brumeux ou les hautes murailles, dans les contes de chevalerie. Très tôt compris qu'il fallait pareillement les franchir pour parvenir à l'essentiel. Reléguer la nausée et le tremblement, dépasser l'aspect des bâtiments et celui des humains qui les hantent et finissent par leur ressembler. Alors seulement vous pourrez *atteindre leur regard*. Rien d'autre ! vous n'êtes rien venu chercher d'autre ici que la rencontre de deux regards, en silence. Et je me demande soudain si tous les instants qui justifient une existence ne se résument pas à cela : un regard qui en rencontre un autre, un rendez-vous d'âmes égales, un jalon pour l'éternité.

Ici, au plus creux du malheur, c'est encore bien plus vrai qu'au comble de la joie. Qui n'a fait, une fois au moins, cette expérience a, d'une certaine façon, perdu sa vie, mais il ne le saura jamais. Et qui l'a faite une fois, s'il ne la renouvelle pas, s'il ne reprend assidûment le chemin de ces hauts lieux de douleur et de vérité, c'est que la Peur l'entrave et le musèle et lui place des œillères : c'est que la Peur est son maître à jamais. A jamais ! car, comme dans les contes que j'ai dits, le sortilège ne pouvait précisément être rompu, la peur apprivoisée, qu'à force d'être affrontée ici-même, dans cet hôpital, cet hospice ou cette prison. Tu trembles, carcasse ? — Tu trembleras bien plus un jour, si aujourd'hui tu t'éloignes d'ici à grands pas ! Ce bâtiment sinistre est ton palais d'hiver. Il se peut que tu doives, le temps venu, y séjourner, y souffrir, y mourir. Alors, tu ferais mieux d'assumer, dès aujourd'hui, ta part d'héritage avec tes frères. Cet homme que voici, dans sa roide chemise de malade ou d'assisté, dans son droguet de détenu ou dans sa camisole de force, regarde-le d'un peu plus près : *c'est toi !*... Ne te récrie pas, ne me parle pas de ses dents pourries, de son visage de brute, de sa démarche hagarde. Tu oublies l'essentiel, une fois de plus : le regard. Tu oublies son enfance, pleine de grâce, et que le Seigneur est avec lui. Tu oublies qu'au fond de son abjection il demeure le petit enfant de Quelqu'un — *et aussi ton enfant à toi*. Tu oublies ta plus haute mission, ce don et ce devoir inouïs : cette paternité dont tu as été mystérieusement investi envers tout être humain qui respire en même temps que toi. Regarde donc ici cet inconnu, ton fils, deux fois plus âgé que toi-même, et qu'importe ? Les âmes n'ont point d'âge. Ton fils le malade, ton fils le prisonnier, le vieillard ou le fou. Ton fils qui, comme dans les mélodrames, ne sait pas qu'il l'est ; mais toi, tu l'as reconnu à son regard et, si c'est un aveugle, au tien.

Celui qui vient ici, de son plein gré, exercer cette inéluctable et dérisoire paternité, peut seul délivrer de sa peur la ruine en forme d'homme qu'il y rencontre. De sa peur, de sa solitude, de son désespoir : ce sont tôt ou tard des synonymes. Et lui-même, ici, se délivre de ses propres peurs. Cette libération prodigieuse n'est qu'un « sous-produit », bien sûr ; mais qui ne pressent que c'est justice ? Qui ne pressent cette loi mystérieuse qu'on ne peut se délivrer de ses peurs qu'en allant au-devant d'elles et en essayant d'en délivrer ceux qui les incarnent ?

Un chrétien a bien des raisons de visiter des vieillards, des malades, des prisonniers. Ou plutôt une seule, cette parole de son frère et seigneur Jésus : « J'ai eu faim et vous m'avez donné à manger, j'ai eu soif et vous m'avez donné à boire, j'étais un étranger et vous m'avez accueilli, nu et vous m'avez vêtu, malade et vous m'avez visité, prisonnier et vous êtes venus à moi... » Un chrétien qui a compris que chaque être disgracié, malheureux, malade, abandonné, est, non pas l'image, mais l'envoyé du Christ — et non pas son envoyé mais Lui-même, celui-là vient de comprendre d'un coup le christianisme tout entier. Reste à le vivre ou, comme la majorité des chrétiens, à le mimer, de bonne foi ou non. On trouve, hélas, plus de bonne foi que de foi en chrétienté...

Mais enfin, ce dont je parle ici ne concerne pas les seuls chrétiens ; et qui ne croit à Dieu ni à diable ressent aussi bien cet obscur devoir de paternité universelle, même s'il le dénonce ou le ridiculise sous le nom de « paternalisme ». En quoi il n'a pas tort ! Mais ignore-t-il donc qu'il n'existe aucune qualité qui ne se pervertisse tôt ou tard ? Et aussi que toute grandeur humaine présente un profil détestable ou, à tout le moins, contestable ? Tout homme qui n'a pas, comme ce siècle l'y conduit, frivolement tué l'homme en lui, sait donc premièrement que n'importe quel malade, vieillard, détenu est le représentant et comme l'ambassadeur de tous les autres : un peuple entier à lui seul ! Et qu'à ce titre il mérite une attention et une compassion qui dépassent infiniment sa plaintive personne. Il sait aussi que, si la douleur est un océan qui submerge nos pauvres embarcations, il n'existe aucun autre moyen d'éviter le naufrage que d'écoper patiemment, en observant le fond de sa barque et non la masse d'eau qui l'investit. Ce qu'il fait, ce que nous faisons tous en matière de Charité (pour employer ce grand mot dans son sens plénier), ce que fait chacun d'entre nous, même Vincent de Paul, même Albert Schweitzer, même mère Thérésa, n'est qu'une goutte d'eau dans l'océan, certes. Mais voici la réponse, et elle a la dimension de l'infini : l'océan n'est fait que de gouttes d'eau...

Et enfin cet homme de bonne volonté, si seulement il met la main à la charrue, s'avisera aussitôt qu'il a commencé de se délivrer de la peur. Ce n'est, je l'ai dit, qu'un sous-produit, une « prime » inattendue, un clin d'œil du Ciel. Et celui qui n'aimerait et n'aiderait son frère malheureux que pour exorciser sa propre peur la verrait redoubler : étouffé par les ronces, noyé dans l'étang brumeux, s'égratignant aux hautes murailles, ce pauvre chevalier du néant ne parviendra jamais à l'essentiel...

Tout ce qui précède est inutilement bavard : il suffisait de dire, comme je l'ai fait en commençant, qu'en tout ceci nous n'avons peur que d'un seul personnage : nous-même. Nous-même défiguré, foudroyé par la ruine, la maladie, la vieillesse, la perte de la liberté ou de la raison. Il nous hante sans cesse, ce jumeau disgracié. A quel détour du chemin s'est-il embusqué pour nous effrayer ? Lui seul est inévitable ; les autres : truands, juges, tortionnaires, chauffards, ou même le virus du cancer ou le *boeing* qui explose — les autres ne sont que des instruments. Nous ne leur sommes pas plus lié qu'à l'éclair qui nous foudroie ; tandis que ce pantin disloqué, ce vieillard au souffle court, ce prisonnier qui tourne en rond, ce dément qu'on ligote sur sa couche souillée, nous voici lié à lui jusqu'au dernier jour comme l'âme l'est au corps. Et c'est bien de cela qu'il s'agit : de l'âme trahie par son corps et qui le sauvera ou périra avec lui. Voilà notre grande peur, celle qui nous guette dès la sortie de l'enfance, celle qui en marque la frontière. Car leurs peurs, les enfants ne les assument presque jamais seuls ; tandis que le jour où, instruit de toutes ces douleurs-sentinelles qui jalonnent notre route, nous devons affronter *seul* ces spectres de nous-même, ç'en est bien fini de l'Enfance. La Peur nous attend à la frontière, comme la police le condamné ; elle ne nous quittera plus. Et si l'Amour ne se tenait pas sur le seuil, lui aussi, souriant, la main tendue, avec sur son visage cette parole de vie : « C'est moi, n'ayez pas peur ! », nous serions perdus. Mais, Dieu merci, il n'y a pas non plus d'ombre sans soleil

« Les hommes ont peur de tout, dit le Père Monier : de la mort, de la vie, du vice, de la vertu, peur d'eux-mêmes et des autres, du qu'en-dira-t-on — et même peur de Dieu, la plus terrible de toutes les peurs sans doute... »

Celle de Dieu et celle de mourir ne seraient-elles pas, au plus profond de notre caverne, une seule et même peur ? Sinon, qu'est-ce que cela peut bien signifier « avoir peur de Dieu » ? — De son jugement, des flammes de l'enfer ? Quel enfantillage ! Quelle inconséquence surtout, puisque Dieu est Amour et que nous sommes libres. Notre fin dernière, notre destin éternel coule entre ces deux falaises : son amour et notre liberté. Libre de refuser l'Amour, même face à Face, cela oui ; mais que l'Amour nous refuse, nous exile, cette seule pensée me paraît sacrilège. Je parle ici du Dieu des chrétiens. Celui des autres croyants est le même, évidemment, mais je ne sais pas dans quel langage il se fait entendre d'eux. Si ce n'est pas celui de l'Amour et de la Liberté, c'est que ce croyant n'est pas encore parvenu jusqu'à son Dieu qui est le nôtre. Non, la seule vraie peur de Dieu, la terrifiante, l'arme secrète de Satan, *c'est la peur qu'Il n'existe pas.* En dehors du Doute, « avoir peur de Dieu » ne signifie rien, et ces quatre mots suffisent à renvoyer au néant les quatre évangiles.

Mais peur de mourir parce que c'est la seule aventure que, d'avance, on affronte seul ; peur de mourir parce que c'est l'unique mystère que, nous le sentons bien, la Science sera impuissante à élucider ; peur de mourir aussi à cause d'Edgar Poe et des siens, de ce chantage génial que tant de peintres et de poètes exercent impunément depuis tant de siècles — cette peur de mourir, qui ne l'a ressentie, à l'exception d'Abel ? Qui ne la transporte au fond de soi tel un cancer ? Oui, « longue et douloureuse maladie », la peur de la mort ! et qui ne nous vaut aucune compassion puisque nous sommes tous condamnés. Quelle sorte de pitié un prisonnier peut-il attendre des autres détenus ?

Et c'est parce que, soleil noir, elle est au cœur et peut-être à la source de toutes nos autres peurs ; parce qu'elle est la seule absolue, permanente, sans recours, tandis que les autres peuvent être transitoires, successives, guérissables — c'est pour cela qu'il nous faut nous colleter d'abord et délibérément avec la peur de mourir, pareils à un homme résolu qui, écartant les comparses, marche droit au meneur. Oui, la regarder en face, cette peur de mourir, l'apprivoiser ou la dompter, cette bête sauvage : *car qui sait si, une fois celle-ci maîtrisée, nos autres peurs, de proche en proche, ne se guériront pas ?*

Le combat d'Horace et des Curiaces est une fable profonde, un stratagème exemplaire. Il nous faut toujours, dans la mesure du possible, séparer et échelonner nos affrontements. Ici, je vois aussi trois ennemis à attaquer séparément. Et d'abord, ne pas confondre la peur de mourir avec le déchirement de quitter tous ceux que nous aimons, tout ce que nous aimons. Se départir des vivants chaleureux et du « doux royaume de la terre » est un profond désespoir, mais qui ne relève en rien de la peur. Qui l'éprouve d'avance et chaque jour apprend, dans le navrement, à vivre l'instant, c'est-à-dire à vivre tout court. C'est de ce désespoir anticipé que naît l'amour véritable ; il fait partie de notre grandeur.

Le second Curiace à qui régler son sort, le voici. Il nous faut bien clairement décanter, dans cette peur de la mort, ce qui incombera aux autres : le gisant de cire et de marbre, l'absence, la défiguration et « ce qui n'a de nom dans aucune langue » — et puis ce qui incombe au mourant, à nous-même. Séparer le *spectacle* du *mystère*. Mais notre imagination morbide prétend assumer les deux et nous surcharge indûment de l'horreur qui est le lot des survivants. C'est un piège évident et pourtant difficilement évitable.

Le dernier Curiace est le seul absolument redoutable : c'est cette peur de mourir qui nous est viscérale et que l'enfance, en nous quittant, nous a léguée. Comment l'affronter ?

C'est alors, chrétiens, qu'intervient la maîtresse parole : « Ne craignez pas ceux qui tuent le corps, craignez bien plutôt ceux qui tuent l'âme. » Conseil miracle ! *transfert* aussi essentiel que celui qui, naguère, nous faisait passer de la peur des autres à la peur pour les autres. « Craignez bien plutôt... » — Voici que l'instinct de conservation de l'âme oblitère celui du corps : c'est le seul moyen que l'Amour l'emporte sur la Peur.

Mais cette démarche, qui permet soudain à l'éternité de faire irruption dans nos petites vies trembleuses, ce comportement, qui seul peut nous guérir de la peur de mourir et, partant, de toutes les autres, ne sont malheureusement pas ouverts à ceux qu'on nomme, bien à la légère, les Incroyants. A ceux-là, dans un duel dont, quoi qu'il prétende (« Moi, la mort, je n'y pense jamais ! »), aucun vivant ne peut faire l'économie, il ne demeure que deux défenses.

La première est précisément cette frivolité poignante — « Je n'y pense jamais » — qui ne se soutient que par l'ivresse. En un sens l'ivresse, toutes les ivresses sont l'antidote de la Peur — remède qui, comme la fameuse *cortisone,* vous détruit dans le même temps qu'il vous soulage. Toutes les ivresses : argent, pouvoir, distractions, érotisme, drogue, vitesse — sans compter la bonne vieille soûlerie à l'alcool ou au vin rouge qui demeure l'arme secrète des Français contre la mort, quoiqu'elle les tue en grand nombre. Toutes ces ivresses exécutent la Danse des Sept voiles : elles participent de ce décevant strip-tease qui, après plus ou moins de singeries excitantes, nous livre tout nu à la Mort. Car vous serez déshabillés de chacune de vos ivresses, mes pauvres ambitieux, mes pauvres milliardaires, mes pauvres play-boys... Et publiquement ! car, regardez-y de plus près, on ne finit jamais « en beauté »... Selon que vous vieillirez bien ou mal, le temps se chargera d'exaspérer toutes vos ivresses ou de les démystifier. Aucun de vous croit-il sincèrement qu'il pourra échapper à la minute de vérité ? Dans l'un des plateaux, cinquante ans d'écume ; dans l'autre, une once de cristal. Parfois, une minute peut sembler plus longue que toute une vie...

La seconde défense, la cuirasse de ceux qui ne croient pas en Dieu mais récusent aussi bien la frivolité et ses ivresses, c'est le Stoïcisme. Aussitôt après la Sainteté, voilà le comportement humain qui m'en impose le plus. Mais quel dommage que, pour se tenir droit, la Dignité doive tôt ou tard appeler l'Orgueil à la rescousse ! C'est en cela que le Stoïcisme relève du Prince de ce monde et non du Dieu qui est Amour.

Le Stoïcisme, toujours taciturne, austère, solitaire, ne doit pas être confondu avec le courage, qui est le plus souvent collectif et vantard et se montre un peu trop soucieux, l'exaltation passée, de réclamer ses dividendes. Qu'il existe chez nous un Ministère uniquement chargé de distribuer des pensions et des médailles aux anciens combattants, remplirait de stupeur et de mépris les Romains eux-mêmes — ne parlons pas des Spartiates ! Il s'agit ici de ce courage militaire qui, dans les manuels d'Histoire, prend à peu près toute la place et qui se perpétue grâce à un folklore inépuisable. Dans une nouvelle de Paul-Louis Courier, un officier se penche vers le colonel blessé à mort et lui demande comment il se sent. « Foutu, mon cher, répond l'autre, mais la redoute est prise ! » Cette réplique a fait, je pense, trembler d'admiration des générations d'enfants dont je fus. Je la trouve aujourd'hui d'une légèreté pathétique. Allons, mon colonel, la seule vraie *redoute,* c'est la mort !

Encore une fois, cette bravoure cavalière qui, de siècle en siècle, alimente les images d'Épinal et les musées de cire, ne doit pas être confondue avec le Stoïcisme qui, lui, évite toute espèce de gestes ou de mots d'auteur. Sa façade muette contribue, comme la Sainteté, à édifier l'histoire secrète de la Grandeur humaine. Mais la Sainteté rayonne de joie, tandis que le Stoïcisme est la statue même du désespoir. Pourtant, à qui n'a pas la grâce de croire ni la faiblesse de s'enivrer, lui seul permet de dompter la peur de mourir.

Il faut encore, sans jouer sur les mots, parler d'une peur propre à ce temps : celle de s'engager. Entrer en religion, ou simplement en mariage, c'est envisager d'un seul regard sa vie entière, et cela, de nos jours, donne le vertige. On voudrait pouvoir se conserver mille choix, se réserver pour toutes sortes de carrefours et de traverses, attendre l'inattendu, vivre « en roue libre ». De la sorte, la route paraît plus longue, et surtout *on n'en distingue pas d'avance le butoir.* Ainsi, n'en déplaise à nos prôneurs professionnels de « libération » et « d'épanouissement », la peur de s'engager c'est déjà la peur de mourir.

S'engager, c'est accepter d'avance tous les risques : tout comme aimer, c'est aimer davantage, aimer trop, sans calculs ni donnant-donnant. Peur de mourir, peur de s'engager, peur d'aimer, c'est tout un — et, malheureusement, la marque de ce temps. Cette peur d'aimer n'est, au fond, que la peur panique de ne pas être aimé en retour : de « perdre au jeu », expression sacrilège. Le Christianisme, la Non-violence, l'Amour, tout ce qui fait la noblesse de vivre, sont des jeux à qui perd gagne. Ce

346

qu'on y gagne ? — *Entre autres, de ne plus avoir peur de mourir.* En vérité, nous devrions seulement être hantés par la peur de mal aimer...

Tout ce qui précède serait bien gratuit si le titre de ces pages ne s'exprimait à l'imparfait : J'AVAIS PEUR. — Mais aussi, quelle présomption ! Avant d'oser affirmer que tu n'as plus peur, attends donc les jours de la persécution : les heures longues en cellule, l'oreille tendue vers les cris des hommes qu'on torture, vers les pas de ceux qui viennent te chercher à ton tour. Car les nouveaux bourreaux tuent l'âme avec le corps, avant le corps. Mon Dieu, ne permettez jamais qu'ils nous ôtent l'âme avant la vie !

Toi qui as fait un combattant passable mais qui aurais fait un piètre résistant, comment oses-tu prétendre que cette peur à laquelle tu es marié depuis l'enfance, tu l'as répudiée définitivement ? Le jour où le Tribunal populaire, où le policier d'État, où le bourreau... — Même pas ! Le jour où le chirurgien te dira : « Écoutez, vous risquez de souffrir beaucoup, et moi je ne puis rien garantir », crois-tu que ton visage ne changera pas ?

Il changera peut-être, mais pas moi. Le divorce est prononcé sans appel entre cette carcasse et mon âme qu'elle n'aura guère cessé de trahir. Je refuse d'être responsable de mes déjections ; mes abjections me suffisent. Je refuse d'être jugé sur l'apparence que je donnerai. D'être assimilé à ce redoutable système nerveux qui ne cesse de nous humilier, de nous ridiculiser ; je refuse d'être la grenouille de Galvani. Entre ce corps et moi je glisse l'épée de Tristan.

Ou plutôt, cela s'est fait tout doucement, presque à mon insu. Rien d'un exorcisme délibéré, d'une résolution comme en décident vers Noël, les petits enfants ! Mes

distances avec la peur, je les ai prises si mystérieusement, au contraire, que je m'interroge sans complaisance.

Et d'abord, cette paix intérieure, ne serait-elle pas
bonnement l'effet de l'âge ? — Mais ne voit-on pas, à
l'inverse, la plupart des vieilles personnes devenir
pusillanimes, montrer une expression soumise et le
regard étroit des bêtes traquées ?

Ou encore, la peur m'aurait-elle quitté, l'autre année,
en même temps que les servitudes du second métier que
j'exerçais depuis si longtemps ? Ne serait-ce que la
libération de l'écolier au premier matin des vacances :
plus de devoirs à remettre à jour dit, plus de maîtres à
craindre ? — Non, puisque j'ai tout autant de tâches
qu'auparavant, mais solitaires : sans plus de compagnons, d'horaires, d'itinéraires quotidiens. Quoi de plus
« sécurisant », au contraire, que le rituel du métier ?

Ou encore, cette sorte de sécurité (non pas édifiée
mais sécrétée de l'intérieur), n'est-elle pas seulement le
coûteux privilège d'avoir publié tant d'ouvrages, d'être, à
l'ancienneté, devenu « quelqu'un » pour quelques-uns ?
— Mais quoi de plus apeurant, au contraire, que d'être,
contre son gré, un homme public : d'appartenir à tous,
d'être à la merci de leurs questions, de leur jugement ?

Décidément non, je ne crois pas que ces circonstances
adventices aient suffi à me délivrer de la peur. Alors ?

Alors, je me tourne vers un géant à la barbe fleurie,
vers l'une des hautes figures de ce temps, colosse de
Dieu que je ne puis m'imaginer que, le bâton à la main,
pèlerin séculaire en marche vers les demeures éternelles.
Je me tourne vers ce frère cadet d'Abraham et de Moïse,
le Patriarche Athénagoras. Je l'écoute parler et, tout
indigne que j'en sois, voici que je me reconnais de loin
dans son dire :

« Il faut mener la guerre la plus dure qui est la guerre contre soi-même. Il faut arriver à se désarmer... Quand on n'a plus rien, on n'a plus peur... Si l'on se désarme, si l'on se dépossède, si l'on s'ouvre au Dieu Homme qui fait toutes choses nouvelles, alors Il efface le mauvais passé et nous rend un temps neuf où tout est possible. »

Bien bref, ce temps neuf ! bien court, à présent, mon avenir ! — Mais voici que, du même coup, tout calcul, toute unité de mesure traditionnelle, toute comparaison se trouvent hors d'usage. Que je vive encore dix années ou une seule, ou que « cette nuit-même mon âme me soit redemandée », qu'importe ! Celui qui a cessé d'avoir peur est déjà hors du temps. L'*instant* devient pour lui ce qu'il n'aurait jamais dû cesser d'être : un fragment, une semence d'éternité. C'est la peur, ce sont toutes les peurs qui émiettent notre temps et en font ce puzzle dérisoire. « Je n'ai plus peur de rien, continue le vieil homme, car l'Amour chasse la peur. »

Allons, tout est dit. « Même si Dieu n'existait pas, répondait le curé d'Ars, je ne regretterais pas d'avoir vécu selon l'Amour... » Jean-Marie Vianney et tous ses compagnons d'éternité, les imagine-t-on tremblant devant quiconque ?

Pour moi, qui cours derrière ces géants comme le petit garçon qui crie « Attendez-moi ! », je sais bien que le cheval bronchera encore, qu'une ombre suffira toujours à l'effarer, à lui faire faire des écarts. Mais Dieu veuille que le cavalier reste en selle. « Tu trembles, carcasse... » Ce dialogue sublime de la bête et du dompteur, du corps et de l'âme, de la Peur et de l'Amour, plaise à Dieu qu'il soit résolument le mien chaque jour qui me reste à vivre.

TABLE
DES MATIÈRES

HUIT PAROLES POUR L'ÉTERNITÉ

Achevé d'imprimer le 12 janvier 1979
sur les presses de l'Imprimerie Bussière
à Saint-Amand (Cher)
pour les éditions Robert Laffont

— N° d'édit. G. 912. — N° d'imp. 114. —
Dépôt légal : 3e trimestre 1978.

44-